COMO PENSAR
POLITICAMENTE

SÁBIOS, PENSADORES E ESTADISTAS CUJAS IDEIAS MOLDARAM O MUNDO

GRAEME GARRARD E
JAMES BERNARD MURPHY

COMO PENSAR
POLITICAMENTE

SÁBIOS, PENSADORES E ESTADISTAS CUJAS
IDEIAS MOLDARAM O MUNDO

Tradução de Bruno Alexander

L&PM EDITORES

Texto de acordo com a nova ortografia.

Título original: *How to Think Politically: Sages, scholars and statesmen whose ideas have shaped the world*

Tradução: Bruno Alexander
Capa: Ivan Pinheiro Machado
Preparação: Marianne Scholze
Revisão: Lia Cremonese

CIP-Brasil. Catalogação na publicação
Sindicato Nacional dos Editores de Livros, RJ.

G224c

Garrard, Graeme, 1965-
　　Como pensar politicamente: sábios, pensadores e estadistas cujas ideias moldaram o mundo / Graeme Garrard, James Bernard Murphy; tradução Bruno Alexander. – 1. ed. – Porto Alegre [RS]: L&PM, 2021.
　　296 p. ; 21 cm.

　　Tradução de: *How to Think Politically: Sages, scholars and statesmen whose ideas have shaped the world*
　　ISBN 978-65-5666-039-4

　　1. Ciência política. 2. Política - História. 3. Cientistas políticos. I. Murphy, James Bernard. II. Alexander, Bruno. III. Título.

20-64115　　　　CDD: 320
　　　　　　　　CDU: 32

Meri Gleice Rodrigues de Souza - Bibliotecária CRB-7/6439

© Graeme Garrard e James Bernard Murphy, 2019.

Todos os direitos desta edição reservados a L&PM Editores
Rua Comendador Coruja, 314, loja 9 – Floresta – 90.220-180
Porto Alegre – RS – Brasil / Fone: 51.3225.5777

Pedidos & Depto. Comercial: vendas@lpm.com.br
Fale conosco: info@lpm.com.br
www.lpm.com.br

Impresso no Brasil
Primavera de 2021

A nossos alunos, do presente, passado e futuro

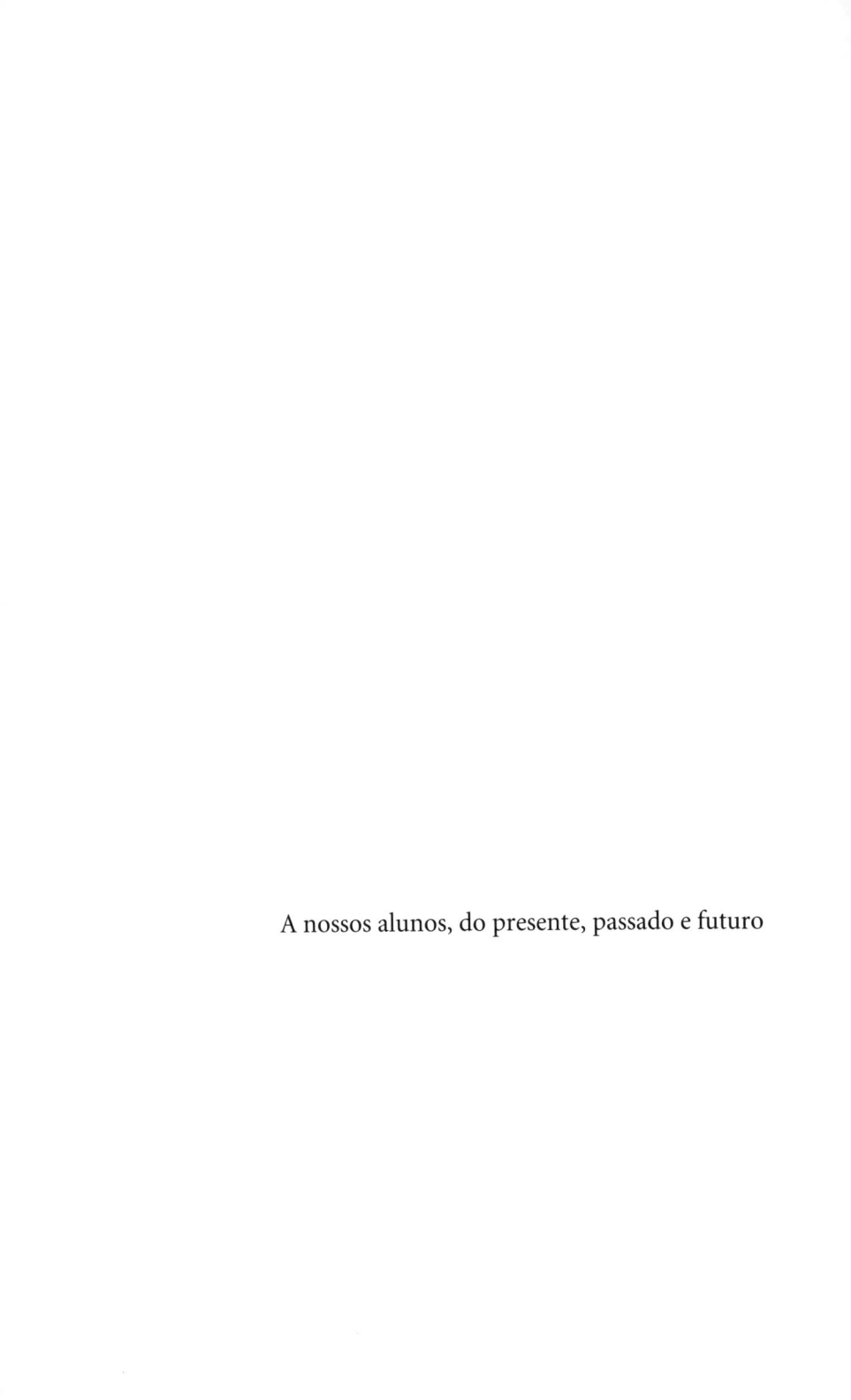

Sumário

Cronologia de pensadores 9
Introdução: Política – o poder exercido com justiça 11

ANTIGOS
1. Confúcio: o sábio 23
2. Platão: o dramaturgo 31
3. Aristóteles: o biólogo 39
4. Agostinho: o realista 45

MEDIEVAIS
5. Al-Farabi: o imã 55
6. Maimônides: o legislador 63
7. Tomás de Aquino: o harmonizador 71

MODERNOS
8. Nicolau Maquiavel: o patriota 79
9. Thomas Hobbes: o absolutista 87
10. John Locke: o puritano 95
11. David Hume: o cético 103
12. Jean-Jacques Rousseau: o cidadão 111
13. Edmund Burke: o contrarrevolucionário 119
14. Mary Wollstonecraft: a feminista 127
15. Immanuel Kant: o purista 135
16. Thomas Paine: o ativista 143
17. Georg Wilhelm Friedrich Hegel: o místico 151
18. James Madison: o fundador 159

19. Alexis de Tocqueville: o profeta 167
20. John Stuart Mill: o individualista 175
21. Karl Marx: o revolucionário 183
22. Friedrich Nietzsche: o psicólogo 191

CONTEMPORÂNEOS
23. Mohandas Gandhi: o guerreiro 201
24. Sayyid Qutb: o jihadista 209
25. Hannah Arendt: a pária 217
26. Mao Tsé-Tung: o presidente 225
27. Friedrich Hayek: o libertário 233
28. John Rawls: o liberal 241
29. Martha Nussbaum: a autodesenvolvedora 249
30. Arne Naess: o alpinista 257

Conclusão: o infeliz casamento da política com a filosofia 265
Sugestão de leitura 271
Agradecimentos 279
Índice remissivo 281
Sobre os autores 295

Cronologia de pensadores

Confúcio	551-479 a.c.
Platão	c.428-c.347 a.C.
Aristóteles	384-322 a.C.
Agostinho	354-430
Al-Farabi	c.872-c.950
Maimônides	1135 ou 1138-1204
Tomás de Aquino	1225-1274
Nicolau Maquiavel	1469-1527
Thomas Hobbes	1588-1679
John Locke	1632-1704
David Hume	1711-1776
Jean-Jacques Rousseau	1712-1778
Edmund Burke	1729-1797
Mary Wollstonecraft	1759-1797
Immanuel Kant	1724-1804
Thomas Paine	1737-1809
G. W. F. Hegel	1770-1831
James Madison	1751-1836
Alexis de Tocqueville	1805-1859
John Stuart Mill	1806-1873
Karl Marx	1818-1883
Friedrich Nietzsche	1844-1900
Mohandas Gandhi	1869-1948
Sayyid Qutb	1906-1966
Hannah Arendt	1906-1975
Mao Tsé-Tung	1893-1976

Friedrich Hayek	1899-1992
John Rawls	1921-2002
Martha Nussbaum	1947-
Arne Naess	1912-2009

Introdução
Política – o poder exercido com justiça

Está na moda descrever a política hoje em dia como um covil. Para muitos, ela se tornou nada mais do que um espetáculo vulgar de engano, ambição e oportunismo. A confiança em nossas instituições e líderes políticos nunca foi tão baixa, e há muitas gerações que os políticos não são tão menosprezados. A raiva e a desilusão dos eleitores estão crescendo a um ritmo alarmante. Distraídos por todas as disputas indecorosas da política, acabamos permitindo que mercados e burocratas tomem decisões por nós, deixando os cidadãos resignados e alienados da política, como sempre. É muito difícil imaginar que ideias, muito menos ideais, possam ter algum papel nisso tudo.

Mas a política sempre foi uma área bagunçada, governada mais por conveniência e acordos do que por ideais e princípios elevados, por maior que seja a retórica em relação a estes últimos. Geralmente, é um jogo difícil e desagradável, um "Game of Thrones", dominado por interesses, emoções, riqueza e poderes conflitantes. Na maioria das vezes, não passa de um negócio sujo e baixo, um "pântano fedorento", nas palavras de um político britânico do século XIX (o primeiro-ministro lorde Rosebery). Tão vergonhosas são as manobras políticas que elas costumam ser conduzidas a portas fechadas: nenhuma pessoa decente, como se diz, desejará ver salsichas ou leis sendo feitas.

Essa visão comum da política é parcialmente verdadeira, mas não representa toda a verdade. Talvez mais do que em qualquer outra arena, a política mostra os humanos no seu pior *e* no seu melhor. Estamos todos muito familiarizados agora com o pior. Nosso livro lembra aos leitores do melhor, numa época em que ele não costuma ser visto, mas aparece quando necessário devido ao que está em jogo. A seguir, mostraremos como a política é de fato um lugar em que ideias e ideais se encontram com a realidade concreta, e no qual grandes palavras e grandes ações se misturam a motivações ignóbeis e a intriga mais vil.

Na melhor das hipóteses, a política pode ser "uma grande e civilizatória atividade humana", como o teórico político Bernard Crick descreveu em sua defesa da política. É a alternativa para o controle das pessoas pela força ou por meio de fraude. Crick está certo ao dizer que a política pode ser e tem sido usada para fins bons e declarados. A história está cheia de exemplos disso. Ela é capaz de uma nobreza moral e uma profundidade intelectual alheias à atual era de *reality shows* e de governança via Twitter, como você verá a seguir. A política é a arena em que o destino do nosso planeta será decidido. É por isso que, como cidadãos, temos a responsabilidade de nos envolver com a política. Parafraseando Leon Trotsky: você pode não se importar com política, mas a política se importa com você.

Dizemos que os cidadãos devem ser bem informados, mas eles também precisam ter conhecimento e até sabedoria. Hoje somos inundados de informações, mas o conhecimento e a sabedoria continuam escassos como sempre. Graças aos milagres da tecnologia digital, estamos nos afogando em oceanos de dados, fatos e opiniões. O que precisamos agora não é de mais informações, mas de mais discernimento; não de mais dados, mas de mais perspectiva; não de mais opiniões, mas de mais sabedoria. Afinal, grande parte do que é chamado de informação, na verdade, é desinformação, e a maioria das opiniões carece de conhecimento verdadeiro, que dirá de sabedoria. Mesmo um olhar superficial ao estado da política atual dissipará qualquer

Introdução

ilusão de que o *boom* de informações tenha produzido cidadãos ou políticos mais sábios ou melhorado a qualidade do debate público. Na verdade, a desinformação está prevalecendo sobre o conhecimento.

Como pensar politicamente o ajudará a ir além das informações políticas para adquirir conhecimento e, a partir daí, sabedoria. As informações giram em torno de fatos e são específicas. O conhecimento é mais geral e implica compreensão e análise. A sabedoria é a forma mais elevada e profunda de percepção da realidade de alguma coisa. Convidamos você a espiar um conjunto de conversas entre os estudiosos de política mais sábios da história. Em trinta capítulos curtos, você será apresentado a um elenco diversificado e fascinante de personagens, de Confúcio, o sábio errante da China antiga, a Arne Naess, o alpinista e ecologista moderno; de Al-Farabi, o imã muçulmano, a Hannah Arendt, a intelectual judia alemã que foi exilada; de Platão, o filósofo grego, a John Rawls, o professor americano.

Neste livro, entrelaçamos histórias da vida e dos tempos de cada pensador com a discussão de suas principais ideias sobre política, conforme a compreensão geral. Todos eles tentaram transformar as informações políticas de sua época em conhecimento genuíno, convertendo esse conhecimento em sabedoria geral sobre como viver bem, enquanto indivíduo e comunidade. Escolhemos trinta dos pensadores políticos mais sábios e influentes da história – da Ásia, África, Europa e América. Concluímos cada capítulo com reflexões sobre a sabedoria que cada um deles oferece para os desafios políticos de hoje.

Uma simples pesquisa no Google revelará uma imensa quantidade de informações sobre a vida e as ideias desses pensadores. Faz sentido começar com alguns fatos e opiniões básicas, mas muitos de nós desejamos mais do que isso. Queremos nos aprofundar e integrar todas essas informações num entendimento coerente e convincente da política. Somando cinquenta anos de estudo e ensino entre nós dois, sintetizamos grandes quantidades de dados históricos e reflexão filosófica num único livro. Em vez de sobrecarregar o leitor com mais fatos, nosso objetivo aqui é apresentar-lhe as maiores mentes e ideias políticas da história para estimular seu interesse e despertar sua imaginação.

A política é mais do que um mero choque de interesses. As ideias desempenham um papel decisivo nos assuntos humanos, que nunca são puramente práticos. Em nenhum lugar isso é mais óbvio do que na fundação dos Estados Unidos, que foi tanto uma batalha de ideias quanto uma batalha armada, assim como as revoluções francesa e russa. E a recente revolta populista no Ocidente contra a globalização, o islã e a imigração é uma luta por poder e interesses tanto quanto por identidade e valores. É por isso que ideias e conceitos foram de alguma forma debatidos em todos os sistemas políticos que já existiram. O ponto em que as ideias encontram a realidade é muitas vezes um lugar de cooperação e conflito, de idealismo e ceticismo, de esperança e desespero. É aí que a filosofia pode lançar luz sobre a política. Sem essa luz, ela é, de fato, apenas uma planície escura onde exércitos ignorantes se chocam à noite.

 Nenhum conceito é mais frequentemente associado à política do que o poder. O que mais poderia ser a política senão a arena em que se busca, se disputa e se exerce o poder? É verdade que o poder também se exerce em casa, na igreja e nos locais de trabalho, mas o poder supremo se encontra em governos e políticas. O próprio governo, às vezes, é definido por seu monopólio sobre o exercício legítimo do poder coercitivo.

 Se os seres humanos concordassem espontaneamente sobre a nossa vida em comum, não haveria necessidade de poder, nem de política. Porém, como tendemos a discordar, alguém deve ter o poder de decidir quando entrar em guerra e que impostos cobrar, entre outras coisas. A política de poder não é apenas inevitável, mas também incomparavelmente brutal. É uma busca de soma zero: qualquer poder obtido por uma pessoa, partido ou nação é perdido por outra. Em princípio, a atividade econômica pode tornar todos mais ricos; na política, nem todos podem governar: sempre há vencedores e perdedores.

Se a política é a luta pelo poder, então como ela difere do comportamento dos animais? Afinal, vemos disputas por poder, dominação e submissão em todo o reino animal. As competições políticas nada mais são do que rituais de cabeçada? Os líderes políticos são meros macacos afirmando seu domínio? Alguns filósofos políticos realmente comparam a política humana às lutas de poder dos animais. De acordo com o antigo filósofo grego Aristóteles, no entanto, o que torna a política humana única é que lutamos não somente pelo poder, mas também pela justiça. Outros animais podem comunicar prazer ou dor, mas só a linguagem humana pode expressar as diferenças entre bem e mal, certo e errado, justiça e injustiça.

Para entender a importância do poder e da justiça na política, podemos comparar um governo que tem poder, mas carece de legitimidade, com um governo que tem legitimidade, mas carece de poder. Durante a Segunda Guerra Mundial, a Alemanha nazista instalou muitos governos nas nações derrotadas da Europa, detendo o poder de controlar o território, mas sem nenhuma legitimidade ou justiça. Ao mesmo tempo, muitos dos governos legítimos da Europa ocupada fugiram para Londres. Cada um desses tipos de governo é fatalmente falho: o poder sem justiça em geral está em guerra com seus próprios cidadãos; a justiça sem poder não tem como proteger os direitos dos cidadãos. Quem desejaria viver num regime detentor apenas de poder ou apenas de justiça? Todos nós esperamos que o poder seja exercido com justiça, e que a justiça possa controlar o poder.

Desse modo, a política é a interseção de poder e justiça: poder justificado e justiça empoderada. Política é quando o correto se torna poderoso e quando o poder é exercido corretamente. A função da política é trazer ao poder uma concepção de justiça. De que vale a justiça que não se pode impor? De que vale o poder que não se guia pela justiça? A primeira é mera fantasia; o segundo, mera arrogância. Justiça é o que confere à lei sua "força diretiva", dizendo-nos o que é certo; poder é o que confere à lei sua "força coercitiva", adicionando sanções para assegurar a conformidade. Se os seres humanos fossem perfeitamente bons, a lei precisaria somente nos direcionar para o que é certo e justo, mas, diante da recalcitrância egoísta da natureza humana, a justiça legal também deve se basear em sanções coercitivas.

 O idealista ingênuo acredita que política é apenas justiça; o ingênuo cínico acredita que política é apenas poder. Os grandes pensadores políticos que encontraremos neste livro estão longe de ser ingênuos em qualquer dos sentidos: todos veem a política como a interseção entre justiça e poder, embora discordem sobre as definições de justiça e poder e seus pontos de interseção. Alguns, como Agostinho, Maquiavel, Hobbes, Nietzsche e Mao, enfatizam a política do poder: Agostinho compara governos ao crime organizado, por exemplo, enquanto Mao afirma que o poder político vem do cano de uma arma. Outros, como Platão, Tomás de Aquino, Locke, Rousseau, Paine, Kant, Mill, Rawls e Nussbaum, enfatizam a política da justiça: Platão diz que só haverá justiça quando os filósofos estiverem no poder, enquanto Nussbaum argumenta que a justiça só pode existir se os cidadãos forem plenamente capazes de se autogovernar.

 A aspiração à justiça é o que torna a política nobre, enquanto a luta pelo poder é o que torna a política sórdida. Lord Acton, grande historiador do século XIX, disse uma frase memorável: "O poder tende a corromper, e o poder absoluto corrompe

Introdução

absolutamente". Ele estava se referindo aqui ao papado, mostrando que o poder pode destruir o caráter até dos melhores homens. Estamos todos muito familiarizados com a corrupção moral dos poderosos, da terrível depravação dos imperadores romanos ao terror cruento dos ditadores nazistas e comunistas. Mas a falta de poder também tende a corromper: esquemas de justiça afastados das exigências do poder tendem a se tornar utópicos, irresponsáveis e perigosos. Os pensadores políticos franceses e russos, antes de suas famosas revoluções, eram totalmente impotentes. Como consequência, eles elaboraram planos ambiciosos para a eliminação do casamento, das classes sociais, da religião, da civilidade, do dinheiro e do calendário. A sensatez do pensamento político depende de uma compreensão clara das demandas de justiça e poder. Enquanto os cidadãos continuarem a exigir que o poder seja justificado e exercido com justiça, precisaremos de filósofos políticos para nos ajudar a entender o que a justiça exige.

 Como os grandes pensadores políticos se relacionavam com a política de sua época? Conforme veremos, alguns deles eram puramente teóricos, distantes do exercício do poder – Al-Farabi, Wollstonecraft, Kant, Hegel, Nietzsche, Arendt, Hayek e Rawls; eles eram radicais ou professorais demais para participar diretamente da política. E alguns, de fato, ocuparam cargos políticos: Maquiavel e Hume foram diplomatas; Burke, Tocqueville e Mill foram legisladores; e Madison e Mao foram fundadores e chefes de Estados modernos. A maioria dos filósofos políticos, contudo, não eram nem só teóricos, nem políticos de fato, mas conselheiros que tentaram influenciar os líderes políticos de sua época. Confúcio, por exemplo, ofereceu sábios conselhos a diversos governantes chineses locais, mas foi ignorado e obrigado a se exilar. Platão arriscou a vida viajando para a Sicília na vã esperança de influenciar um tirano de lá, enquanto Aristóteles aconselhou seu ex-aluno Alexandre, o Grande, que o desprezou completamente. Thomas Paine desempenhou um importante papel mobilizando as massas não em uma, mas em duas grandes revoluções. Em outras palavras, a maioria dos filósofos políticos procurou influenciar os governantes de sua época, mas os trinta pensadores que escolhemos aqui fizeram mais do que isso. Todos eles escreveram obras que levantaram questões, colocaram perguntas e ofereceram ideias sobre política que transcenderam suas circunstâncias imediatas. Como resultado, eles têm muito a nos dizer agora. Faríamos bem em ouvi-los.

Dizem que a história nunca se repete, mas muitas vezes rima. Se tivéssemos escrito este livro há cem anos, provavelmente não teríamos incluído vários pensadores-chave da antiguidade, como Confúcio, Al-Farabi e Maimônides. No início do século XX, a história parecia ter deixado para trás o pensamento político confuciano, islâmico e judaico. Mas, surpreendentemente, testemunhamos há pouco tempo o renascimento do confucionismo na China pós-Mao, a explosão da teoria política islâmica em todo o mundo e o surgimento de um Estado judeu no Oriente Médio. Hoje, nada é mais relevante do que esses pensadores outrora quase esquecidos. Como William Faulkner nos lembra: "O passado não está morto. Ele nem sequer passou". Quanto ao futuro, escolhemos Arne Naess como nosso pensador final, variando um pouco a cronologia. Suas reflexões sobre a relação da humanidade com a natureza se tornarão cada vez mais importantes ao longo do tempo.

A política, como forma de administrar as sociedades humanas com argumentos e não por mera força, surgiu relativamente há pouco tempo na história humana e pode desaparecer no futuro. À medida que os consumidores substituem os cidadãos e os burocratas substituem os estadistas, é possível que as sociedades humanas sejam governadas, no futuro, por uma combinação de mercados e agentes reguladores. Em muitos aspectos, é verdade,

Introdução

uma economia de mercado governada por tecnocratas seria mais organizada e eficiente do que o governo confuso, contencioso e incerto da política. Os consumidores serão mais felizes e o governo, mais previsível. Para avaliar o que podemos perder num mundo assim, seria bom começar sua jornada virando a página.

ANTIGOS

1
Confúcio: o sábio

Assassinato, traição, sedição, guerra e tortura eram normais nos reinos feudais da China antiga, a civilização contínua mais longa do mundo. Durante o chamado Período das Primaveras e Outonos, que durou de 771 a.C. a meados do século V a.c., centenas de pequenos principados rivais foram gradualmente consolidados por governantes ambiciosos que os transformaram em reinos maiores. Assim como na Itália renascentista, cerca de 2 mil anos depois, esse período de conflito político violento também foi uma época de grande fermentação cultural e intelectual.

Em meio à turbulência política, entre esses muitos Estados em guerra, Confúcio procurou trazer ordem, justiça e harmonia à sociedade, oferecendo seus conselhos a uma série de príncipes. Embora ele tenha tido alguma influência sobre alguns governantes principescos, sobretudo em Lu, seu estado natal, os esforços ao longo da vida de Confúcio para promover um governo humano, de modo geral, levaram apenas à sua própria perseguição e banimento, que o fizeram fugir de reino em reino. Como Karl Marx na Europa do século XIX, ele viveu na pobreza, teve de se exilar e mal foi reconhecido durante sua vida. Quando seu discípulo favorito veio visitar Confúcio, já com 73 anos, em busca de conhecimento, o mestre, cansado, limitou-se a soltar um suspiro significativo de resignação.

Confúcio – a quem os missionários jesuítas na China chamaram de "Kongzi" ("Mestre Kong") – viveu há 25 séculos.

Igual a muitos dos mestres mais influentes na história do mundo, como Jesus e Sócrates, nunca escreveu nada, de modo que nosso conhecimento sobre ele precisa ser reconstruído a partir de relatos deixados por seus discípulos e inimigos, muitas vezes séculos depois. Por conseguinte, sempre haverá bastante incerteza em relação à natureza precisa de seus ensinamentos. Novamente, como Jesus e Sócrates, Confúcio enfrentou perseguição e fracasso no decorrer da vida, mas moldou profundamente as gerações subsequentes, tornando-se, de longe, o mestre mais influente da história da China. Os escritos posteriores sobre Confúcio, como *Os analectos*, uma coleção de ditos e ideias atribuídos ao Grande Sábio por seus seguidores, relatam não apenas o que ele disse, mas também, tão importante quanto, o que ele fez e como viveu.

Confúcio claramente preferia uma ética de virtude pessoal a uma ética de regras e leis: "Guie-o por meio de editos, mantenha-o na linha com punições, e o povo se manterá longe de problemas, mas não terá noção de vergonha. Guie-o pela virtude, mantenha-o na linha com os ritos, e o povo, além de ser capaz de sentir vergonha, reformará a si mesmo". O objetivo da ética e das leis ocidentais modernas é adequar nossos atos a um padrão moral ou legal racional. Embora algumas dessas máximas possam ser encontradas nos ditos atribuídos a Confúcio, tal como: "Não imponha aos outros aquilo que você não deseja para si próprio", o pensamento confuciano geralmente se concentra não nas ações, mas no caráter do agente. Sua ética, como a de Sócrates e a de Jesus, é uma ética de *ser* mais do que uma ética de *fazer*. Antes de podermos fazer a coisa certa, precisamos nos tornar a pessoa certa.

O desafio de uma vida confuciana é tornar-se um certo tipo de pessoa: alguém cujos apetites, paixões, pensamentos e ações são harmonizados por uma atitude fundamental de benevolência para com todos os seres vivos. Mas, além de habilidade, a virtude requer boa vontade: o homem de virtude deve estar disposto a cultivar a benevolência, que será expressa em ações de civilidade e decoro perfeitas. Este "caminho" de disciplina ética baseia-se no domínio das paixões e pensamentos internos, assim como no comando de rituais externos. A verdadeira benevolência requer o domínio tanto de si mesmo quanto dos códigos sociais que definem o respeito por cada tipo de pessoa. Como o pensamento de Confúcio se concentra em ritos, ele enfatiza a etiqueta em todas as áreas da vida: o valor moral de uma pessoa é medido pelo grau de conformidade com essas regras, que refletem sua própria harmonia interior.

Platão e Aristóteles, a quem encontraremos muito em breve, desenvolveram uma mistura semelhante de ideais estéticos e morais em sua noção de "benevolência bela". A conduta virtuosa envolve tanto a benevolência moral quanto a nobreza ou a beleza. Não basta ter boas intenções ou boas maneiras. O ideal confuciano da virtude, como o grego antigo, é estético e moral e se relaciona com a vida de uma pessoa em geral. Ambos os ideais enfatizam a unidade essencial das virtudes incorporadas num único indivíduo de bom caráter.

Confúcio descreve sua própria jornada rumo à virtude numa passagem famosa de *Os analectos*: "Aos quinze anos, dediquei-me de coração a aprender; aos trinta, tomei uma posição; aos quarenta, livrei-me das dúvidas; aos cinquenta, entendi o Decreto do Céu; aos sessenta meus ouvidos foram sintonizados; aos setenta, segui o meu coração, sem passar dos limites".

Primeiro, vemos a ênfase lendária no aprendizado. Com "aprendizado", Confúcio não quer dizer somente o domínio de informações. Aprender, de acordo com o pensamento confuciano, significa "aprender de cor", ou seja, estudar histórias, músicas, livros e poemas clássicos até que eles sejam incorporados a nossas crenças e desejos mais profundos. Um estudioso confuciano, diz um sábio posterior, não explica os clássicos; ao contrário, ele permite que os clássicos o expliquem. Sim, esse tipo de aprendizado envolve certa memorização. No entanto, o objetivo não é simplesmente memorizar, mas viver os textos clássicos. O confucionismo é mais do que uma mera teoria política: é um modo de vida.

Segundo, com "tomar uma posição", Confúcio não quer dizer adotar uma ideologia específica, mas, sim, assumir as responsabilidades de sua posição dominando a observância ritual.

Terceiro, "livrar-se das dúvidas" significa muito mais do que ter certeza sobre crenças: significa harmonizar as convicções com a conduta. Livrar-se das dúvidas significa livrar-se de qualquer medo ou preocupação; significa nunca ter qualquer conflito psíquico ou remorso, nunca hesitar ou vacilar.

Quarto, é fácil interpretar mal o "entendimento do Decreto do Céu". A ética confuciana não se baseia na obediência à vontade de um deus pessoal. Pelo contrário, Confúcio parece nos dizer que nossas vidas devem, de alguma forma, se enquadrar à ordem do cosmos como um todo. Para ele, o drama da vida humana deve estar de acordo com o drama maior da vida cósmica, talvez incluindo o destino e o reino sagrado dos ancestrais.

Quinto, "meus ouvidos foram sintonizados" chama nossa atenção para uma dimensão estética ou mesmo musical da virtude. O virtuoso moral é alguém cujos modos e conduta como um todo foram moldados pelas harmonias incorporadas na nobreza da poesia e do drama, bem como na própria música. Suas emoções e seus gestos estão, por assim dizer, tão "sintonizados" com os ideais de cultura que sua conduta pode ser chamada de "poesia em movimento".

Finalmente, por meio de um esforço constante de autodisciplina e autodesenvolvimento, o homem virtuoso pode seguir qualquer um de seus desejos sem medo de fazer algo impróprio. Ele não imita mais nenhum modelo externo; ele mesmo se tornou o modelo. Seus desejos naturais ou espontâneos estão totalmente integrados à verdadeira benevolência e observância ritual.

Existem dois modelos morais na ética confuciana: o cavalheiro e o sábio. Confúcio normalmente apresenta o cavalheiro como o objetivo adequado da virtude humana: um cavalheiro é um indivíduo altamente culto, dedicado ao serviço público. Mas acima do cavalheiro está o sábio. Confúcio diz que nunca conheceu um sábio, embora se refira a "reis sábios" da Antiguidade que ele admira. E ele com frequência nega ser um sábio, embora as gerações posteriores o tenham apelidado de "Grande Sábio". Mas é claro que um sábio é o ideal humano mais elevado possível para Confúcio – mesmo que a maioria dos homens, disse ele, tivesse como objetivo tornar-se apenas um cavalheiro. Um cavalheiro é claramente o ideal de uma cultura específica, a idealização de uma espécie de nobre esclarecido; um sábio não é alguém definido por uma posição específica na hierarquia social. Em seu ideal de sábio, a ética confuciana transcende os preconceitos de uma ordem social específica.

Aristóteles, como veremos, também desenvolve os mesmos dois padrões éticos: ele endossa, para a maioria dos homens, o ideal do cavalheiro (o "homem de grande alma"), mas também coloca acima do cavalheiro o ideal universal do filósofo ou sábio. Confúcio, como Aristóteles, expressa parcialmente os ideais consuetudinários de sua própria sociedade, mas também cria um novo ideal acima de épocas e lugares específicos, fornecendo um modelo para todos os seres humanos. Apesar de seus elevados ideais, Confúcio era realista quanto à natureza humana, especialmente a natureza dos líderes políticos. "Ainda não conheci alguém que dedique tanta atenção à virtude quanto ao sexo", observou.

A política confuciana, como a política de Platão ou Aristóteles, é um ramo da ética. Não existe ética política isolada ou "razões oficiais" que permitam que os governantes violem a moralidade comum. Na tradição confuciana, existem cinco relacionamentos sagrados, cada um com seu próprio conjunto de virtudes: entre pai e filho, marido e mulher, irmão mais velho e irmão mais novo, dois amigos, governante e governado. Cada um desses relacionamentos (com exceção da amizade) é hierárquico e exige virtudes distintas de autoridade e obediência. O dever solene de um governante é liderar por seu próprio exemplo, que é muito mais importante do que qualquer lei ou política: "A virtude do governante é como o vento; a fraqueza do povo é como grama; o vento deve soprar sobre a grama".

Não sabemos muito sobre os ideais de relações públicas de Confúcio, mas uma passagem famosa de *Os analectos* identifica os três principais instrumentos de um bom governo: estoque de armas, provisão de alimentos e confiança do povo. Quando perguntado sobre de qual desses três um governante deve abrir mão se não puder ter todos eles, ele diz "abra mão das armas", pois a comida é uma prioridade mais alta. Mas mesmo a comida, diz ele, é menos importante do que a confiança do povo, que é o único fundamento verdadeiro do bom governo. É relatado que Confúcio aprovou impostos baixos para os agricultores, a fim de garantir abundantes provisões de alimentos. Apesar da turbulência política violenta semelhante na China antiga e na Itália renascentista, Confúcio concentra-se na política doméstica, e seu desdém por assuntos militares contrasta fortemente com a abordagem de Maquiavel, que, como veremos, aconselhava os príncipes a estudar sobre guerra acima de tudo.

O confucionismo acabou se tornando a ideologia oficial dos governantes chineses por quase dois milênios, e os textos confucianos tornaram-se a base de toda a educação voltada para o serviço público na China. Muito mais do que uma ideologia oficial, pode-se afirmar que os ideais confucianos de aprendizado e de piedade filial formam a própria base da cultura chinesa. Nesse sentido, Confúcio não tem paralelo no Ocidente, além de Jesus, talvez.

O próprio confucionismo, no entanto, foi transformado pelo contato com outras correntes do pensamento ético e religioso chinês, especialmente o taoismo e o budismo, num neoconfucionismo em evolução. Quando a China começou a se modernizar, no século XIX, muitos reformadores atacaram o confucionismo, chamando-o de feudal, patriarcal, rígido e anticientífico. A educação e os rituais confucianos foram ativamente reprimidos na China pelo regime revolucionário do líder comunista Mao Tsé-Tung, mas desfrutaram de uma forte retomada desde a morte de Mao, em 1976. A cultura, política e sociedade chinesas ainda são indelevelmente marcadas por milênios de pensamento confuciano.

O que resta do legado de Confúcio? Acima de tudo, talvez, o ideal de governo liderado por homens instruídos, bem como o ideal de piedade filial. Até hoje, o maior elogio que os governantes comunistas da China podem dar um ao outro é: "Ele nunca demonstrou desrespeito pelos mais velhos".

No entanto, quando o confucionismo esteve oficialmente em seu ponto mais baixo, durante a Revolução Cultural (1966-1976), os jovens quadros de oficiais comunistas mostraram desrespeito e crueldade chocantes em relação aos mais velhos. A Revolução Cultural foi a tentativa de Mao de mobilizar os jovens da China para erradicar o retrocesso reacionário entre os mais velhos. Mas o caos moral em exibição durante a Revolução Cultural alertou os líderes comunistas da China sobre a necessidade urgente de restaurar um éthos moral na sociedade chinesa. Como o Partido Comunista, no poder na China, permanece oficialmente comprometido com o ateísmo, o confucionismo parecia a melhor escolha para a educação moral, uma vez que não é voltado para Deus ou para os deuses, e ainda por cima é um sistema chinês.

Hoje, a China continua sendo governada por "guardiões instruídos", mas, em vez da tradicional educação literária e musical, os ambiciosos burocratas e governantes chineses agora tendem a estudar economia e engenharia. A China moderna é governada por uma elite tecnocrata e paternalista, e não por cavalheiros confucianos. O que o próprio Confúcio diria sobre essas mudanças? Após uma longa e silenciosa consideração, o Mestre sorriria tristemente e suspiraria.

2
Platão: o dramaturgo

Em 399 a.C., a antiga cidade-Estado grega de Atenas ficou paralisada com o julgamento de Sócrates. O filósofo, que andava descalço e podia ficar horas numa esquina, absorto numa linha de pensamento, ficou conhecido por fazer perguntas difíceis aos principais sacerdotes, generais, acadêmicos, artistas e advogados atenienses, para ver se eles sabiam do que estavam falando. Praticamente ninguém conseguia defender suas crenças diante de Sócrates, que, inteligente como o diabo, amarrava seus interlocutores em nós verbais até que eles começavam a balbuciar ou coravam de humilhação. Como a maioria das pessoas, especialmente as eminentes, se ressente de parecer tola, elas responderam a esses "momentos de aprendizado" socráticos da maneira habitual aos humanos: conspiraram para matá-lo.

Embora velho, pobre e grotescamente feio, Sócrates atraiu como seguidores muitos atenienses jovens, ricos e bonitos, que gostavam de ver o destemido filósofo alfinetar os mais velhos. Um desses jovens seguidores era Platão, que adorava Sócrates como um modelo de virtude moral e intelectual, só para ver, com horror, seu reverenciado professor, mentor e amigo ser condenado à morte pelo povo de Atenas.

Após a morte de Sócrates, Platão procurou honrar seu amado mestre, recriando por escrito a experiência da conversa socrática. Platão escreveu trinta diálogos filosóficos, a maioria dos quais apresenta Sócrates como personagem principal. Platão estava ciente dos riscos de tentar representar o ensino socrático por escrito, já que o próprio Sócrates nunca escreveu nada. De fato, Sócrates alegou, inclusive, não *saber* nada. Ele fazia perguntas às pessoas na esperança de descobrir o conhecimento que ele próprio repudiava. Sócrates chamava a si mesmo de "filósofo", ou seja, um amante da sabedoria, de modo a contrastar com os "sofistas", que alegavam ter conhecimento e ensiná-lo por uma taxa.

Por que Sócrates ensinava só por meio de conversas? Por que Platão escreveu apenas diálogos? Talvez Sócrates, como seu aluno Platão, acreditasse que escrever congela e mata o pensamento, fazendo com que ele se assemelhe a borboletas num livro. Na conversa socrática e no diálogo platônico, deparamo-nos com o movimento vivo do pensamento. Sócrates e Platão eram céticos quanto à possibilidade de definir verbalmente a verdade. Platão muitas vezes sugere que a verdade é algo que só podemos ver (nos olhos de nossa mente), não dizer. O Sócrates histórico era conhecido por ser irônico e brincalhão, revelando uma parte de seus pontos de vista e ocultando outra. Platão seguiu o exemplo de seu professor, de modo que os estudiosos de hoje não sabem dizer quais pontos de vista apresentados por Sócrates representam o Sócrates histórico ou o próprio Platão. Neste livro, atribuiremos livremente a Platão os pontos de vista expressos em seus diálogos por seu mestre, Sócrates.

 A filosofia de Platão emerge da relação entre o que Sócrates diz nos diálogos e o que Platão nos mostra na ação dramática. Vemos isso de maneira memorável no relato de Platão sobre o julgamento de Sócrates, *Apologia de Sócrates*. Durante o julgamento, Sócrates tenta se defender de acusações de impiedade e de corrupção da juventude ateniense, alegando que a filosofia é boa tanto para o indivíduo quanto para a cidade-Estado como um todo. Ele diz que "uma vida não examinada não vale a pena ser vivida" e que Atenas nunca florescerá de verdade, a menos que possa acordar de seu sono de preconceito e ignorância. Sócrates está tão convencido da importância da filosofia para sua amada Atenas que, depois que o júri o condena, ele propõe que seja recompensado, e não punido. Em resposta, o júri o sentencia à morte.

Nos diálogos de Platão, vemos tanto uma reivindicação de Sócrates quanto um aviso sobre os perigos de misturar filosofia e política. Platão afirma o bem genuíno que a filosofia oferece aos indivíduos e às cidades, orientando crenças pessoais e políticas públicas à busca da verdade. Ele argumenta que indivíduos ou cidades, agindo com base em crenças infundadas, tropeçam nas trevas da ilusão e da ignorância. Ao mesmo tempo, seu relato do destino de Sócrates revela que a filosofia também pode ser um perigo para as comunidades políticas. A política, especialmente a democrática, deve se basear em crenças compartilhadas, e muitas vezes é mais importante que essas crenças sejam compartilhadas do que verdadeiras. Queremos que os cidadãos adotem uma postura cética e irônica em relação a suas próprias crenças democráticas? Ou os cidadãos devem estar dispostos a morrer por crenças que não resistirem a um escrutínio filosófico? O debate tem uma função na política, mas uma democracia não é uma sociedade em debate. A política geralmente depende de ações decisivas tomadas sem o luxo da investigação filosófica. Platão consegue defender tanto a integridade da filosofia quanto a integridade da política – mesmo quando elas entram num conflito trágico.

Os grandes filósofos políticos são capazes de escapar dos preconceitos de seu próprio tempo e lugar? Sim, certamente. Vimos que Confúcio e Aristóteles criaram um novo ideal de sábio, que eles consideravam superior aos nobres, nascidos em berço de ouro, de sua época. Platão, no volume cinco de seu diálogo, A República, cria uma visão utópica de uma sociedade perfeitamente justa que não poderia ser mais oposta à Atenas de seus dias. Platão descreve três "ondas" de reformas necessárias para uma sociedade justa: isto é, uma comunidade política justa. A primeira onda refere-se a oportunidades iguais para homens e mulheres. Platão propõe que as mulheres sejam encorajadas a se tornar estudiosas, atletas, soldadas e governantes – embora as mulheres não fossem ter essas oportunidades, na realidade, por mais 24 séculos. Ele sabe que essas ideias radicais serão ridicularizadas e consideradas ultrajantes, o que vemos dramatizado no diálogo. A segunda onda de reformas é ainda mais surpreendente: os governantes da cidade são proibidos de ter propriedades ou até mesmo famílias, para que possam promover o bem de toda a cidade em vez de focar somente em sua riqueza pessoal e de seus filhos. Como soldados, os governantes farão uso apenas de propriedade pública, e seus filhos serão criados juntos por enfermeiras profissionais em creches públicas. Finalmente, na onda mais chocante de todas, Platão afirma que "nunca haverá um fim para os males da vida política, a menos que os governantes se tornem filósofos e os filósofos se tornem governantes". Como as outras ondas de reforma, a sugestão de Platão de que os filósofos deveriam governar é ridicularizada pelos personagens de seu diálogo. Todos, então e agora, concordam que os filósofos são inúteis em algo tão prático como governar. Por mais improváveis ou até cômicas que essas três ondas de reforma possam ser, Platão deixa claro que apenas um plano radical como esse pode proteger a filosofia da política. Sua obra *A República* é o único regime político capaz de não matar Sócrates.

Antigamente, esse diálogo era intitulado, por vezes, *A República ou sobre a pessoa justa*, pois o tema é a relação da política com a ética, de uma cidade justa com uma pessoa justa. Platão afirma que não podemos ter uma cidade justa enquanto não tivermos cidadãos justos, mas, da mesma forma, não podemos ter cidadãos justos enquanto não tivermos uma cidade justa. Como quebrar esse ciclo? Platão diz que devemos expulsar de nossa cidade ideal todos os indivíduos com mais de dez anos de idade, para que possamos começar de novo cultivando de forma adequada as almas e os corpos das crianças pequenas. A única boa educação cívica, diz ele, é crescer em uma cidade justa. Platão argumenta que a justiça consiste, basicamente, na harmonia entre as partes da alma. Se não criarmos harmonia dentro de nossa própria alma entre nossos desejos e nossos ideais, como podemos esperar criar harmonia dentro de uma comunidade? Primeiro devemos nos tornar a justiça que esperamos criar na cidade.

Platão está ciente do fato de que sua cidade ideal nunca existiu e nunca existirá. Mas ele garante que existe um modelo dela no céu e que uma pessoa verdadeiramente justa será um cidadão nessa cidade celestial, e somente nessa cidade. Podemos nunca ser capazes de viver numa sociedade política verdadeiramente justa, mas podemos levar nossas vidas *como se* vivêssemos, cultivando a harmonia interior e tratando todas as pessoas que encontramos com justiça. Assim, Platão nos oferece uma visão de bondade ética pessoal para nos guiar pela corrupção política da qual não podemos escapar.

Platão desenvolveu uma maneira diferente de falar sobre ideais políticos em seu diálogo posterior, *O político*. Aqui ele observa que os governantes descritos em *A República* governam a cidade por meio de sua sabedoria, não por meio de leis. Platão compara o ato de governar uma cidade à cura de um paciente: queremos que nossos médicos nos tratem com base em algum compêndio de regras médicas ou preferimos que eles personalizem nossos tratamentos de acordo com o conhecimento de nossas doenças individuais? Ele ressalta que a aplicação de regras genéricas a doenças individuais seria uma forma lamentável de medicina, assim como a aplicação de leis gerais a casos particulares frequentemente leva a uma injustiça grosseira. Ao mesmo tempo, contudo, se suspeitássemos de que nossos médicos são corruptos, preferiríamos que eles não se afastassem das regras genéricas da medicina.

Em *O político*, Platão contrasta o regime ideal (melhor), no qual filósofos virtuosos governam pela sabedoria irrestrita, com o "segundo melhor" regime, que pressupõe que os governantes não são virtuosos a ponto de merecerem confiança e, portanto, os restringe pelo primado da lei. Em vez de almejar o melhor regime na teoria e, em seguida, nos contentar com o segundo melhor regime na prática, Platão diz que devemos almejar diretamente o segundo melhor regime, a fim de evitar o perigo do pior regime. Paradoxalmente, o governo dos filósofos, como o governo dos tiranos, é um governo não restrito à lei. O segundo melhor regime pode não ser tão justo quanto o governo dos filósofos, mas pelo menos evita o desastre da tirania.

Um aspecto fundamental da relação da filosofia com a política é a natureza do papel que a experiência científica deve desempenhar numa democracia. Em vários diálogos, Platão argumenta que a justiça e o bom governo devem repousar no conhecimento genuíno da realidade. Hoje, continuamos enfrentando o desafio de levar o conhecimento científico às políticas públicas sem renunciar ao ideal de soberania popular. Para resolver disputas sobre comércio, por exemplo, os Estados Unidos têm um conselho de economistas chamado Federal Trade Commission [Comissão Federal de Comércio]. Por que não ter uma Comissão de Vida e Morte, com especialistas em ética profissional para decidir questões sobre aborto, eutanásia e outras mortes controversas? Em vez de juízes e júris resolverem todas as questões, por que não colocar engenheiros para resolver questões de segurança em minas e médicos para resolver questões de negligência médica? Como podemos confiar no julgamento de juízes e júris que nada sabem sobre mineração ou medicina?

Obviamente, Platão está ciente de que mesmo os especialistas podem ser corrompidos, razão pela qual ele finalmente defendeu o Estado de direito sobre o Estado dos especialistas.

Hoje, as mulheres têm oportunidades de sucesso iguais na maioria das profissões, mas muitas acham difícil aproveitar ao máximo essas oportunidades devido às responsabilidades que enfrentam na criação dos filhos. Platão previu esse dilema quando afirmou que a igualdade de oportunidades para as mulheres era impossível sem a abolição da família tradicional. Segundo Platão, somente quando as mulheres forem liberadas das responsabilidades de criar os filhos poderão se tornar iguais aos homens no local de trabalho. Se Platão soubesse das tecnologias para incubar fetos fora do útero, ele teria adotado a ideia como a emancipação final das mulheres, tanto em termos de gestação quanto de criação dos filhos. Mesmo quando consideramos suas propostas absurdas ou imorais, Platão sempre expande nossa imaginação em relação ao que é possível.

Como dramaturgo filosófico, Platão criou um enorme elenco de personagens que desenvolvem uma gama surpreendente de argumentos. Desse modo, ele deu as cartas de toda a história da filosofia ocidental, que foi chamada de "uma série de notas de rodapé para Platão".

3
Aristóteles: o biólogo

Aristóteles foi o maior aluno de Platão, que, por sua vez, foi o maior aluno de Sócrates. No entanto, ao contrário de seus ilustres predecessores, Aristóteles não era nativo ou cidadão de Atenas, apesar de viver lá por grande parte de sua vida adulta, incluindo vinte anos como membro da escola de Platão, a Academia. Ele nasceu em Estagira, uma cidade localizada na região macedônia do norte da Grécia. Depois de deixar a Academia, Aristóteles serviu como tutor do colega macedônio Alexandre, o Grande, quando este era um adolescente impressionável. Tendo retornado a Atenas para fundar sua própria escola, o Liceu, Aristóteles foi apoiado financeiramente pelo jovem Alexandre. Quando as tropas de Alexandre conquistaram o mundo conhecido, ele enviou a Aristóteles milhares de espécies vegetais e animais para pesquisa.

Essas associações com a Macedônia passaram a assombrar Aristóteles no final de sua vida, após a morte de Alexandre e o desmoronamento de seu império. Na esteira de Alexandre, uma onda de sentimentos antimacedônios varreu Atenas, onde o agora idoso Aristóteles era um alvo visível e vulnerável. Aristóteles decidiu fugir da cidade e voltar para a casa de sua mãe, na ilha de Eubeia. "Não permitirei que os atenienses pequem duas vezes contra a filosofia", disse ele, em clara alusão à execução anterior de Sócrates. Aristóteles morreu lá, pacificamente, logo depois. Outro filósofo que se chocou com a Atenas democrática.

Aristóteles foi o maior polímata da história do mundo, o "mestre daqueles que sabem", nas palavras de Dante. Seus trinta tratados sobreviventes abrangem desde meteorologia até psicologia e política e dominaram o ensino superior no mundo ocidental até o século XVII. Além de suas principais contribuições para quase todos os ramos da investigação humana, Aristóteles inventou completamente alguns campos do conhecimento, como biologia, lógica formal e crítica literária. Durante a Idade Média, como veremos, a redescoberta das obras de Platão e Aristóteles transformaria o cristianismo, o judaísmo e o islamismo. A astronomia e a física modernas surgiram dos esforços de Copérnico, Descartes, Galileu e Newton em refutar as teorias físicas de Aristóteles.

Os retratos de Platão e Aristóteles destacam-se na famosa pintura de Rafael, *Escola de Atenas*, do século XVI. O Platão de Rafael aponta para a esfera das verdades inteligíveis, enquanto Aristóteles aponta para o mundo visível. Até hoje, Platão é o campeão daqueles que buscam a verdade por pura teoria, como metafísicos e matemáticos, enquanto Aristóteles inspira aqueles que buscam a verdade a partir de pesquisas factuais. Platão desprezava os pontos de vista da "multidão": acreditava que a verdade seria sempre anti-intuitiva. Aristóteles, por outro lado, sempre iniciava suas investigações com os pontos de vista das pessoas comuns, que então ele refinava com interrogatórios. Portanto, a filosofia aristotélica é descrita há muito tempo como "senso comum organizado".

Platão defendia a mais anti-intuitiva de todas as ideias políticas, a de que os filósofos deveriam governar. A política é caracterizada pelo choque de opiniões opostas, e Platão achava que apenas o conhecimento filosófico genuíno poderia julgar e resolver conflitos de opinião. Aristóteles concordava que a razão deveria desempenhar um papel importante na política, mas distinguia o raciocínio prático concreto dos cidadãos do raciocínio teórico abstrato dos filósofos. A razão teórica visa a responder à pergunta: "O que posso saber?". A razão prática, ao contrário, visa responder à pergunta: "O que devo fazer?". O raciocínio prático dos cidadãos precisa se basear nas conclusões da razão teórica, mas a razão prática depende da experiência e não pode ser reduzida à razão teórica. Um estadista é o exemplo da sabedoria prática, assim como um filósofo é o exemplo da sabedoria teórica. Aristóteles não espera que os estadistas sejam filósofos, nem que os filósofos sejam estadistas.

Para Aristóteles, então, ética e política são ciências práticas, baseadas na experiência de fazer escolhas. De fato, para ele, a política é um ramo da ética. Em sua obra *Ética a Nicômaco*, Aristóteles diz que toda decisão e toda escolha visa a algo bom. Mas, podemos objetar, muitas escolhas são ruins. Portanto, Aristóteles esclarece que toda escolha visa a algo que parece bom para o agente. Somente uma pessoa com algum problema mental escolheria algo que lhe parece ruim. No entanto, muitas vezes cometemos erros, escolhendo algo que parece ser bom, mas acaba sendo ruim. Os bens que buscamos variam, mas formam uma hierarquia objetiva. Alguns bens materiais são puramente instrumentais, como o dinheiro: nós os buscamos apenas para ter outros bens. Outros, porém, buscamos pelo próprio prazer que lhes é intrínseco, como o conhecimento ou a amizade. O bem supremo é a felicidade, que todos buscam por si própria e nunca por mais nada. O que é felicidade? Segundo Aristóteles, é a realização de nosso potencial em atividades de virtude moral e intelectual. A felicidade é um florescimento humano – não sentimentos felizes.

Mas não podemos realizar nosso potencial de excelência moral e intelectual sozinhos. Precisamos de famílias, vilarejos, escolas e cidades. Toda comunidade, diz Aristóteles em sua obra *Política*, surge em prol de algo bom, e a política é a arte de organizar a vida social para que todo cidadão possa alcançar a virtude moral e intelectual. No entanto, se a cidade-Estado ideal (ou *polis*) de Aristóteles é uma obra de arte política, é também o produto da natureza humana. Ele afirma que somos, por natureza, animais políticos: realizamos nosso potencial humano natural apenas por meio da arte da política. Como biólogo, Aristóteles certamente sabe que os humanos não são os únicos animais sociais ou políticos: ele também menciona abelhas e formigas. Mas ele afirma que os seres humanos são os mais políticos dos animais por causa de nossa capacidade de falar de maneira racional. Outros animais, diz ele, podem expressar prazer ou dor, mas apenas seres humanos podem discutir sobre o que é bom ou ruim, justo ou injusto.

Uma maneira de entender uma sociedade politicamente organizada, diz Aristóteles, é analisar seus elementos constituintes, que são os cidadãos. Para Aristóteles, um cidadão é alguém pronto, disposto e capaz de servir em um cargo público, tanto para governar quanto para ser governado. Portanto, para ele, crianças e idosos não são totalmente cidadãos. Política, para Aristóteles, significa a participação ativa de todos os cidadãos na deliberação, no debate e na decisão a respeito dos problemas perante a comunidade. Ele define comunidade política como uma associação de homens racionais com um acordo sobre uma boa vida humana. Sua *polis* é uma sociedade de melhoria mútua, na qual os cidadãos ajudam uns aos outros a alcançar a excelência moral e intelectual. A sociedade politicamente organizada ideal de Aristóteles tem apenas 10 mil cidadãos e foi descrita como um cruzamento entre uma igreja e uma universidade.

Além de suas famosas classificações de organismos zoológicos e botânicos em gêneros e espécies, Aristóteles também classificou 158 constituições gregas. Era um biólogo da política. Ele primeiro divide os regimes políticos em justos e injustos. Seguindo Platão, ele define um regime justo como aquele em que os governantes visam ao bem de toda a comunidade, e um regime injusto como aquele em que os governantes visam apenas ao seu próprio bem. Ele diz ainda que os governantes podem ser um, poucos ou muitos. Portanto, um regime justo pode ser uma monarquia, uma aristocracia (o "governo dos melhores") ou uma sociedade politicamente organizada. Quando esses regimes se corrompem, temos tirania, oligarquia e democracia. De acordo com Aristóteles, sua classificação é científica e ética. Ele afirma que seus regimes justos têm prioridade lógica sobre os regimes injustos, no sentido de que só podemos entender o que é desviante ou corrupto quando primeiro entendemos o que é saudável e justo. Só entendemos o que é um tirano, diz ele, se primeiro entendermos o que é um rei justo. Mais tarde, em seu tratado sobre *Política*, Aristóteles argumenta que, em muitos casos, o que define um regime não é o número de governantes, mas sua classe. Por isso, ele define uma oligarquia como um governo de ricos para os ricos, enquanto uma democracia, diz ele, é um governo de pobres para os pobres. O próprio Aristóteles parece preferir um regime baseado no governo da classe média, ou o que ele chamou de sociedade politicamente organizada. Ele achava a classe média mais moderada e menos violenta do que os ricos ou os pobres.

Aristóteles era realista sobre política. Ele partia do princípio de que praticamente todo mundo vive num regime corrupto. Para ele, o objetivo da política é moderar o mau governo, para que ele não se torne pior e, se possível, tentar melhorá-lo gradualmente. Em vez de tentar transformar uma tirania numa sociedade politicamente organizada, ele recomenda transformar uma tirania numa monarquia e uma democracia num Estado. Em seu conselho a um tirano, Aristóteles descreve todas as táticas nefastas mais tarde associadas a Maquiavel. Mas, à diferença de Maquiavel, ele adverte o tirano a não recorrer à força e à fraude, uma vez que esses tiranos raramente morrem na cama. Em vez disso, Aristóteles aconselha um tirano que deseja chegar à velhice a moderar seu governo e agir como um bom rei.

O pensamento político de Aristóteles às vezes é sumariamente descartado pelos pensadores modernos com o argumento de que ele defendia uma forma idealizada de escravidão natural, negava às mulheres o direito de cidadania e criticava a democracia. Mas Aristóteles condena a escravidão com base na conquista e na força, isto é, o tipo de escravidão praticada na antiga Atenas e nos Estados Unidos antes da Guerra Civil. Além disso, Aristóteles libertou seus próprios escravos em seu testamento. Por outro lado, Thomas Jefferson nunca libertou seus escravos, enquanto o filósofo John Locke, que nunca teve escravos, promoveu ativamente o comércio de escravos. Quanto à democracia, Aristóteles nos obriga a fazer perguntas difíceis sobre nossas próprias supostas democracias. O método democrático de nomear funcionários públicos, diz ele, é uma loteria: as eleições são aristocráticas, pois visam à nomeação dos melhores. E, se a democracia é governada pelos pobres, o regime americano parece mais uma oligarquia, como alguns cientistas políticos estão concluindo agora. Sim, Aristóteles restringia a cidadania a homens adultos livres que participavam ativamente de debates, decisões, guerras e governo. Temos uma concepção mais ampla de democracia, na qual a cidadania é estendida a todos os nascidos no país. Mas a democracia aristotélica é mais intensa, porque todo cidadão deve servir nas forças armadas e em outros gabinetes. Aristóteles nos permite ver o que perdemos e o que ganhamos em nossa prática moderna da democracia.

4
Agostinho: o realista

Por volta de 410 d.c., Roma não era mais a capital oficial do império que levava seu nome. Mesmo assim, quando os godos bárbaros sitiaram e saquearam a "cidade eterna", o choque foi profundo no império já em ruínas, cujo centro espiritual e simbólico ainda era Roma. Foi a primeira vez em 619 anos que inimigos estrangeiros entraram na cidade – logo depois, a chamada "Idade das Trevas" desceria sobre a Europa. A derrota histórica de Roma provocou muita reflexão entre os romanos traumatizados sobre suas causas e consequências. Embora muitos dos imperadores de Roma fossem cristãos desde a famosa conversão de Constantino em 312, diversos membros da elite romana mantiveram a antiga fé pagã e culparam a ascensão do cristianismo pela queda de sua cidade. Afinal, o cristianismo defende a mansidão e a humildade: Jesus proclamou a igualdade e a irmandade de todos os homens, e muitos cristãos eram pacíficos e resistentes a pagar imposto. Como esses novos valores poderiam não minar a virtude marcial e o patriotismo de Roma?

O cristianismo foi culpado pelo colapso catastrófico do império romano ou os cristãos serviram de meros bodes expiatórios? Para responder a essas perguntas, Agostinho, que era o bispo de Hipona (hoje Annaba, na Argélia) e um dos teólogos mais importantes e influentes da antiga Igreja cristã, começou a trabalhar em sua obra-prima, *A Cidade de Deus*. Como cidadão de Roma, nascido na África do Norte romana, Agostinho também ficou traumatizado com o colapso do império. Ele começou *A Cidade de Deus* logo depois que Roma foi saqueada e completou o livro pouco antes de outro exército gótico atacar e queimar a cidade murada de Hipona.

Nesse livro, Agostinho tenta responder à acusação de que os cristãos devem ser responsabilizados pelo colapso de Roma, oferecendo um arsenal de argumentos. Ele ressalta, por exemplo, que o principal filósofo de Roma, Cícero, já havia descrito a corrupção da república romana antes do nascimento de Cristo. Além disso, diz Agostinho, todo cristão é cidadão de duas cidades, a cidade celestial de Deus e a sociedade terrena em que ele nasceu. Ambas as cidades são instituídas por Deus, o que significa que os cristãos têm um dever religioso e cívico de defender as instituições do império romano. Sem dúvida, o patriotismo cristão e pagão assume formas diferentes. Agostinho faz um extenso comentário sobre as obras dos historiadores romanos para mostrar que os grandes estadistas e generais romanos do passado foram motivados pela busca de glória, pelo desejo de dominar, pelo amor à riqueza e à sede de sangue. Em suma, as virtudes dos pagãos eram, em última instância, meros vícios esplêndidos. Os cidadãos cristãos agem com um motivo mais nobre: o desejo de paz e justiça.

Agostinho foi, ao mesmo tempo, um platonista e um grande crítico de Platão. Em *A República*, de Platão, Sócrates admite que sua cidade ideal nunca existirá na Terra: "Mas existe um modelo dela no céu, e uma pessoa verdadeiramente justa viverá à luz somente dessa cidade celestial". Portanto, Platão já tinha seu próprio "relato de duas cidades". Refletindo sobre sua própria juventude, Agostinho se lembrou de que roubou peras do pomar de um vizinho. Segundo a psicologia de Platão, o crime de Agostinho deveu-se ao domínio de seu apetite físico sobre sua razão. No entanto, Agostinho lembrou que ele e seus amigos não chegaram a comer as peras que roubaram. Essa visão o levou a perceber que Platão estava errado sobre o corpo ser a fonte do mal. Agostinho encontrou a chave para entender seus próprios crimes juvenis na história bíblica da queda. Eva come do fruto proibido não porque está com fome, mas porque espera "tornar-se como Deus". O mal deriva da perversidade espiritual do orgulho. É verdade que a perversidade espiritual pode corromper o apetite físico, como no caso do estupro ou da gula. Mas culpar nosso corpo pelo mal é culpar nosso Criador. Agostinho percebeu que, se o corpo não é a fonte do mal, então as esperanças de Platão de que uma disciplina racional e filosófica rigorosa pudesse salvar seus reis-filósofos da corrupção eram infundadas. Os governantes de Platão estão sujeitos à perversidade espiritual do orgulho tanto quanto qualquer outra pessoa.

Agora vemos como Agostinho, um idealista cristão, também pode ser um realista político. Considerando sua opinião de que o mal está enraizado demais no ser humano para ser controlado por qualquer disciplina humana racional, não podemos esperar governantes virtuosos. Segundo Agostinho, a política não deriva de nossa natureza boa, criada por Deus: não havia política no Jardim do Éden. Ao contrário, a política (incluindo guerra, punição e escravidão) é um mal necessário para controlar a pecaminosidade humana.

O duro realismo de Agostinho em relação à política humana é evidente em sua avaliação da história de Alexandre e o pirata. Alexandre, o Grande, comandante de uma poderosa frota, encontra um navio pirata isolado. Ele pergunta ao pirata: "O que você quer dizer com infestar os mares?", a que o pirata responde: "O que você quer dizer com conquistar o mundo? Você faz em larga escala o que faço em um pequeno barco". Agostinho endossa a resposta do pirata: "O que é um império, senão uma pirataria em larga escala? O que é um pirata, senão um pequeno imperador?". Vemos o realismo político de Agostinho em sua revisão da definição clássica de uma comunidade política. Ele cita a definição de Estado de Cícero como "uma associação de homens unidos por um entendimento comum do que é certo". Infelizmente, como nenhum Estado pagão jamais teve uma verdadeira compreensão de justiça, pela definição de Cícero, nunca houve um verdadeiro Estado. Agostinho, então, propõe uma definição mais realista de Estado, dizendo que consiste numa "multidão de seres racionais unidos em torno de um acordo sobre os objetivos de seu amor". A definição de Estado de Agostinho aqui, no entanto, pode ser demasiado realista, uma vez que inclui não somente Estados pagãos, mas também sindicatos criminais.

O realismo político de Agostinho tem suas origens na Carta aos Romanos, de São Paulo, na qual Paulo diz que os governos são um terror, não para o bem, mas para o mal, e que os governos executam a ira de Deus contra o malfeitor. Aqui, a missão do governo, claramente, não é cultivar as virtudes morais e intelectuais, mas tão somente punir os malfeitores. Em seu tratado *Sobre o livre-arbítrio*, Agostinho enfatiza que a virtude repousa sobre a qualidade interior de nossas intenções: virtude significa fazer a coisa certa pelas razões certas. Mas as leis civis podem abarcar somente as ações externas, não os motivos do agente. Portanto, as leis humanas regulam só as ações, enquanto apenas a lei eterna de Deus é capaz de julgar a qualidade de nossas intenções e motivações mais profundas. As leis civis só proíbem crimes; a lei eterna proíbe todos os pecados. Em vez de tentar criar virtude e justiça, a sociedade humana deve, portanto, buscar apenas a paz, uma vez que a paz é a única coisa que todos buscam. Como veremos, Thomas Hobbes seguirá Agostinho, afirmando que assegurar a paz é o objetivo final do governo civil. Agostinho diz que a verdadeira paz é "a tranquilidade da ordem": a harmonia dentro de cada alma humana e a justiça entre os povos. Mas a paz civil – a mera cessação de conflitos – pelo menos permite que a Igreja faça seu trabalho de promover a verdadeira paz.

Em sua obra *A Cidade de Deus*, Agostinho argumenta que o amor a si mesmo é a base da Cidade do Homem, enquanto o amor de Deus é a base da Cidade de Deus. Ele também afirma que a Igreja cristã representa a Cidade de Deus, enquanto os impérios pagãos representam a Cidade do Homem. Mas Agostinho deixa claro que essa identidade está longe de ser perfeita: há membros da Cidade de Deus fora da Igreja cristã, assim como há membros da Cidade do Homem dentro da Igreja cristã. Ele diz que certa vez sentiu o apelo da ideia de um império romano cristão no qual a cidade imperial do homem pudesse ser cristianizada. Mas ele ficou desiludido com a ideia de que poderia haver um império cristão. Ele concluiu que havia somente uma sociedade cristã possível, e essa sociedade era a Igreja. Os cristãos devem aprender a viver em Estados religiosos pluralistas, desde que respeitem a independência da Igreja cristã. O Estado ideal de Agostinho, de fato, é liderado por estadistas cristãos, mas ele rejeitava o ideal de uma comunidade política cristã.

Para entender como um teólogo cristão poderia lançar as bases de uma concepção secular da política, precisamos lembrar a parábola bíblica do joio e do trigo, central no pensamento político de Agostinho. Um trabalhador agrícola diz ao proprietário da fazenda que estão nascendo ervas daninhas no meio do trigo: "Devo arrancar as ervas daninhas?", pergunta ele. Mas o dono da fazenda responde: "Não, que as ervas daninhas e o trigo cresçam juntos, pois se tentarmos arrancar o joio, danificaremos o trigo". "Na colheita final", diz ele, "podemos separar o joio do trigo".

Agostinho interpretou isso como significando que os seres humanos não podem discernir quem pertence à Cidade de Deus e quem pertence à Cidade do Homem, pois somente Deus pode divisar a natureza do amor em nossos corações. Portanto, esforços políticos para separar cristãos de não cristãos provavelmente causarão mais mal do que bem. Devemos permitir que o joio e o trigo cresçam juntos em comunidades de pluralismo religioso, para que Deus possa criar a verdadeira Cidade de Deus no final da história. Agostinho nem sempre respeitou esse princípio de tolerância religiosa. Mesmo com relutância, ele permitiu que as autoridades romanas usassem de coerção legal e política contra hereges no norte da África, criando um precedente perigoso para as perseguições religiosas muito mais hediondas da Europa medieval e do início da Europa moderna.

Agostinho dizia que os cristãos seriam bons cidadãos, porque eles sentem um dever religioso de obedecer a governos justos. Os cristãos buscariam o bem comum sem o desejo pagão de glória pessoal. Mas os ideais cristãos de Agostinho tendem a minar alguns dos tipos de lealdade muitas vezes considerados centrais para a virtude cívica. Por exemplo, Agostinho pergunta: "Dada a duração da vida humana, importa em que tipo de regime vivemos, desde que não sejamos coagidos à idolatria?". É claro que, para defensores do governo republicano e democrático, isso importa muito. Se os patriotas que fundaram os Estados Unidos adotassem o ponto de vista de Agostinho, os Estados Unidos ainda seriam uma colônia britânica.

Agostinho também fala sobre a guerra: "O que importa se os mortos são nossos compatriotas ou o inimigo? É sangue humano que está sendo derramado". No entanto, para os patriotas, isso importa muito. Se seguíssemos o conselho de Agostinho, ergueríamos monumentos não apenas a nossos próprios soldados mortos, mas também aos soldados mortos de nossos inimigos. Do ponto de vista da Cidade de Deus, sem dúvida, as diferenças de regime são triviais, e todas as guerras são guerras civis. Mas a virtude cívica na Cidade do Homem exige lealdades mais estreitas.

No entanto, o rebaixamento que Agostinho faz da política, que deixa de ser amplamente honrada como o bem humano supremo, passando a ser considerada como um mero mal necessário, continua a influenciar nossas atitudes modernas em relação à política. Nas palavras de Thomas Jefferson: "O governo governa melhor quando menos governa", ou de James Madison: "Se os homens fossem anjos, nenhum governo seria necessário", podemos ouvir a voz de Agostinho.

MEDIEVAIS

5
Al-Farabi: o imã

Depois de apoiá-lo por vários anos, o patrono de Al-Farabi, um famoso príncipe muçulmano de Alepo, perdeu a paciência. Al--Farabi, sempre com a mesma capa sombria, era conhecido por fazer observações animadoras, tais como: "O homem virtuoso é um estranho infeliz no mundo, e a morte é melhor para ele do que a vida". Não é de se admirar que o príncipe não o considerasse o indivíduo mais divertido do mundo!

Em retrospecto, podemos facilmente reconhecer a falta de habilidades sociais, as roupas pesadas e o ascetismo de Al-Farabi como verdadeiras marcas de seu chamado como filósofo. Evitando qualquer interesse em ganho financeiro ou poder político, Al-Farabi viveu tão modestamente que quase nada se sabe sobre ele, além de seus escritos. Essas próprias qualidades garantiam sua liberdade e independência como pensador. Pensamos num imã como uma espécie de clérigo muçulmano, mas Al-Farabi afirmou corajosamente que o único imã verdadeiro é o filósofo.

Nascido em 870 perto de Farab, no atual Cazaquistão, Al--Farabi cresceu em Damasco, viveu décadas em Bagdá e morreu em Alepo aos 80 anos. Ele é reverenciado hoje em dia como o maior de todos os filósofos muçulmanos – sendo homenageado, mais tarde, por filósofos medievais cristãos, judeus e muçulmanos como o "Segundo Mestre" (depois de Aristóteles). No entanto, Al-Farabi também foi denunciado por um dos principais teólogos islâmicos medievais, Al-Ghazali, como infiel. Por trás de seu comportamento modesto, havia um professor audacioso.

Al-Farabi tentou introduzir o antigo ideal grego do rei-filósofo no contexto radicalmente novo de uma sociedade islâmica.

A filosofia sempre foi ameaçada pela crença religiosa: Sócrates foi morto em parte por causa de sua suposta impiedade. Mas essa ameaça da religião à filosofia tornou-se dramaticamente maior na esteira das religiões abraâmicas, que afirmam possuir uma verdade divina revelada, independente da filosofia. Se a verdade está contida na Bíblia ou no Alcorão, qual a necessidade das perguntas dos filósofos?

Em todas as religiões abraâmicas, encontramos fundamentalistas religiosos que insistem que as Escrituras são a única fonte confiável da verdade. Como as investigações humanas falíveis dos filósofos pagãos podem se comparar à palavra revelada de Deus? Ao mesmo tempo, em todas as religiões abraâmicas, encontramos racionalistas que acreditam que somente a filosofia nos leva de maneira confiável à verdade; eles são céticos em relação à veracidade dos mitos e lendas das Escrituras. Al-Farabi não era nem um fundamentalista, nem um racionalista cético.

É possível comparar as ideias da filosofia e da religião de um ponto de vista neutro? Deve-se adotar a razão filosófica para avaliar as ideias da religião ou adotar a crença religiosa para avaliar as ideias dos filósofos? Alguns filósofos medievais partem do princípio de que as Escrituras representam a verdade e depois tentam ver se os pontos de vista dos filósofos são compatíveis com essa verdade. Outros partem de um compromisso com a razão, avaliando as Escrituras a sua luz. Al-Farabi certamente considerava a filosofia como o padrão para julgar toda a verdade, apresentando vários argumentos para mostrar que a revelação de Deus ao Profeta Maomé atendia aos padrões da verdade filosófica.

Al-Farabi tentou estabelecer um caminho intermediário entre o fundamentalismo religioso e o racionalismo cético. Ele honrou tanto a sabedoria revelada do Alcorão quanto a sabedoria racional da antiga filosofia grega. Sua posição poderia ser chamada de "humanismo islâmico", e por isso ele foi atacado por islâmicos e humanistas. Como Al-Farabi conciliava o islã com a filosofia? Ele tratava Maomé como filósofo e "o divino Platão" como Escrituras – ou seja, ele dizia que Maomé entendia a base filosófica de sua profecia e que os escritos de Platão devem ser interpretados com o mesmo cuidado que o Alcorão. Retoricamente, é claro, os diálogos de Platão não poderiam ser mais diferentes do Alcorão. Mas essas diferenças retóricas talvez reflitam mais os diferentes públicos de Platão e Maomé do que suas diferentes visões. Afinal, Platão escreveu que "Deus, não o homem, é a medida de todas as coisas". Seria Platão o Profeta Maomé falando grego antigo?

Embora Aristóteles, como observamos, tenha rejeitado aspectos centrais da filosofia de Platão (incluindo sua filosofia política), após a morte de Aristóteles, os "neoplatonistas" tentaram harmonizar e sintetizar as ideias de Platão e Aristóteles. Al-Farabi é o fundador do neoplatonismo islâmico e dedicou sua vida a promover essa síntese. Embora ele tenha sido reverenciado como "o segundo Aristóteles", sua filosofia *política* é muito mais platônica do que aristotélica. Aliás, o grande tratado de Aristóteles, *Política*, não foi traduzido para o árabe até os tempos modernos. Apesar de Al-Farabi conhecê-lo, seu próprio trabalho não se baseia na *Política* de Aristóteles. O platonismo político de Al-Farabi teria um efeito fatídico sobre o futuro da filosofia política islâmica.

Platão e Aristóteles diferiram, como vimos, na questão da relação do conhecimento filosófico com a política. Aristóteles contrasta a sabedoria teórica de um filósofo com a razão prática de um estadista. De acordo com ele, o essencial para os bons governantes é a sabedoria prática, não a teórica. Ele não espera que os estadistas sejam filósofos ou que os filósofos governem.

Platão, por outro lado, não distingue explicitamente a sabedoria teórica da sabedoria prática. Segundo Platão, os males da vida política não cessarão até que os mestres da sabedoria teórica (ou seja, os filósofos) governem. Obviamente, ele também reconhece a importância da experiência prática na política, afirmando que seus reis-filósofos devem adquiri-la antes de governar. Al-Farabi se posiciona decisivamente ao lado de Platão. Ele insiste que os governantes ideais das comunidades políticas devem possuir tanto sabedoria teórica quanto prática. Os reis-filósofos devem dominar geometria, física, astronomia, música, metafísica e lógica. Al-Farabi acredita que a sabedoria prática sobre assuntos humanos é impossível, a menos que se apoie em verdades demonstráveis sobre a natureza do universo e o lugar da humanidade dentro dele. Sua ética e política giram em torno de um conjunto de analogias detalhadas, comparando a estrutura do cosmos, da alma, do corpo e da sociedade. A hierarquia política, diz ele, deve refletir a hierarquia que vemos no cosmos e na alma humana. Por exemplo, assim como um só Deus governa o cosmos, um só filósofo deve governar o Estado. Assim como a razão governa o corpo humano, a filosofia deve governar a sociedade. Como Platão e Aristóteles, Al-Farabi afirma a desigualdade natural entre os seres humanos: algumas pessoas estão destinadas a governar desde o nascimento, enquanto outras estão destinadas a ser escravas.

Como Platão, Al-Farabi está ciente de que todo regime político real fica muito aquém do ideal. De fato, quando os filósofos governaram? Ele cataloga cuidadosamente todos os regimes ignorantes, cruéis, errôneos e renegados cujos governantes se dedicaram não ao amor à verdade, mas ao amor à riqueza, à honra, à conquista ou ao prazer. Não obstante, Al-Farabi insiste que, em nossos esforços para reformar nossos governos, devemos cuidar para que a política se apoie na filosofia: se os governantes não forem filósofos, eles podem, pelo menos, ouvir os filósofos.

A grande genialidade política de Al-Farabi foi perceber que os filósofos, sozinhos, não podem governar. Os filósofos têm muito pouco a ver com as pessoas comuns para serem governantes eficazes. A filosofia deve recorrer à religião, ao direito, à retórica, à literatura e à música a fim de moldar a conduta do povo de acordo com as exigências da verdade. A maioria das pessoas não consegue entender ideias abstratas ou acompanhar demonstrações lógicas: elas precisam de imagens ou histórias para chegar à verdade. Teólogos, juristas, artistas, escritores e músicos, todos, a sua maneira, contribuem para tornar as verdades da filosofia acessíveis às pessoas. Como Platão, Al-Farabi apela aos poetas para vestir as verdades filosóficas em trajes agradáveis.

Ao defender a concepção de rei-filósofo de Platão, Al-Farabi cria um verdadeiro desafio à autoridade do profeta. Moisés, Jesus e Maomé são descritos nas Escrituras como governantes divinamente designados de seus respectivos povos. Embora esses profetas fossem todos homens de sabedoria prática, experientes no gerenciamento de assuntos humanos, nenhum deles poderia ser descrito, nem remotamente, como filósofo. Se toda autoridade política verdadeira repousa na filosofia, como Al-Farabi explica a autoridade do profeta?

O filósofo alemão do século XIX Friedrich Nietzsche desmereceu o cristianismo dizendo que não passava de "platonismo para as massas". Al-Farabi, porém, elogia o islã por trazer verdades platônicas às pessoas comuns. Seu verdadeiro profeta é alguém que se aproxima da mente divina pela perfeição de suas faculdades racionais e morais. Deus recompensa a virtude intelectual do profeta, revelando todo o conhecimento filosófico. Enquanto os filósofos comuns adquirem sua sabedoria aos poucos, pelo trabalhoso processo de consulta e debate, os profetas recebem sua sabedoria filosófica diretamente de Deus. O que o profeta escreve nas Escrituras, então, é apenas a ilustração concreta dos princípios filosóficos revelados por Deus. Para guiar a conduta humana, as Escrituras devem ser acessíveis a pessoas comuns, que entendem somente histórias e mandamentos. Mas todas essas histórias e mandamentos repousam logicamente nas verdades filosóficas transmitidas aos profetas por revelação divina. Como as Escrituras e as leis religiosas que elas contêm se baseiam no conhecimento filosófico implícito dos profetas, a interpretação das Escrituras e sua aplicação nas relações humanas devem ser controladas pelos filósofos. Aqui vemos por que Al-Farabi considerava o filósofo o verdadeiro imã: toda verdade religiosa se baseia em princípios abstratos conhecidos apenas pelo verdadeiro profeta e por seus sucessores, os filósofos.

Além de aplicar o ideal de reinado filosófico de Platão aos governantes proféticos das religiões abraâmicas, Al-Farabi também aplica o ideal platônico e aristotélico de uma cidade--Estado virtuosa a um grande império medieval. A sociedade politicamente organizada ideal de Platão e Aristóteles é uma pequena comunidade de cidadãos unida por uma visão comum de virtude moral e intelectual. Segundo os gregos, um Estado dedicado à educação comum de seus cidadãos deve ser realmente muito pequeno – com 5 a 10 mil cidadãos. Al-Farabi foi o primeiro filósofo político a dizer que esse ideal podia ser estendido a uma nação inteira ou mesmo a um império de nações. Aliás, ele foi o primeiro a apresentar a ideia de uma nação como base da vida política: a unidade nacional repousa sobre idioma, etnia, religião, literatura ou música em comum? No islã, "nação" refere-se tanto a uma comunidade étnica e cultural específica quanto à "nação do islã". Al-Farabi já havia testemunhado a derrota do sonho de um império islâmico unificado, mas defendia a ideia de impérios multinacionais como Estados potencialmente virtuosos.

Aristóteles havia argumentado em sua *Política* que nações e impérios são grandes e heterogêneos demais para se tornarem comunidades de virtudes compartilhadas. Uma sociedade educacional deve ter um idioma, uma religião, uma literatura, escolas e uma cultura em comum. Aristóteles se perguntou como os cidadãos poderiam adquirir virtudes cívicas sem a oportunidade de governar e ser governados. Segundo Aristóteles, o tamanho importa na política: nações e impérios estão destinados ao vício e ao despotismo. No entanto, Al-Farabi, com ideias práticas brilhantes, considera como um governante pode criar um império virtuoso enquanto governa um conjunto diversificado de nações específicas, cada uma com seu próprio idioma, costumes religiosos e literatura.

Qual é o legado de Al-Farabi hoje? Se seu objetivo era criar um lugar de honra para a investigação filosófica nas escolas do islã, ele certamente foi bem-sucedido – pelo menos durante o período medieval. Se seu objetivo era fazer com que a filosofia fosse uma parte central da religião e da política islâmicas, ele não teve tanto sucesso. O islã, como o judaísmo, é, fundamentalmente, uma religião de leis, cujas maiores autoridades sempre foram juristas. No islã, a rainha das ciências é a jurisprudência, não a teologia ou a filosofia.

Em parte por causa de Al-Farabi, a filosofia política islâmica medieval foi platônica, e não aristotélica. Qual a importância disso? Quaisquer que sejam seus ideais, a *Política* de Aristóteles contém muitos argumentos para o governo democrático pelo povo. Em parte por causa da ausência de uma ciência política aristotélica em árabe, esses argumentos nunca entraram nos debates entre os filósofos islâmicos medievais – aliás, argumentos a favor do governo popular eram muito raros no mundo muçulmano até o século XIX. Talvez isso ajude a explicar os desafios que as instituições democráticas enfrentam atualmente no mundo islâmico.

Quanto mais as coisas mudam, mais elas continuam iguais. O islã medieval era dividido entre fundamentalistas religiosos e céticos racionalistas, assim como o islã de hoje. Os humanistas seculares do século XX estavam convencidos de que a religião logo desapareceria, em meio à ignorância e à pobreza. Mas a religião não desaparecerá tão cedo. Al-Farabi criou um caminho intermediário entre o fundamentalismo religioso e o humanismo secular. Seu humanismo islâmico serviu de base para o humanismo judaico posterior de Moisés Maimônides e o humanismo cristão de Tomás de Aquino. Esses filósofos, cada um a sua maneira, declararam que a religião deve ser reformada à luz da razão e que a razão deve ser banhada na luz da religião. Desde a Idade Média, vivenciamos muita violência política proveniente de fundamentalistas religiosos, assim como de fascistas e comunistas seculares. Al-Farabi, Maimônides e Tomás de Aquino acreditavam que a melhor base para uma política moderada e decente é o humanismo religioso. A história ainda não provou que eles estavam errados.

6
Maimônides: o legislador

Como rabino judeu vivendo em Fez, Marrocos, no início da década de 1160, Moisés Maimônides enfrentou um dilema terrível. Os novos governantes almóadas fanáticos do sul da Espanha e do Magrebe norte-africano obrigaram todos os cristãos e judeus a se converterem ao islã. Ou isso, ou a morte. De acordo com um historiador da época, Maimônides fingiu ter se convertido ao islã, recitando orações muçulmanas, estudando o Alcorão e frequentando a mesquita. Depois de chegar à segurança do Cairo, onde o judaísmo era tolerado, o rabino Maimônides escreveu uma carta de aconselhamento a seus irmãos judeus que ainda eram perseguidos no Magrebe. Alguns judeus escolheram o martírio em vez de negar sua fé, mas muitos outros se converteram, sinceramente ou não, ao islã. Maimônides afirmou, de modo compassivo, que o martírio, embora admirável às vezes, não era necessário. Segundo ele, era possível cumprir os requisitos da lei islâmica sem repudiar a fé judaica. Ainda assim, advertiu Maimônides, mesmo depois de se "converter" ao islã, os judeus deveriam deixar suas casas e viajar para uma terra onde o judaísmo fosse tolerado. Deus não os abandonaria. Ninguém pode acusar Maimônides de hipocrisia: suas palavras e suas ações estavam em perfeita harmonia.

Tendo recebido o nome do primeiro grande legislador judeu da Bíblia, Moisés Maimônides é reverenciado hoje em dia como o maior dos filósofos e juristas judeus. Mas ele aspirava ser ainda mais do que isso: Maimônides tentou revogar e substituir toda a tradição jurídica judaica por seu próprio código e, ao fazer isso, tornar-se o segundo Moisés. Por sua presunção, os tradicionalistas judeus da Europa proibiram seus escritos e até queimaram seus livros.

Maimônides nasceu em 1138, em Córdoba, na Espanha – na época, a maior e mais rica cidade da Europa, bem como o centro do aprendizado islâmico e judaico. Dois séculos de governo islâmico esclarecido e tolerante haviam criado uma meca ali para o intercâmbio acadêmico e artístico entre judeus, cristãos e muçulmanos. Filho de um famoso sábio, o menino Maimônides logo absorveu a lei judaica e a filosofia islâmica. Mas, quando ele tinha apenas dez anos, sua utopia espanhola foi destruída pelos novos governantes almóadas, que suprimiram o cristianismo e o judaísmo. Sua família passou os próximos dezoito anos fugindo de cidade em cidade na Andaluzia e, depois, de país em país no norte da África antes de se estabelecer no Cairo, onde seu pai, com quem Maimônides havia estudado Torá originalmente, morreu. Depois de deixar Córdoba, ele nunca mais teve uma comunidade de colegas intelectuais. Mesmo depois de viver feliz por trinta anos no Cairo – onde acabou trabalhando como médico da corte para o sultão, Saladino –, Maimônides ainda se referia a si mesmo como cidadão da Espanha.

O que é surpreendente não é que existam poucos filósofos políticos judeus, mas que exista algum. Afinal, a filosofia política é um estudo prático da arte de governar e, na maior parte da história, os judeus foram um povo sem Estado, governado por estrangeiros. Por esse motivo, a maioria dos pensamentos judaicos sobre política gira em torno das políticas internas do povo judeu: como manter as comunidades locais dentro de Estados gentios e como promover a identidade nacional nesses Estados. Os judeus podiam não ter suas próprias comunidades políticas, mas eles tinham suas próprias leis, tribunais e autoridades.

Maimônides era, nesse sentido, o exemplo de líder político judeu. Logo depois de chegar ao Cairo, ele foi nomeado chefe de toda a comunidade judaica do Egito, responsável não apenas por administrar a vida judaica, mas também por manter laços estreitos com outras comunidades judaicas, especialmente no Levante mediterrâneo. É verdade que Maimônides não exerceu plena soberania política: ele nunca comandou um exército ou uma marinha, nem governou um Estado. Mas ele cobrou impostos, organizou ajuda humanitária para os pobres, reformou as liturgias religiosas e foi líder do tribunal de recursos para resolver contendas, não somente no Egito, mas também no Levante judaico. Embora ele tenha passado apenas alguns anos no cargo, Maimônides adquiriu mais experiência política do que a maioria dos grandes filósofos.

Como Al-Farabi antes dele e Tomás de Aquino depois dele, Maimônides tentou seguir um caminho intermediário entre o fundamentalismo religioso e o ceticismo racional. Ele pode ser visto como uma ponte entre o neoplatonismo do muçulmano Al-Farabi e o neoaristotelismo do cristão Tomás de Aquino. Dizem de Maimônides que seu coração estava em Jerusalém (o lar original de sua fé), enquanto sua cabeça estava em Atenas (o lar original da filosofia). De fato, ele foi acusado de usar Aristóteles para minar o judaísmo e de usar o judaísmo para minar Aristóteles. Os estudiosos ainda não chegaram a um consenso quanto ao foco de sua lealdade. Mas o próprio Maimônides não via qualquer conflito profundo: ele insistia que o judaísmo já era implicitamente aristotélico e que Aristóteles era implicitamente judeu. Afinal, Aristóteles declarou que o auge da excelência humana é o amor intelectual de Deus – que, diz Maimônides, também é a essência da lei judaica.

Seguindo Agostinho e precedendo Tomás de Aquino, Maimônides afirma que a fé bíblica busca inerentemente a compreensão racional. A crença em Deus tende a trazer questões filosóficas, como: "Quem é Deus?". E: "Se Ele é tão bom e poderoso, por que há tanto mal no mundo?". A fé bíblica sempre girou em torno dessa autorreflexão crítica. Os profetas hebreus já são filósofos em potencial, que sujeitam as leis e promessas bíblicas a críticas e análises contundentes. Toda a tradição dos comentários judaicos sobre a lei bíblica busca revelar os princípios morais gerais que inspiram estatutos bíblicos específicos. Maimônides, então, nega que a filosofia grega seja algo externo à tradição judaica. A fé busca entendimento, e o auge da compreensão humana, segundo Maimônides, é Aristóteles. De acordo com Aristóteles, Deus é puro pensamento, sem propriedades visíveis ou mesmo emoções. Segundo Maimônides, assim é o Deus bíblico, que condena todas as representações visíveis do Criador como idolatria. Mas, se o Deus bíblico é puro pensamento, por que a Bíblia frequentemente descreve Deus em termos humanos, dizendo que Ele tem "braço direito", um "trono" e sentindo "ira"? Maimônides diz que a maioria das pessoas não tem capacidade intelectual para compreender a realidade divina invisível e, portanto, elas imaginam Deus em termos humanos. Como Aristóteles, Maimônides afirma que a virtude é a própria recompensa da virtude, e o mal, a própria punição do mal. Mas a maioria das pessoas, diz ele, não buscará a virtude ou evitará o mal, a menos que tema a ira de Deus – embora, diga Maimônides, Deus, na verdade, não tenha emoções. Maimônides não era conhecido por seu humor, mas observa: "Se atribuirmos ira a Deus, corremos o risco de deixá-lo irado!".

Alguns estudiosos argumentam que Maimônides era puramente judeu em sua explicação da lei judaica, mas puramente aristotélico em sua filosofia. No entanto, é fácil mostrar que Maimônides era aristotélico em sua jurisprudência e judeu em sua filosofia. Aristóteles disse que algumas leis são naturais – ou seja, universalmente racionais –, como "honrar os pais" ou "pagar as dívidas". Outras leis são meramente convencionais e diferem de uma sociedade para outra, como quais animais sacrificar aos deuses. Maimônides usa essas ideias aristotélicas para analisar as leis mosaicas, algumas das quais, diz ele, são naturais ou racionais (como as proibições de matar e roubar), enquanto outras são puramente convencionais, como as que definem quais animais sacrificar e quantos. Aristóteles afirma que podemos entender o propósito racional da lei natural, mas não de todas as leis convencionais. Maimônides concorda, dizendo que podemos discernir o propósito racional de muitas leis bíblicas, como as proibições de matar e roubar, mas que nunca entenderemos a lógica de outras leis bíblicas, como as proibições de misturar leite com carne ou lã e linho. Em resumo, obedecemos às leis bíblicas naturais porque a razão (assim como Deus) exige isso, enquanto obedecemos às leis bíblicas convencionais apenas porque Deus exige. Aristóteles acaba sendo um excelente guia para a lei judaica, de acordo com Maimônides.

Assim como Maimônides usa Aristóteles para revisar o judaísmo tradicional, ele também usa a fé judaica para revisar Aristóteles. Segundo Aristóteles, todas as virtudes verdadeiras são um meio entre os extremos do excesso e da deficiência. Por exemplo, ele diz que a autoestima virtuosa é um meio entre os vícios da arrogância (autoestima excessiva) e humildade (autoestima insuficiente). Mas Maimônides diz, com base na Bíblia, que a humildade nunca é excessiva, pois qualquer grau de orgulho é uma negação de Deus. A Bíblia, em certo sentido, "ensina" a Aristóteles que algumas virtudes não são meios, mas extremos. O mais controverso é que Maimônides rejeita o argumento de Aristóteles de que o mundo é eterno, dizendo que a razão em si não tem como provar se o mundo é eterno ou foi criado. Assim, e de muitas outras maneiras, ele utiliza a luz da fé bíblica para revisar os argumentos dos filósofos, assim como utiliza a filosofia para revisar a fé bíblica.

Aristóteles havia diferenciado a perfeição intelectual do filósofo da perfeição moral do estadista. Al-Farabi, então, declarou que o verdadeiro profeta encarna tanto a perfeição intelectual quanto a perfeição moral, tornando-o mais elevado do que o filósofo e o estadista. Além disso, diz Al-Farabi, o profeta combina a perfeição intelectual do filósofo com a perfeição criativa do poeta, uma vez que o profeta deve ser capaz de vestir verdades abstratas em vívida retórica para chegar a todo tipo de pessoa. Maimônides desenvolve a teoria do profeta de Al-Farabi, distinguindo também a perfeição intelectual da perfeição criativa. A perfeição intelectual produz o filósofo; a perfeição criativa produz o estadista; só o profeta combina a perfeição intelectual do filósofo com a perfeição criativa do estadista. Em outras palavras, só o profeta é qualificado para ser um rei-filósofo – tornando o profético Moisés um verdadeiro governante platônico. Como Al-Farabi, Maimônides diz que um profeta não é alguém que arbitrariamente recebeu poderes milagrosos de Deus, mas alguém que se faz divino aperfeiçoando sua virtude intelectual e moral. O que seria milagroso é Deus negar a revelação divina a uma pessoa assim. Enquanto Al-Farabi compara Maomé, Moisés e Jesus como verdadeiros profetas, Maimônides declara que só Moisés é o supremo profeta e legislador.

Séculos de comentários sobre as leis de Moisés foram compilados em livros chamados Talmud, que relatam debates, votos e decisões rabínicas sobre como aplicar a lei a casos particulares. Maimônides teve a audácia (ou arrogância) de tentar sistematizar essa vasta quantidade de material jurídico em uma classificação logicamente rigorosa, de acordo com os princípios gerais. Ninguém antes ou depois dele tentou sistematizar, de maneira abrangente, toda a lei judaica. A obra de catorze volumes de Maimônides, a Mishnê Torá, pode ser comparada apenas à codificação da lei romana antiga realizada pelo imperador Justiniano ou à codificação da lei francesa moderna realizada por Napoleão – e elas exigiram o trabalho de dezenas de juristas. Os códigos de Justiniano e Napoleão foram promulgados formalmente e pretendiam revogar e substituir toda a legislação, decisões judiciais e comentários anteriores. Maimônides não tinha autoridade política para impor um novo código de lei à comunidade judaica. Portanto, sua codificação se apresenta como uma mera síntese ou resumo lógico da lei judaica. Mas muitos juristas judeus, daquela época e de agora, suspeitam que Maimônides desejava que seu novo código revogasse e substituísse toda a tradição jurídica talmúdica – fazendo dele o novo Moisés, o segundo grande legislador judeu. De fato, o título de seu código, Mishnê Torá, significa a "Repetição da Lei" (mosaica).

O escritor político Maquiavel comparou os fundadores de um regime político com seus reformadores posteriores, a quem chamou de "refundadores". Na história americana, podemos usar essa distinção para comparar os "pais fundadores" do regime americano com Abraham Lincoln, que reformou radicalmente e "refundou" os Estados Unidos com base nos princípios da igualdade racial e forte governo nacional. De acordo com Maquiavel, um refundador reforma um regime, restabelecendo-lhe seus princípios originais, como Lincoln afirmou que estava fazendo ao restabelecer aos Estados Unidos o princípio de que "todos os homens são criados iguais".

Da mesma forma, se Moisés foi o fundador do antigo povo de Israel enquanto comunidade política, Moisés Maimônides aspirou ser seu refundador. Assim como Moisés suprimiu violentamente a idolatria dos israelitas que adoravam o bezerro de ouro, Maimônides também condenou violentamente a idolatria de adorar imagens humanas de Deus. O Moisés bíblico procurou purificar a religião dos israelitas com um novo código de lei, assim como Maimônides – o segundo Moisés – fez. Embora Maimônides não tenha sido capaz de revogar a tradição talmúdica, seu código mudou para sempre a maneira como a lei judaica seria interpretada e aplicada. E embora Maimônides não tenha sido capaz de purificar a piedade popular judaica de suas imagens bíblicas, ele abriu a porta para críticas filosóficas radicais da religião bíblica, assim como para críticas bíblicas radicais da filosofia.

Hoje, o Estado de Israel encontra-se profundamente dividido entre humanistas seculares e fundamentalistas religiosos, entre aqueles que buscam a verdade somente na ciência e na filosofia e aqueles que buscam a verdade somente na lei bíblica. Maimônides, enquanto rabino judeu reverenciado que também foi um grande filósofo, buscou a verdade à luz da razão natural, bem como à luz da revelação. Israel também se encontra em conflito com seus vizinhos muçulmanos. Maimônides, enquanto pensador judeu que escreveu suas obras filosóficas em árabe, construiu pontes entre judeus e muçulmanos. Seu trabalho é marcado por um diálogo respeitoso entre tradições e crenças que oferece esperança até para o mais intratável dos conflitos.

7
Tomás de Aquino: o harmonizador

Quando Tomás de Aquino tinha dezenove anos, em 1244, decidiu receber ordens sagradas na recém-fundada ordem dominicana de pregadores. Seus colegas e professores em Nápoles ficaram chocados com a visão de um jovem nobre assumindo o hábito de um frade empobrecido. Dominique fundou sua ordem para pregar o Evangelho e combater a heresia. Por esse motivo, os dominicanos estiveram na vanguarda da vida intelectual durante o século XIII. A mãe de Tomás de Aquino se opôs à vocação escolhida por seu filho e insistiu que ele assumisse seus deveres como o nobre senhor de uma grande propriedade. Seus irmãos, que eram cavaleiros a serviço do sacro imperador romano, sequestraram Tomás e o prenderam no castelo da família em Roccasecca por quase dois anos, com o objetivo de forçá-lo a mudar de ideia, chegando a mandar moças jovens a sua cela a fim de testar sua castidade. Segundo todos os relatos, a devoção do jovem Tomás a sua vocação religiosa era inabalável, e sua família finalmente cedeu.

Tomás de Aquino, que teve permissão para ler filosofia e teologia durante sua prisão domiciliar, retomou seus estudos formais em Paris e Colônia. Mais tarde, como eminente teólogo e filósofo, tornou-se confidente e conselheiro do rei Luís IX da França e de vários papas. Em sua obra-prima filosófica, a *Summa Theologiae*, Tomás de Aquino sustenta que a autoridade dos pais sobre os filhos deve ser limitada: os pais, diz ele, não têm o direito de vetar a decisão de uma criança crescida de se casar ou se juntar a uma ordem religiosa.

A Idade Média muitas vezes é chamada de "idade da autoridade", mas deve ser entendida como a idade das autoridades, pois havia várias fontes concorrentes de influência. As duas principais fontes de autoridade intelectual no século XIII tiveram origem em Atenas e em Jerusalém. Da Grécia antiga, a Europa medieval herdou a filosofia e a ciência de Platão e Aristóteles; de Israel da antiguidade veio o legado da religião bíblica, especialmente o cristianismo. Aliás, as obras de Aristóteles, com extensos comentários judaicos e islâmicos, tinham acabado de chegar à Europa Ocidental no século XII. Quando o jovem Tomás de Aquino foi para Colônia estudar com o cientista e filósofo aristotélico pioneiro Alberto Magno, ele embarcou em seu projeto vitalício de tentar sintetizar a ciência e a filosofia de Aristóteles com os princípios da religião bíblica. De fato, a civilização ocidental pode ser definida como uma mistura de hebraísmo e helenismo.

As ideias conflitantes da filosofia ateniense e a fé de Jerusalém foram fortemente contestadas no judaísmo medieval, no islamismo e no cristianismo. Seguindo os passos de Al-Farabi e Maimônides, Tomás de Aquino argumentou que Deus é o autor tanto da razão humana quanto da revelação. Portanto, o que aprendemos do "livro da natureza" por meio da ciência não pode, em princípio, contradizer o que aprendemos do livro das Escrituras por meio da fé. Se o que a ciência ensina parece contradizer o que a Bíblia ensina, devemos estar enganados sobre as ideias da ciência ou as ideias da Bíblia. Tomás de Aquino dedicou toda a sua vida intelectual a mostrar que as verdades encontradas em Aristóteles eram coerentes com as verdades encontradas na Bíblia. Seu esforço para unir Atenas e Jerusalém criou uma terceira posição entre o humanismo secular e o fundamentalismo religioso chamado "humanismo cristão". A escolástica do século XIII foi uma florescência do humanismo cristão, e o Renascimento italiano foi outra.

Tomás de Aquino desenvolveu sua visão de que a fé bíblica e a filosofia grega são compatíveis apresentando milhares de argumentos, que abarcam desde física e biologia até ética, psicologia e teologia. Seu princípio orientador é que "a fé não destrói ou substitui a razão, mas a aperfeiçoa".

Vejamos brevemente como o humanismo cristão de Tomás de Aquino é trabalhado nas áreas de moralidade e direito. Da filosofia grega, ele descobriu a teoria das virtudes morais, especialmente o que chamou de "virtudes naturais" de justiça, sabedoria, coragem e moderação. Embora a palavra "virtude" não apareça na Bíblia, esses valores básicos são mencionados, já que estão nos escritos de todas as civilizações humanas. Homens e mulheres sábios de muitas culturas diferentes concluíram que a sociedade humana depende de que seus membros adquiram essas virtudes. Não podemos viver em paz juntos, a menos que um número suficiente de pessoas pratique essas virtudes, e nossa vida individual melhorará se agirmos com justiça, sabedoria, coragem e moderação.

Tomás de Aquino também descobriu algumas virtudes exclusivas da Bíblia: fé, esperança e amor, que chamou de "virtudes sobrenaturais", porque elas não podem ser descobertas apenas pela razão, mas dependem da fé na revelação bíblica. Hoje, os humanistas seculares afirmam que precisamos apenas das virtudes naturais para ter uma vida boa; os fundamentalistas religiosos afirmam que precisamos apenas das virtudes bíblicas sobrenaturais. Tomás de Aquino diz que precisamos de todas: a fé, a esperança e o amor não substituem, mas aprimoram a justiça, a sabedoria, a coragem e a moderação. Um fanático religioso poderia ser descrito como alguém que pensa que precisamos apenas de fé, esperança e amor, sem justiça, sabedoria, coragem e moderação. As virtudes sobrenaturais, sem as virtudes naturais, nos cegam; as virtudes naturais, sem as virtudes sobrenaturais, nos tornam austeros.

Além das obras de Aristóteles, a antiga lei de Roma, codificada pelo imperador Justiniano no século VI, foi redescoberta na Europa Ocidental no final do século XI. A primeira universidade da Europa, em Bolonha, foi criada precisamente para estudar o direito romano. (Sim, as primeiras universidades da história europeia foram faculdades de Direito.) Tanto os governantes seculares quanto os papas começaram a desenvolver códigos de lei inspirados no exemplo da lei romana. Tomás de Aquino tratou a lei romana como um modelo do direito humano racional e procurou mostrar como ele poderia ser compatível com a lei divina revelada na Bíblia. Segundo Tomás de Aquino, tanto a lei humana racional quanto a lei divina derivam da lei eterna de Deus. Como não temos acesso direto à lei eterna de Deus, podemos entendê-la apenas indiretamente, por meio da lei natural da consciência humana e da lei divina da Bíblia. Por natureza, diz Tomás de Aquino, todo ser humano tem uma consciência com a qual distinguir o bem do mal. Além disso, Deus revela muitas verdades morais básicas na Bíblia, tanto na Antiga Lei de Moisés quanto na Nova Lei de Jesus. Por que precisamos da lei bíblica se temos uma consciência inata? Tomás de Aquino nos diz que nossa consciência não é infalível: ela pode cometer erros em relação a casos particulares e pode ser parcialmente corrompida por nossa cultura. Portanto, a lei bíblica serve para verificar nossa consciência. Ao mesmo tempo, nossas interpretações da lei divina também são falíveis e requerem a verificação da consciência natural. Dessa maneira, Deus fornece aos seres humanos dois guias independentes de moralidade: consciência natural e lei bíblica.

Evidentemente, a complexidade da vida humana requer orientação mais específica do que a que encontramos na consciência ou na Bíblia. Nossa consciência nos diz que os transgressores devem ser punidos, mas precisamos de legisladores humanos para definir os crimes e suas consequências em detalhes; nossa consciência nos diz que devemos dirigir com segurança, mas precisamos de regras de trânsito precisas. Uma análise semelhante mostrará que a lei canônica humana da Igreja cristã é derivada dos princípios mais gerais encontrados na Bíblia. Por exemplo, a Bíblia nos diz para "santificar o sábado", enquanto a lei canônica humana nos dá uma orientação mais concreta, dizendo-nos para ir à missa aos domingos.

Tomás de Aquino diz que o legislador humano deve usar sua sabedoria prática para especificar os princípios gerais da lei natural (consciência) nas regras particulares do direito civil humano. Toda lei humana, diz ele, obtém sua força moral por ser derivada dos verdadeiros princípios de moralidade da lei natural da consciência. Como leis humanas válidas remetem a princípios morais básicos, temos o dever em consciência de obedecer à lei humana. Uma lei injusta, por outro lado, é uma lei que viola um princípio de moralidade – essa lei perde sua força moral.

Em sua famosa *Carta da prisão de Birmingham*, o reverendo Martin Luther King Jr. citou Aquino para justificar sua própria desobediência civil: "Para colocar nos termos de São Tomás de Aquino: uma lei injusta é uma lei humana que não tem raízes na lei eterna e na lei natural". De acordo com King, leis humanas que impõem subordinação racial violam a dignidade humana e, portanto, são contrárias à lei natural.

O poema épico de Dante do século XIV, *A divina comédia*, foi influenciado pelas obras de Tomás de Aquino e pode ser visto como uma representação dramática do humanismo cristão. No poema, Dante é conduzido através dos terrores do Inferno e do Purgatório pelo antigo poeta romano Virgílio, que é um símbolo da razão humana natural. Virgílio leva Dante até os portões do Paraíso, mas, para entrar, Dante deve ser guiado pelo símbolo da virtude cristã, uma mulher chamada Beatriz. A razão natural é indispensável e nos leva muito longe em nossa jornada humana, mas, para dar o passo final à vida eterna, precisamos de fé, esperança e amor. Beatriz completa o que Virgílio realizou, assim como Jerusalém aperfeiçoa o que Atenas alcançou.

O humanismo cristão de Tomás de Aquino não poderia ser mais relevante hoje em dia, dada a ferrenha batalha entre humanistas seculares e fundamentalistas religiosos. Muitos cristãos, especialmente nos Estados Unidos, afirmam que a teoria da evolução de Darwin não é compatível com o relato da criação em Gênesis. Tomás de Aquino salienta que a história bíblica da criação do universo por Deus em seis dias não faz sentido se lida literalmente, já que o sol não é criado até o quarto dia. Portanto, um "dia" bíblico não pode ser o que entendemos por "dia". As Escrituras não contradizem a ciência, se forem adequadamente interpretadas. Ao mesmo tempo, muitos humanistas seculares de hoje afirmam que a ciência moderna refutou a existência de Deus. Como isso é possível, se a ciência só pode abordar questões empíricas, sujeitas a observação ou experimento? Claramente, a ciência também pode ser mal interpretada, mesmo pelos cientistas. Apesar de muitas escaramuças ao longo dos séculos, Tomás de Aquino continuou confiante de que fé e razão, religião e ciência não podem entrar em conflito, exceto por mal-entendidos humanos. Deus não ensina uma coisa no livro da natureza e depois a contradiz na Bíblia.

MODERNOS

8
Nicolau Maquiavel: o patriota

Cinco séculos atrás, no auge do Renascimento italiano, um ex-funcionário público desempregado estava sentado no escritório de sua modesta fazenda na pequena vila de Sant'Andrea, ao sul de Florença, colocando tudo o que sabia sobre a arte de governar em um longo panfleto. Ele esperava que, ao presentear o novo governante da cidade, pudesse recuperar o trabalho que amava tanto. Mas o panfleto foi sumamente rejeitado por um príncipe que tinha pouco interesse nas reflexões de um burocrata obscuro e exilado sobre os princípios da arte de governar. Esse panfleto acabou sendo publicado, cinco anos após a morte de Nicolau Maquiavel, como *Il principe* (*O príncipe*). Durante catorze anos, ele trabalhou incansavelmente e com total devoção por sua cidade natal, Florença, como diplomata e funcionário público, viajando constantemente para os tribunais e chancelarias da Europa, onde conheceu papas, príncipes e potentados. Não que isso fizesse diferença para a família Médici, que havia derrubado a república florentina à qual Maquiavel havia servido com tanta lealdade. Ele foi logo demitido, preso, torturado e exilado. A tortura, seis quedas no *strappado* (no qual ele foi erguido bem acima do solo, com os braços amarrados às costas em uma polia presa ao teto, deslocando as articulações), ele recebeu admiravelmente bem, até escrevendo alguns sonetos divertidos sobre ela. Escapou por pouco da execução por causa de uma anistia geral concedida quando o tio do novo governante de Florença foi eleito papa. Maquiavel parecia guardar poucos rancores. A tortura fazia parte da política renascentista, e ele advogaria algo muito pior em *O príncipe*. Mas ser forçado a sair da vida ativa da política que o encantava tanto e ser banido da cidade que ele amava "mais do que minha própria alma" era quase insuportável para ele. Maquiavel sentia muita falta da emoção, dos riscos e dos constantes estímulos da vida na cidade, sentindo-se entediado com a rotina monótona da vida no campo. Ele passava os dias lendo e escrevendo para afastar o marasmo, perseguindo melros e jogando gamão com o estalajadeiro local para se distrair do ramerrão da vida provincial.

Embora a uma curta distância tentadora do Palazzo Vecchio, o centro do governo florentino, onde havia trabalhado recentemente, o exilado Maquiavel poderia muito bem estar vivendo no lado escuro da lua. Ele confessou ao sobrinho que, embora fisicamente bem, estava doente "em todos os outros aspectos" porque estava separado de sua amada Florença. E ele reclamou a um amigo que estava "apodrecendo" no exílio. Florentino bastante patriótico, Maquiavel rejeitou a oferta de um nobre romano rico e poderoso para se tornar conselheiro, com um generoso salário de duzentos ducados de ouro, porque queria servir somente sua cidade natal. Embora tenha desfrutado de uma reabilitação parcial já no final de sua vida, foi num contexto muito limitado. Seus dias de glória terminaram. Reza a lenda popular que Maquiavel sonhou no leito de morte que preferira ficar no inferno, discutindo política com os grandes pensadores e governantes da antiguidade, a sofrer uma eternidade de tédio no paraíso com os bons e os justos.

Maquiavel não era um filósofo no sentido estrito da palavra, nem mesmo um pensador particularmente sistemático. *O príncipe*, que foi escrito às pressas em 1513, não é, a rigor, um tratado filosófico, o que pode explicar parcialmente sua popularidade duradoura. Mas há muito tempo ocupa um lugar de destaque no cânone das maiores obras da história do pensamento político por suas ideias penetrantes sobre a natureza da vida política em geral e a impressionante ousadia e originalidade das visões de seu autor.

    A imagem popular de Maquiavel, um dos poucos escritores cujo nome foi transformado em adjetivo, é a de um realista brutal que aconselhava os governantes a deixar de lado a ética na implacável busca do poder político. Essa visão não deixa de ter alguma base em *O príncipe*, que tolera o assassinato, a fraude e a guerra como meios legítimos pelos quais os governantes podem manter seu domínio no poder e até mesmo alcançar a glória. Maquiavel condenava tiranos que obtiveram poder, mas cujos reinos eram brutais e breves, elogiando, acima de tudo, aqueles estadistas muito raros que fundaram Estados e impérios duradouros, alcançando a glória dessa maneira. Mas, para ele, mesmo o poder sem glória é preferível à norma política da história: o fracasso. A história está repleta de políticos, estadistas e governantes fracassados que perderam o poder porque não compreenderam os fatos incontestáveis da vida política ou não quiseram (talvez por não saber como) agir sobre eles quando os compreendiam.

    Maquiavel nos diz que, ao contrário de Platão ou Agostinho, ele não oferecerá a seus leitores uma "república imaginária", mas nos dirá a dura verdade sobre a política como ela realmente é praticada, tendo visto isso de perto. Platão, Aristóteles e Agostinho viram a política de perto também, e eles também entenderam suas realidades brutais. Aliás, em sua *Política*, Aristóteles lista as maneiras pelas quais os tiranos preservam o poder, uma lista que inclui todas as recomendações de Maquiavel. A diferença é que os antigos diziam que a crueldade e a imoralidade eram autodestrutivas, enquanto Maquiavel dizia que elas poderiam ser autopreservantes. Para Maquiavel, ser insuficientemente cruel é o caminho certo para uma eventual derrota política, que, na Itália renascentista, geralmente significava também um atalho para a sepultura. Ele não apenas viveu durante o auge do Renascimento italiano, mas testemunhou sua implacável vida política em primeira mão. Era uma época de cultura muito elevada e política muito baixa, de Michelangelo e César Bórgia. O que mais chocou em *O príncipe* na época foi a franqueza e objetividade com que Maquiavel defendia expedientes como acabar com toda a família de um governante, não as táticas em si para isso, bastante comuns na política daquele tempo.

Apesar disso, Maquiavel não diz simplesmente que a política exige que a ética seja posta de lado, ainda que com relutância, para ser eficaz. No mundo normalmente brutal da verdadeira política, os governantes são forçados a escolher entre dois males, em vez de entre dois bens ou entre um bem e um mal. Em circunstâncias tão trágicas, escolher o mal menor sobre o mal maior, por mais cruel e repugnante que seja, é a coisa eticamente mais certa a se fazer. Esse é o dilema clássico da ética política que agora é chamado de "problema das mãos sujas": os políticos são confrontados com situações nas quais todas as opções disponíveis são moralmente repreensíveis, embora nem todas no mesmo nível. Em seu livro *Comentários sobre a primeira década de Tito Lívio*, escrito logo depois de *O príncipe*, Maquiavel apresenta esse problema e sua atitude com relação a ele de forma muito sucinta: "Se sua ação o condena, suas consequências o absolvem". De fato, para Maquiavel, um governante durão que está disposto a cometer atos maus (por exemplo, engano, tortura e assassinato) para impedir um mal ainda maior merece admiração e respeito. Maquiavel era um consequencialista ético, que pensava que o fim justificava os meios, em vez de uma figura amoral ou imoral, como normalmente se supõe. Ao contrário de deixar a ética de lado para fins políticos, ele defendia a redefinição da moralidade em relação aos fins que ela promove. Na política, ser exigente com os meios geralmente põe em perigo os fins, que é o que realmente importa para Maquiavel.

A verdade disso ficou evidente para Maquiavel quando ele visitou a cidade de Pistoia, na Toscana, conforme narrado em *O príncipe*. A cidade, então uma colônia florentina, estava dividida entre duas famílias rivais e à beira de uma guerra civil. Então, os florentinos enviaram Maquiavel para intermediar um acordo. Quando ele relatou que as coisas haviam ido longe demais e que os florentinos deveriam intervir de modo contundente, mesmo que fosse necessário derramar sangue, seu conselho foi ignorado pelo temor de que isso levasse a uma reputação de brutalidade. Os receios de Maquiavel logo se justificaram quando Pistoia se transformou em um caos generalizado, causando muito mais violência e destruição do que se os florentinos tivessem seguido seu conselho e interferido com severidade antes, o que teria sido o mal menor. E, como o filósofo Kai Nielsen coloca, "quando a única escolha é entre o mal e o mal, nunca pode estar errado, e sempre estará certo, escolher o mal menor". É moralmente correto, e até obrigatório, às vezes, cometer atos que, embora sejam repugnantes em si, são, no entanto, bons em suas consequências, porque impedem um mal maior. É por isso que Maquiavel chama a crueldade de "bem usada" pelos governantes quando aplicada criteriosamente, a fim de evitar uma crueldade ainda maior. Essa crueldade preventiva é "a compaixão dos príncipes". A política maquiavélica é um tipo de economia da violência, em que príncipes bem-sucedidos cometem atos cruéis no momento certo e na proporção certa para preservar seus Estados e controlar males maiores com o uso criterioso de males menores.

Uma das inovações mais importantes de Maquiavel em *O príncipe* é sua redefinição do conceito de virtude, que ele iguala às qualidades e habilidades necessárias para o sucesso político, incluindo crueldade, dolo, trapaça e propensão a cometer atos que seriam considerados maus pelos padrões convencionais.

O ideal clássico da virtude que Maquiavel rejeitou foi expresso pelo estadista romano Cícero, cuja obra *De officiis* (*Dos deveres*) foi lida e copiada com mais frequência no Renascimento do que qualquer outra obra da prosa latina clássica. Segundo Cícero, os governantes só são bem-sucedidos quando são moralmente bons, ou seja, quando aderem às quatro virtudes cardeais: sabedoria, justiça, restrição e coragem, além da honestidade. Para Cícero, a crença de que o interesse próprio ou a conveniência conflita com a bondade ética não é apenas equivocada, mas é profundamente nociva à vida e à moral públicas. Na Europa renascentista, essa visão idealista da política foi reforçada pela crença cristã na punição divina após a morte pelos pecados e injustiças cometidos nesta vida, e as virtudes cardinais foram suplementadas pelas três virtudes teológicas: fé, esperança e caridade. Maquiavel acreditava que as perspectivas éticas de Cícero e do cristianismo eram rígidas e irreais, causando mais danos do que prevenindo. No mundo imperfeito da política povoada por lobos, uma aderência acarneirada a esse tipo de moralidade seria desastrosa. Os homens são "ingratos, instáveis, mentirosos e enganadores, temerosos diante do perigo e gananciosos diante do lucro", nas palavras de Maquiavel, e devem ser tratados de acordo. A política maquiavélica é a política "viril", onde as maiores recompensas vão para os jogadores mais ousados, ou seja, aqueles que introduzem novos regimes, em vez de apenas manterem o poder, sem criar nada original e duradouro. Maquiavel abandona a noção cristã de providência divina em favor da concepção pagã de destino ou fortuna. A virtude para ele é "masculina", assim como a fortuna é "feminina": em *O príncipe*, ele descreve a fortuna como uma mulher a quem o homem de verdadeira masculinidade deve forçosamente "subjugar" se quiser impor sua vontade. Embora a representação convencional da fortuna fosse feminina ("Lady Luck", "Senhora Sorte"), ela era geralmente retratada como uma impostora benigna. Nas mãos de Maquiavel, ela se torna uma deusa ardilosa e malévola que se deleita em perturbar os planos dos homens e levá-los ao caos e à miséria. Enquanto o cristianismo pregava a resignação à vontade de Deus, Maquiavel dizia que um governante "virtuoso" poderia impor sua vontade ao destino, pelo menos até certo ponto, sendo sanguinário, ousado e resoluto.

Maquiavel foi um dos primeiros escritores do Ocidente a afirmar abertamente que as "mãos sujas" são uma parte inevitável da política cotidiana e a aceitar as inquietantes implicações éticas dessa dura verdade sem hesitar. Ele sustentou que os políticos que negam isso não apenas são irrealistas, mas provavelmente levarão os cidadãos a um caminho de maior mal e miséria do que é realmente necessário. Ainda vale a pena ter isso em mente hoje em dia, quando somos tentados a condenar os políticos por atos que podem estar errados em um mundo perfeito, o que o mundo da política não é e nunca será. Às vezes, fazer o mal é necessário para fazer o bem, como na guerra, e para Maquiavel a política é um tipo de guerra. Mas o que ele pensava ser necessário no mundo implacável da política renascentista italiana não se aplica facilmente às democracias modernas e sociedades abertas com Estado de direito e uma imprensa livre, por meio dos quais os governos podem ser constantemente revistos, examinados, desafiados e expostos. É claro que os políticos ainda se envolvem em mentiras, corrupção e guerras, e há muitas oportunidades para evitar a detecção, mas os riscos de agir assim cresceram enormemente desde o tempo de Maquiavel. Essas mudanças tornaram obsoletas partes de *O príncipe* hoje. Mas isso vale para todos os livros de política, até certo ponto, pois nenhum é *totalmente* convincente. O que não vale para todos esses livros é que eles contêm importantes *insights* e conselhos que se aplicam a qualquer contexto, e *O príncipe* certamente está entre as melhores dessas obras excepcionais.

9
Thomas Hobbes: o absolutista

O evento que definiu a longa vida de Thomas Hobbes foi a Guerra Civil Inglesa, que eclodiu em 1642, quando ele tinha mais de cinquenta anos. Até então, ele levara uma vida tranquila e discreta de estudo e serviço a uma família nobre como tutor e conselheiro. Tudo isso foi ameaçado quando Oliver Cromwell e seus apoiadores se rebelaram contra a autoridade do rei Carlos I, mergulhando a Inglaterra na guerra civil. Quando o sempre temeroso Hobbes previu problemas pela frente, ele se tornou o "primeiro a fugir", retirando-se para a segurança da França antes de sua terra natal entrar em conflito aberto. Ele já havia passado algum tempo lá durante a Guerra dos Trinta Anos (1618-1648), que destruiu a Europa e causou uma devastação sem paralelo, e o receoso Hobbes não tinha intenção de ficar na Inglaterra por algo semelhante.

O medo é o tema permanente tanto da vida quanto do trabalho de Hobbes. Enquanto Aristóteles disse que os seres humanos são inclinados à política por sua natureza e por uma paixão pela justiça, Hobbes acreditava que era o medo do estado natural que nos empurra para a política. Corremos gritando da selvageria do mundo pré-político para os braços de qualquer Estado que nos proteja de seus terrores. Segundo ele, as paixões dominam a razão, e o medo é a mais forte das paixões. Hobbes nasceu na Inglaterra no ano em que a Invencível Armada Espanhola decidiu invadir seu país. Um contemporâneo seu escreveu que, na manhã de 5 de abril de 1588, a mãe de Hobbes "entrou em trabalho de parto dele com medo da invasão dos espanhóis", levando Hobbes a observar que ele e o medo eram gêmeos.

Depois que Cromwell derrotou o rei (a quem Hobbes inicialmente apoiava) e se estabeleceu como Lorde Protetor da Inglaterra, Hobbes silenciosamente voltou para casa do exílio na França e fez as pazes com o novo regime. Mas quando Cromwell morreu e o novo rei (Carlos II) finalmente retornou à Inglaterra para reivindicar seu trono, Hobbes se viu outra vez em uma posição complicada. Ele se tornou um alvo por ter abandonado a monarquia no exílio e por seu alegado do ateísmo, uma posição perigosa a ser mantida na Inglaterra do século XVII. Ele já tinha muitos inimigos indignados com suas opiniões políticas pouco ortodoxas. Agora, estava sendo investigado pelo Parlamento por heresia, mas seu ex-aluno, o novo rei Carlos, protegeu seu antigo professor, pelo qual ainda tinha afeição. E assim, apesar de ter vivido tempos muito perigosos e temendo por sua vida, sempre no lado errado dos acontecimentos, Hobbes sobreviveu ileso até os 91 anos, uma idade extraordinária no perigoso século XVII.

Embora pessoalmente tímido, Hobbes demonstrou surpreendente coragem intelectual em seus escritos, desafiando muitas das ortodoxias reinantes em seus dias. Por exemplo, ele era um cético radical quanto à possibilidade de descobrir verdades morais ou religiosas em uma era profundamente religiosa e moralista. Não há verdade moral objetiva a ser descoberta pela razão, uma vez que, como observa Hobbes, "aqueles que se referem à razão correta querem dizer a sua própria". Toda pessoa, disse ele, chama o que gosta de "bom" ou "justo" e o que não gosta de "mau" ou "injusto". Em contraste com os apelos clássicos à justiça natural ou à razão natural, Hobbes prefere as convenções legais. Ele compara a linguagem moral do certo, bom e justo com a linguagem de unidades de medida arbitrárias, como uma libra ou um litro. Obviamente, a razão natural não pode definir uma libra ou litro "verdadeiro", pois não existe isso. Mas, no campo das convenções puras, o que realmente importa não é a "verdade" de uma convenção, mas apenas o fato de que há um consenso a respeito. Da mesma forma, diz Hobbes, o que importa é que nossas divergências morais, religiosas e políticas sejam resolvidas, não que sejam resolvidas "corretamente", em um sentido objetivo. Quem tem o poder de definir o significado de uma libra, um litro ou o que é bom, justo e correto como bem entender é o soberano. Se esperamos viver com um pouco de paz civil, devemos aceitar limites radicais ao conhecimento humano. A razão não pode nos salvar de violentos conflitos morais, religiosos e políticos; somente o poder soberano é capaz disso. Hobbes está menos preocupado com quem ou o que comanda do que com o fato de *haver* comandos. Sem eles, deparamo-nos somente com caos e morte.

 Costuma-se dizer que a grande inovação de Hobbes na teoria política foi defender a prioridade do direito sobre o bem. Nas teorias clássicas de Platão e Aristóteles, primeiro devemos definir os bens que constituem uma vida humana feliz e frutífera. Uma vez identificados, a justiça define nossos direitos em relação a esses bens. O ceticismo de Hobbes sobre os bens da vida humana o levou a rejeitar essa prioridade clássica do bem sobre o direito. Embora não seja possível chegar a um consenso sobre os bens ou virtudes humanas, afirmou ele, todas as pessoas racionais concordam que a morte violenta é o que há de pior. A partir desse ponto, Hobbes ergue seu Leviatã – o Estado todo--poderoso que ele batizou com o nome do monstro marinho bíblico. Mas, na verdade, ele não inverteu a prioridade do bem sobre o direito. Ele rejeitou as concepções clássicas do bem em favor de outra concepção do bem: a própria vida. O que Hobbes nos dá é a prioridade de um bem consensual (vida) sobre bens mais controversos, como as virtudes morais, sobre as quais nunca concordaremos. É o contrário de Sócrates, que proclamou que "devemos priorizar não a vida, mas uma vida boa".

Esse direito natural inalienável à vida é altamente vulnerável sem um governo, porque leva a uma situação em que as medidas que julgo necessárias para defender minha vida parecem ameaçadoras para os outros e vice-versa: o que eu vejo como defesa, você vê como ofensa. Minhas dúvidas sobre suas intenções me levam a ataques preventivos contra você, assim como suas dúvidas motivam sua agressão contra mim. Sem um poder soberano para manter a todos em estado de reverência e respeito, todos ficam com medo de todos, uma situação extremamente volátil que acabará gerando conflitos violentos.

Para piorar (e muito) a situação, Hobbes sustenta que os seres humanos não apenas "nascem inaptos para a sociedade", mas têm também um desejo natural de controlar e dominar um ao outro. Somos criaturas antissociais, não somente associais. Somos também seres cobiçosos, com um desejo insaciável de glória e de poder que "cessa apenas na morte". Essa é outra razão pela qual nosso estado natural é o conflito, uma condição em que vivemos com medo constante de morte violenta. Deixados a nossa própria sorte em um estado pré-político da natureza, sem um governo dominador para nos impor ordem e manter a paz, não apenas os bens da civilização seriam impossíveis, mas viveríamos temendo por nossas vidas. Nesse estado constante e intolerável de medo e desconfiança mútuos, a vida é "solitária, pobre, desagradável, brutal e curta". Nenhum ser racional jamais ficaria nessa situação se não precisasse. E todo ser racional pagaria qualquer preço para escapar dela, se isso não significar dar a própria vida.

De acordo com Hobbes, a autoridade soberana é estabelecida precisamente para nos resgatar de controvérsias violentas do tipo que mergulhou a Grã-Bretanha do século XVII na guerra civil. O soberano deve ter toda a autoridade necessária, mas apenas a autoridade para resolver quaisquer disputas que venham a surgir. Em princípio, isso significa autoridade ilimitada sobre universidades, igrejas, famílias, corporações e cidades, bem como autoridade sobre todo discurso e expressão controversos. Mas onde o debate religioso, moral ou político pode ser conduzido sem o risco de irromper em controvérsia violenta, o soberano de Hobbes não tem motivos para interferir. Ele preconiza a liberdade, exceto quando a liberdade ameaça nossas vidas, e somente o soberano pode decidir quando esse é o caso. O soberano é absoluto em teoria, mas só pode intervir para manter a paz. Caso contrário, deve nos deixar em paz para buscarmos nosso próprio bem da nossa maneira. E um Estado hobbesiano forte não precisa ser um Estado grande. Aliás, ele pode ser enfraquecido pela extensão excessiva. O resultado é uma combinação bastante estranha de liberalismo e autoritarismo.

Além disso, nosso direito natural de nos preservar legitima, às vezes, nosso direito de desobedecer às ordens do soberano. Como o único objetivo da solução política extrema que Hobbes prescreve é fornecer aos indivíduos em litígio um "árbitro e juiz" para manter a paz entre eles, não faz sentido obedecer a um soberano que não nos mantém a salvo, nem dos outros, nem dele mesmo. Por exemplo, se o soberano ordena corretamente sua prisão, você também está certo em tentar fugir da prisão. Por isso, diz Hobbes, o soberano traz homens armados para prendê-lo. Se o soberano o condena à morte por um crime do qual você é genuinamente culpado, Hobbes acredita que você pode legitimamente tentar escapar, "pois não se pode esperar que qualquer homem na instituição do poder soberano renuncie ao direito de preservar seu próprio corpo". De fato, no caso de um indivíduo condenado à morte, tentar escapar seria a coisa mais racional a se fazer, já que a vida em si é o bem humano mais precioso. Hobbes teria se esforçado para ver a recusa de Sócrates em escapar da sentença de morte que lhe foi imposta por seus concidadãos em Atenas como o ato de um homem racional. Da mesma forma, se você é ordenado pelo soberano a lutar contra um inimigo comum como recruta, Hobbes acredita que você pode recusar "sem injustiça", uma vez que a razão pela qual você se submeteu ao seu poder, em primeiro lugar, foi para salvar sua vida, não para colocá-la em risco. Aqui, novamente, vemos um núcleo liberal em uma doutrina política autoritária. Hobbes nunca esperou ou exigiu que os súditos transcendessem sua personalidade natural na sociedade política, diferentemente de Maquiavel, cujo ideal era um cidadão intensamente patriótico, devotado, sobretudo, ao bem público. Essas exceções parecem tornar a autoridade do soberano de Hobbes menos do que absoluta.

Hobbes prescreveu um soberano quase todo-poderoso, o Estado Leviatã, como a única forma de garantir paz aos seres humanos. A base do sistema político altamente autoritário que ele propôs é o consentimento dos governados, não de Deus, mesmo que o resultado, o poder absoluto, seja o mesmo. Hobbes tinha certeza de que um ser racional consentiria em se colocar sob a proteção de *qualquer* governante que pudesse oferecer a paz e a segurança de uma ordem política estável, frente à única alternativa (guerra). Como o estado de guerra de todos contra todos é o pior de todos os mundos possíveis, nenhum preço é alto demais para evitá-lo, mesmo que isso signifique renunciar a outros bens queridos e nos sujeitar a um governante todo-poderoso. Hobbes ofereceu uma solução política extrema para o que considerava um problema extremo. A guerra civil o ensinou a voltar aos fundamentos básicos da política e o estimulou a defender um soberano quase todo-poderoso cujo objetivo primordial é manter a paz e proteger a vida de seus súditos. Segundo Hobbes, só isso pode impedir o colapso da ordem civil. Paz e segurança são precondições necessárias para todos os outros bens e, portanto, devem ser garantidas antes que outros bens possam ser desfrutados. A primeira questão política a que qualquer Estado legítimo deve responder, conforme escreveu o filósofo moderno Bernard Williams, é como garantir a ordem e a segurança em primeiro lugar. Todo o resto vem depois.

Há pouco lugar na política de Hobbes para os ideais, que ele considerava altamente perigosos, uma vez que geram descontentamento com as regras e os regimes estabelecidos e fomentam desacordos que podem facilmente se transformar em conflito e até em guerra civil. Essa é uma das razões pelas quais ele desprezava Aristóteles, "o pior professor que já existiu". Aristóteles considerava os seres humanos como seres naturalmente políticos, colocava a virtude e a felicidade no cerne da vida política, distinguia "boas" formas de governo (como ele as via) das formas "defeituosas" e excluía as mulheres da participação na vida pública. Todas essas ideias influentes eram, para Hobbes, não apenas erradas, mas subversivas a um governo forte e estável, sem o qual a ordem não é possível. Aos olhos de Hobbes, Aristóteles era um anarquista inconsciente, cujas ideias sobre justiça e virtude criavam descontentamento com o que não fosse perfeito, podendo colocar tudo a perder. Hobbes acreditava que as ideias têm consequências, e, como a maioria das ideias políticas é ruim, elas são prejudiciais e até perigosas. E ele foi um dos primeiros filósofos da história do pensamento ocidental a tratar homens e mulheres inteiramente como iguais, e não via razão para que as mulheres não devessem ser soberanas.

Em uma era como a nossa, tão vulnerável ao terrorismo, é óbvio que muitas pessoas se identificarão diretamente com as opiniões políticas de Hobbes. À medida que a ameaça de terror aumenta (ou pelo menos a percepção de uma ameaça), as pessoas parecem mais propensas a trocar outros bens, como a liberdade e a privacidade, por segurança – o primeiro dever do Estado. Hobbes entendeu que seus argumentos a favor do poder político ilimitado atraem apenas pessoas que possuem o que ele considerava um medo racional e prudente da morte violenta. Mas ele sabia que algumas pessoas, como as que estão dispostas a morrer por uma causa, não veem a morte como o pior mal. Hobbes não tem resposta para este caso específico, limitando--se a dizer que se trata de algo irracional. Claramente, há um número significativo de indivíduos que não são "racionais" no sentido hobbesiano. Eles estão dispostos a matar e morrer por suas crenças. Como esses indivíduos podem ser persuadidos a aceitar a legitimidade de seu Leviatã?

10
John Locke: o puritano

Uma geração depois que Thomas Hobbes fugiu para a França para escapar dos perigos da Guerra Civil Inglesa, o filósofo John Locke abandonou a Inglaterra pela Holanda por razões semelhantes. Na época, ele era um estudioso em Oxford, formado em Medicina. Foi lá que Locke se tornou médico e secretário pessoal do conde de Shaftesbury, que mais tarde seria nomeado lorde chanceler da Inglaterra. Mas sua oposição aos reis Stuart da Inglaterra e da Escócia colocou Shaftesbury e, portanto, seu leal servo Locke, sob suspeita da Coroa. Com o tempo, Shaftesbury fugiu para a Holanda protestante, onde morreu logo, deixando o vulnerável Locke para trás, na Inglaterra, sem a proteção de seu poderoso patrono e mestre. Um governo cada vez mais tenso começou a se aproximar do puritano Locke após uma conspiração frustrada para assassinar o rei e seu irmão. Embora não estivesse diretamente envolvido, Locke podia sentir o laço apertando-lhe o pescoço na cidade de Oxford pró-Stuart. Quando a universidade publicou uma lista de "doutrinas condenáveis" que afirmava que Locke apoiava, ele chegou à conclusão de que finalmente chegara a hora de fugir, escapando pelo Canal para a relativa segurança da Holanda.

A partida de Locke apenas confirmou as suspeitas sobre sua lealdade em casa, levando o governo a escrever para o reitor de sua faculdade de Oxford exigindo sua demissão imediata da universidade. Ele foi chamado de volta a Oxford para responder por si mesmo, mas, astutamente, respondeu por carta, alegando sua inocência de todas as acusações. Seu nome foi adicionado a uma lista negra de figuras notáveis que o rei Jaime pediu ao governo holandês para banir daquele país por minar a monarquia na Inglaterra. Os eventos deram uma guinada dramática a favor de Locke em 1688, quando o rei protestante da Holanda levou um exército à Grã-Bretanha para derrubar o rei católico da Inglaterra, que fugiu em pânico. Agora seguro para retornar com Guilherme no trono, Locke navegou de volta à Inglaterra, onde escreveu muitos livros e ensaios defendendo a liberdade, a tolerância religiosa e um governo constitucional limitado. Suas ideias tiveram um enorme impacto sobre os Pais Fundadores dos Estados Unidos, em particular, que mais tarde tiveram sua própria disputa com o soberano britânico. O sistema político americano que eles estabeleceram no final do século XVIII foi, em grande parte, inspirado nas ideias de Locke sobre governo limitado, direitos naturais, liberdade e propriedade privada. O mundo em que vivemos hoje é, portanto, um mundo lockeano, na medida em que é um mundo americano.

Como Hobbes antes dele, Locke começou suas reflexões sobre a natureza do governo, considerando como seria a vida sem ele. Sua versão do estado hipotético da natureza não era uma guerra intolerável de todos contra todos, como imaginava o pessimista e sempre temeroso Hobbes. O moderado Locke substituiu a visão de pesadelo de Hobbes de um homem sem governo por um estado de natureza instável e inconveniente, em vez de anárquico e perpetuamente aterrorizante. Ele achava que a vida sem governo estaria longe de ser ideal, mas seria tolerável, por mais desagradável que fosse. Segundo Locke, somos naturalmente livres e donos de nossos próprios corpos (em outras palavras, não existem escravos naturais, contrários à crença de Aristóteles), mas não existe um poder comum para arbitrar as disputas e conflitos que inevitavelmente surgem em nossa condição natural, quando humanos egoístas interagem na ausência de um Estado. Portanto, nossa liberdade e nossas vidas são vulneráveis sem um sistema de leis impostas pelo Estado para proteger nossos direitos naturais. Por isso Locke acreditava que, embora essa existência seja suportável, podemos viver melhor estabelecendo um governo limitado para policiar e proteger os direitos que temos naturalmente.

A ideia política mais influente de Locke é a de que a principal razão pela qual os indivíduos criam governos é garantir "a preservação de sua propriedade", que está sempre em risco no estado de natureza. Por "propriedade", ele incluía a própria vida, já que somos donos de nós mesmos. Originalmente, ponderou, Deus "deu o mundo em comum a toda a humanidade", de modo que ninguém possuía nada além de seu próprio corpo. Mas Deus também ordenou que os humanos trabalhassem a terra, a fim de melhorá-la "para o benefício da vida". "Não ficarás ocioso", pregava o puritano Locke. O mundo existe para o uso do indivíduo "diligente e racional". Ao misturar nosso trabalho com objetos naturais inúteis, nós os transformamos em produtos úteis que podem aumentar nossa riqueza e bem-estar. Isso transforma seu status, pois eles deixam de ser parte do patrimônio comum da humanidade, dado por Deus, para ser propriedade privada dos indivíduos que trabalharam para fazer algo deles. Para Locke, somos os donos legítimos de todos os produtos que fabricamos dessa maneira. Mas nossa propriedade privada, não menos que nossas vidas e nossa liberdade, é muito vulnerável no estado natural, onde cabe a cada um de nós proteger a nós mesmos e a nossos bens daqueles que não os respeitam. Locke defende a ideia de que o governo foi instituído para preservar melhor nossa propriedade, estabelecendo um sistema de leis, justiça criminal e força para proteger nossos vulneráveis direitos naturais. Quanto a nós, devemos renunciar voluntariamente ao nosso direito individual de punir os transgressores e fazer as leis da natureza entregando-o ao Estado, que pode executar a justiça de maneira mais imparcial e eficaz do que cada um de nós agindo de forma independente, em troca de nossa obediência a suas leis. Essa é a origem e o propósito do governo.

Uma exceção que Locke faz à santidade da propriedade privada é no caso de alguém que é forçado, por "necessidades prementes", como fome, a roubar do excesso de outras pessoas, como último recurso. Ele deriva esse direito da afirmação de que "Deus não deixou um homem tão à mercê de outro a ponto de que ele possa matar o outro de fome se quiser". Portanto, de acordo com Locke, você tem o direito de roubar um pedaço de pão de alguém que tem mais do que é capaz de consumir para se alimentar e alimentar sua família. Caso contrário, o roubo está errado, e é responsabilidade do Estado preveni-lo ou puni-lo. Essa exceção tem implicações potencialmente radicais para os pobres do mundo atual, uma vez que permite que eles aleguem, e com razão, excesso por parte dos mais abastados se estiverem passando fome, que é o caso de milhões de pessoas ano após ano. Parece implicar a legitimidade de uma transferência radical de riqueza do mundo desenvolvido para o mundo em desenvolvimento.

Locke via o governo como uma criação humana estabelecida por consentimento e concebida para servir nossos interesses, assim como Hobbes, em vez de algo natural (como Aristóteles dizia) ou dado por Deus. Mas ele preferia um governo constitucional limitado ao tipo de absolutismo que Hobbes defendia. Como a vida sem um Estado não seria tão insuportável quanto Hobbes temia, Locke não via razão para nos sujeitarmos completamente ao soberano, que poderia nos tiranizar ainda mais do que poderíamos nos atacar no estado natural. Como resultado, ele sustentou que o pacto que estabelece o Estado deveria ser condicional. Para Locke, o problema é menos extremo do que para Hobbes e, portanto, a solução também é. Se o soberano, cujo objetivo é proteger nossa vida, liberdade e propriedade, não protege esses bens, ele violou o pacto que o instituiu; nesse caso, deixamos de ter qualquer obrigação de obedecer-lhe. Em outras palavras, os governados têm o direito de se rebelar contra seus governantes quando entram na sociedade política. Esse argumento mostrou-se muito atraente para os Pais Fundadores dos Estados Unidos, que declararam que o rei George III havia se tornado um tirano, usurpando seus direitos tradicionais e, assim, violando o suposto pacto de governo. Eles sustentaram que foi o rei que se colocou em estado de guerra com seus governados americanos, isentando-os de qualquer obediência a ele a partir daquele momento.

    Como Hobbes, Locke acreditava que o governo adquire legitimidade com o consentimento dos governados. Trata-se de uma ruptura radical com o que veio antes desses dois filósofos. Eles sustentavam que a política é uma criação humana artificial estabelecida por meio de um pacto entre as pessoas para melhorar sua condição. No entanto, Locke separou-se de seu antecessor ao favorecer a subordinação do poder soberano a uma legislatura eleita. Para Hobbes, somente o soberano, na pessoa do rei, deve ser o poder supremo no Estado que pode abolir ou substituir a legislatura democrática a seu critério. Um soberano que responde perante outro poder não é soberano, por definição, e sem um soberano voltamos ao estado de guerra insuportável, segundo Hobbes. Locke também discordava de Hobbes em que dissolver o governo significa dissolver a sociedade. Para Hobbes, a rebelião contra o Estado levaria necessariamente a um colapso social completo, o pior resultado possível. Mas para Locke, a sociedade não precisa de um Estado para manter-se coesa, o que torna a rebelião política uma proposição muito menos arriscada do que para Hobbes.

O século XVII foi uma época de constante conflito sectário e violência na Europa, como Hobbes e Locke testemunharam. A contribuição intelectual de Locke para resolver esse conflito é sua influente obra *Carta sobre a tolerância*. Nela, ele se afasta de Hobbes, que previsivelmente argumentara que a única solução para a discordância religiosa era que todos no Estado seguissem uma única igreja estabelecida (na Inglaterra, a Igreja da Inglaterra). Locke preferia a separação entre Igreja e Estado, por oposição à combinação de poder e crença. Segundo ele, o Estado deveria tolerar a diversidade religiosa e não tentar impor crenças. O cuidado da alma é responsabilidade das religiões, não do Estado. Essa é uma lição que Locke transmitiu aos Pais Fundadores dos Estados Unidos, como Thomas Jefferson, cuja Constituição constrói um muro legal entre Igreja e Estado. No entanto, o que Locke dava com uma mão, ele levava com a outra, argumentando que os ateus não deveriam ser tolerados, porque promessas, alianças e juramentos são impossíveis sem a crença em Deus. Sua tolerância declarada também excluía os católicos romanos, cuja lealdade ao Estado, temia ele, seria fatalmente dividida pelo compromisso com a igreja e seu líder em Roma. A tolerância de Locke era uma forma muito limitada de "tolerância", embora alguma tolerância seja melhor do que nenhuma.

Grande parte da linguagem cotidiana de nosso mundo político atual, o vocabulário de direitos, propriedade, comércio e tolerância religiosa, pode ser encontrada nos escritos de John Locke, do século XVII. Embora o escopo da ação legítima do Estado tenha se expandido enormemente desde então, o núcleo liberal que ele defendia permanece na forma de direitos humanos, liberdade religiosa e governo constitucional. O que falta a Locke é uma apreciação de como o direito absoluto à acumulação irrestrita de propriedades pode representar uma ameaça para outros direitos e liberdades importantes. Ele viveu antes da ascensão do capitalismo industrial e pós-industrial e, portanto, não estava em posição de prever as distorções e efeitos perversos que os mercados de massa não regulamentados podem ter quando crescem quase sem limites. O liberalismo se adaptou gradualmente ao caráter mutável do capitalismo desde os dias de Locke, passando a incluir um papel expandido para o Estado como um meio de corrigir os excessos do mercado e proporcionar bem-estar social àqueles que são incapazes de se sustentar sozinhos. Mas ele estava tentando limitar o poder do Estado por causa dos riscos que isso representa para os indivíduos. Hoje, grande parte do debate no Ocidente democrático gira em torno de onde está o maior risco: no Estado ou no mercado. A resposta era totalmente clara para Locke no século XVII, assim como para os Pais Fundadores dos Estados Unidos quando eles redigiram uma constituição no século XVIII para minimizar os riscos do governo tirânico. Mas e os riscos de mercados tirânicos? Devemos procurar em outro lugar respostas para essa pergunta.

11
David Hume: o cético

A Escócia de David Hume foi um dos centros mais importantes do Iluminismo do século XVIII e uma sociedade religiosa devota, com uma igreja calvinista estabelecida. Hume foi uma figura-chave do Iluminismo escocês, defendendo a tolerância religiosa, a ciência e o comércio, e estava no centro de um círculo de filósofos e cientistas influentes que incluíam seu bom amigo, o economista Adam Smith. Ele ficou conhecido por suas visões céticas sobre filosofia e religião, viu-se envolvido nas guerras culturais da Escócia do século XVIII e pagou um preço por questionar a existência de Deus, milagres, imortalidade da alma e o pecado original. Quando Hume ouvia que um homem era religioso, o biógrafo escocês de Samuel Johnson, James Boswell, nos diz, "ele concluía que era um patife".

Portanto, não surpreende que, quando Hume se apresentou como candidato a professor de filosofia da Universidade de Edimburgo, ele tenha se deparado com forte oposição do *establishment* clerical da Escócia, que o impediu de ocupar o cargo. Alguns anos depois, ele tentou se tornar professor de filosofia na Universidade de Glasgow, cargo que havia sido desocupado por Adam Smith. Mas suas ambições acadêmicas foram novamente frustradas por seus inimigos religiosos, que continuaram a fazer campanha contra o "Grande Infiel" (como Boswell o havia rotulado). Isso culminou na investigação dos "escritos infiéis" de Hume pela Igreja da Escócia, que desejava excomungá-lo e talvez até processá-lo por ateísmo, o mesmo destino que quase custou a cabeça a Hobbes. Hume era acusado de subverter a religião e, portanto, a moralidade, lembrando as acusações feitas contra Sócrates pelos atenienses. Hume não era (bem) um ateu, e nunca afirmou ser. Ele era um cético religioso que duvidava da existência de Deus, mas não acreditava que fosse racionalmente possível afirmar ou negar a existência de Deus com certeza. Ele era definitivamente anticlerical, condenando veementemente o que via como consequências prejudiciais das religiões organizadas na história da humanidade, sobretudo as religiões monoteístas dogmáticas, como o cristianismo e o islamismo. Mais tarde, a acusação contra Hume foi retirada pela igreja, e ele gozou de um período de relativa paz, embora tenha prudentemente segurado a publicação de seu ataque à religião natural – a ideia de que o estudo da natureza nos diz algo sobre Deus. Muitos filósofos de hoje consideram esses *Diálogos sobre a religião natural* a obra--prima de Hume. Seu assunto ainda é motivo de intenso debate entre os proponentes e críticos do que agora é chamado de "desígnio inteligente".

O livro pelo qual Hume é mais conhecido hoje é *Tratado da natureza humana*, que ele escreveu aos vinte e poucos anos. Para seu grande desapontamento, o livro "já saiu morto do prelo", como a grande maioria dos livros acadêmicos, antes e agora, quando inicialmente não consegue encontrar um número significativo de leitores. Ele reclamou com um amigo que o trabalho não chegou nem a "intrigar os fanáticos", cuja reação hostil, esperava ele, ao menos suscitaria um *succès de scandale*. De fato, como vimos, os fanáticos religiosos ficaram intrigados o suficiente com o trabalho de Hume para impedi-lo duas vezes de seguir uma carreira acadêmica. Então, ele se voltou para a escrita de *História da Inglaterra*, obra em seis volumes que fez tanto sucesso em termos de vendas que, quando chegou a Paris como secretário particular do embaixador britânico na França,

Hume, um francófilo empedernido, já era uma grande celebridade nos salões, nos quais desfrutava da companhia dos principais pensadores e escritores franceses da época. Eles chamavam carinhosamente o corpulento escocês de "le bon Hume" – o bom Hume –, por sua natureza afável, caráter virtuoso e personalidade tolerante e gentil. O filósofo Voltaire elogiou a *História* de Hume como "possivelmente a melhor história já escrita em qualquer idioma". O político britânico Horace Walpole ficou menos impressionado e não pouco ciumento, confidenciando aborrecido ao seu diário de Paris: "É inacreditável a homenagem que prestam a ele", acrescentando com veemência que o francês falado de Hume "é tão ininteligível quanto seu inglês". Ele falava ambas as línguas com fluência, mas tinha um forte sotaque escocês que provocava zombaria de seus admiradores e detratores. Atualmente, a *História da Inglaterra*, de Hume, é pouco lida, ao contrário de seu *Tratado*, que agora é considerado um dos trabalhos mais importantes e influentes da história da filosofia, veredicto com o qual ele não concordava; preferia ser conhecido como historiador, não como filósofo, e até renegou o *Tratado*, classificando-o como uma obra imperfeita.

O *Tratado* de Hume teve enorme influência na contestação do papel da razão em todos os aspectos da vida e do pensamento, ao contrário da tradição de filósofos menos céticos, como Platão. Segundo Hume, a razão permaneceu calada sobre a finalidade da vida e outras questões significativas, incapaz de nos dizer algo substantivo sobre Deus, justiça, ética ou beleza. Ele chegou a concluir que "não é contrário à razão preferir a destruição do mundo inteiro a um arranhão no meu dedo". Ele é o herói intelectual dos que duvidam, dos que atacavam as pretensões da razão e da filosofia, e não dos que acreditam, como Hegel, que as inflaram a grandes (alguns diriam grotescas) proporções, como veremos. O *Tratado* é o alfinete para estourar a bolha da razão. Hume retrata a razão como uma faculdade fraca e passiva, "escrava das paixões", sem o poder de motivar a ação humana ou guiar nosso pensamento sobre os fins que devemos buscar. Ele via a mente como uma lousa em branco na qual impressões sensoriais são registradas. Não temos conhecimento inato de ideias, e nossa razão se limita a comparar nossas impressões sensoriais e inferir relações entre elas. Hume também não considerava Deus como uma fonte de conhecimento moral, dada a improbabilidade de Sua existência e a falibilidade histórica da Bíblia. Ele também negava que fosse possível, por meio da lógica, derivar valores morais de fatos naturais, ao contrário de Aristóteles, que era um naturalista ético. Hume observou notoriamente em seu *Tratado* como é comum as pessoas pularem repentinamente de declarações descritivas (por exemplo, "ela é uma mulher") para declarações prescritivas ("portanto, ela não *deve* poder votar") sem qualquer argumento de ponte que explique como o valor realmente deriva do fato. Hoje, esse salto intelectual comum de "é" para "deve" é chamado, às vezes, de "falácia naturalista" ou "lei de Hume".

Embora Hume duvidasse da validade lógica de derivar valores de fatos, ele ofereceu uma explicação psicológica naturalista (não uma justificativa) para a existência de sentimentos morais, que, segundo ele, surgem espontaneamente da empatia humana natural. Ao contrário de Hobbes, Hume acreditava que, embora sejamos egoístas por natureza, a partir de uma ideia do que outra pessoa está sentindo (por exemplo, angústia) passamos naturalmente a experimentar esse sentimento, um processo que ele chama de empatia. Nosso senso natural de bondade e maldade moral decorre dessa tendência instintiva de responder com empatia em relação aos outros (uma visão compartilhada por seu contemporâneo Jean-Jacques Rousseau, que a chamou de "pena"). De acordo com Hume, aprovamos traços e ações que beneficiam não apenas a nós mesmos, mas também a outros, devido a nossa empatia natural. Portanto, ele não se preocupava que nem Deus, nem a razão fossem uma fonte de moralidade, uma vez que sentimentos de empatia fazem parte de nossa natureza, estimulando virtudes naturais de benevolência, como caridade, bondade e humanidade. Inclinação natural e hábito significam que, sem pensar, confiamos em nossa própria natureza para nos guiar moralmente, sem a necessidade de Deus ou da razão. Embora esse conceito pareça muito com o naturalismo ético de Aristóteles, ele é puramente descritivo, não prescritivo, como o de Aristóteles. Hume estava explicando a existência de um aparente comportamento moral nos seres humanos, não o justificando. Ele não afirma que esse comportamento seja necessariamente correto, somente que é natural. Se concluísse que ele é correto *porque* é natural, poderia ser acusado da própria falácia que leva seu nome.

Para Hume, essas virtudes naturais foram suplementadas historicamente pelo que ele chama de virtudes artificiais, como a justiça, que não surgem de nenhuma motivação natural. Ao contrário, os seres humanos instituem virtudes artificiais para resolver problemas práticos que surgem de circunstâncias como a escassez de bens e a nossa tendência de nos importarmos mais com os mais próximos a nós, o que pode levar a conflitos sociais. Ele acreditava que nosso sentimento natural de benevolência para com os outros se estende apenas a um círculo limitado de pessoas com quem temos relações estreitas de parentesco e amizade, enquanto nossa preferência natural é "insaciável, perpétua, universal, e destrutiva em relação à sociedade". Portanto, regras imparciais de justiça, como o respeito aos direitos de propriedade privada e o cumprimento de promessas, foram criadas pelos seres humanos para amenizar e restringir nossa parcialidade. O governo, "uma das melhores e mais sutis invenções imagináveis", é um corretivo útil de nossas paixões, que faz com que a vida coletiva funcione de maneira efetiva. Hume também desaprovava tanto as severas virtudes cristãs "monacais", como o celibato, o jejum e a penitência, quanto as duras virtudes espartanas defendidas pelos republicanos clássicos, como Maquiavel e Rousseau. Ele preferia virtudes e hábitos que aparam as arestas irregulares de nossa natureza, suavizam-nos em vez de endurecer-nos e tornam a vida mais fácil e agradável, uma perspectiva totalmente coerente com seu próprio temperamento afável.

O radicalismo filosófico de Hume o levou a rejeitar o radicalismo político. Sua visão geralmente cética fazia com que ele desconfiasse de esquemas e projetos políticos ambiciosos. Sua visão realista da imperfeição das sociedades e das limitações da razão humana o inclinavam a reformas moderadas e pragmáticas e a mudanças graduais, em detrimento do idealismo político e da revolução violenta, que ele considerava incompatíveis do ponto de vista temperamental e filosófico. Como cético, desconfiava dos princípios políticos justificados por apelos à razão ou à fé. Ele achava que a rebelião se justificava apenas em casos de "tirania e opressão graves", e não deveria ser conduzida de modo leviano. Enquanto instituições e governantes mantêm a paz e não oprimem ou exploram indevidamente seus governados, eles devem ser obedecidos. Antes do estadista e filósofo conservador Edmund Burke, Hume já alertava a qualquer líder reformista para "ajustar suas inovações o máximo possível à estrutura antiga e preservar os principais pilares e apoios da constituição". Tal conservadorismo levou Thomas Jefferson a rotular Hume como um Tory (partido de tendência conservadora do Reino Unido) e proibir sua *História da Inglaterra* na Universidade da Virgínia (que ele fundou). O partido Whig, da Grã-Bretanha, pensava o mesmo, vendo sua *História* como propaganda conservadora. No lado oposto, a maioria dos conservadores Tory também considerava o trabalho uma propaganda, mas contra eles, e Samuel Johnson disse que Hume era um oportunista que "não tem princípios". Não é de se admirar, portanto, que Hume tenha reclamado de ser "atacado por um grito uníssono de reprovação, desaprovação e até ódio: ingleses, escoceses e irlandeses, Whig e Tory, clérigos e sectários, livres-pensadores e religiosos, unidos em sua fúria" contra ele por um motivo ou outro. De sua perspectiva política em geral, Hume declarou, em vão: "Minha visão das coisas está relacionada mais aos princípios Whig; minhas representações das pessoas, aos preconceitos Tory".

Hume foi um defensor da sociedade urbana relativamente refinada que floresceu em sua cidade natal, Edimburgo, durante o século XVIII. Ele acreditava que uma companhia educada, o lazer, o aprendizado, o comércio e os negócios tendem a amolecer e humanizar o coração das pessoas, inspirando modéstia e reserva, o que torna a vida mais agradável e evita o fanatismo e o conflito. Rousseau, como veremos, dizia que eles tinham o efeito oposto, razão pela qual ele se opunha a eles. Hume era a favor da liberdade de imprensa, da tolerância religiosa e do comércio privado, defendendo uma franquia estendida (embora não democracia em si), uma constituição mista e equilibrada e o poder político descentralizado.

David Hume compartilhava de grande parte dos valores humanos dos filósofos do Iluminismo, com os quais tinha uma relação muito boa em Edimburgo e Paris. Mas ele também foi um filósofo radical, cujas dúvidas sobre o poder e a importância da razão subverteram muitas das suposições da Era da Razão, com a qual ele é intimamente associado. De fato, muitos dos críticos daquela época se inspiraram no relato desanimado de Hume da razão e sua ênfase nas paixões e sentimentos como as verdadeiras motivações da ação humana e a fonte de nossas crenças sobre os fins que perseguimos. Tal ceticismo o tornou politicamente cauteloso, até conservador, mas nunca reacionário. Ele se une a uma longa tradição de pensamento conservador que adverte que a teorização política abstrata de condições históricas concretas é, na melhor das hipóteses, inútil e, na pior, perigosa. Infelizmente, a história de nossa espécie, tanto antes quanto depois do século XVIII, fornece pouca evidência para contradizer a visão cética de Hume da razão. Tampouco, aliás, há muita evidência de empatia e benevolência humanas naturais ou dos efeitos humanizadores e civilizantes do comércio. Sobre esses assuntos, o ceticismo de Hume parece tê-lo abandonado. Ele parece ter tido fé na moderação e decência inerentes à natureza humana, difíceis de sustentar se considerarmos toda a loucura e crueldade humanas. Mas a visão geral de Hume de saudável ceticismo e humildade intelectual pode ajudar a nos afastar de algumas das piores loucuras às quais a política costuma ser propensa.

12
Jean-Jacques Rousseau: o cidadão

Quando Rousseau chegou a Paris, em 1742, ele era um genebrês pobre, desconhecido, ainda não publicado, de trinta anos, com pouca educação formal (embora fosse bem lido), cuja mãe morrera no parto e cujo pai, relojoeiro, o abandonara quando ele tinha apenas dez anos de idade. Quando morreu, 36 anos depois, Rousseau era romancista best-seller, compositor de ópera muito bem-sucedido, autor de inúmeros livros e ensaios sobre educação, ética, música, religião, linguagem, política, economia e até botânica, rival de Voltaire e um dos homens mais famosos da Europa, cultuado por muitos seguidores. Foi uma ascensão verdadeiramente notável. Antes do final do século, o corpo de Rousseau jazia no Panteão de Paris, onde fora colocado pelos jacobinos, os mais radicais dos revolucionários, como um "pai da Revolução Francesa" (bem ao lado de seu velho inimigo Voltaire, garantindo que nenhum dos dois jamais descansaria em paz). No século XX, Rousseau foi responsabilizado por promover o romantismo, o anarquismo, o nacionalismo e até o totalitarismo. Ele continua sendo um dos pensadores mais importantes, influentes, desagregadores e amplamente lidos na história das ideias.

Rousseau uma vez se descreveu como um "homem de paradoxos", o que não é surpreendente para alguém que afirmou que às vezes é necessário forçar o homem a ser livre. Ele escreveu um diálogo filosófico entre dois personagens, chamados Rousseau e Jean-Jacques, que nunca concordam em nada. Seu tratado sobre educação infantil elogia a amamentação materna e o envolvimento paterno com as crianças, mas ele mesmo deixou seus cinco filhos pequenos em um orfanato (onde a maioria provavelmente morreu). Ele dizia ter "grande aversão às revoluções", mas inspirou os líderes da Revolução Francesa, como Robespierre e Saint-Just, que o saudaram como seu herói. Ele é geralmente incluído entre os principais filósofos do Iluminismo do século XVIII e contribuiu para o grande projeto deles, a *Encyclopédie*, mas elogiava a ignorância e dizia que o cultivo das artes e das ciências era prejudicial à moralidade. Muitos dos admiradores mais fervorosos e dedicados de Rousseau no século XVIII eram mulheres e aristocratas, mas ele era profundamente machista e professava não gostar e desaprovar as "nobres" ricas. ("Odeio sua posição, sua dureza, seus preconceitos, sua mesquinharia e todas as suas depravações", trovejou.) Ele foi um dos escritores mais admirados, fascinantes e eloquentes de sua época, mas teve pouca educação formal e se casou com uma costureira analfabeta. Defendia a censura, focando, sobretudo, nos dramas de Molière, mas admitiu: "Nunca perco nenhuma de suas apresentações". Rousseau era um escritor e músico popular, mas admirava a antiga Esparta, que não tolerava nem a literatura, nem a música. Ele foi o escritor mais famoso de sua época, mas disse "odeio livros", declarando que eles "não servem para nada".

Rousseau, protestante calvinista de nascimento, como Locke, e deísta convicto, era inimigo do cristianismo católico, mas baseou sua autobiografia nas *Confissões*, de Santo Agostinho. Como no caso de Agostinho, a influência de Rousseau na cultura moderna se estende muito além de suas ideias políticas. Ele criou uma nova sensibilidade moderna, uma nova maneira de pensar e sentir. Em grande parte, por causa dele valorizamos a sinceridade e a autenticidade mais do que qualquer outro conjunto clássico de virtudes. Sua doutrina da bondade humana natural, que foi interpretada como anticristã por seus contemporâneos por negar o pecado original, levou Rousseau a ver a corrupção social como a raiz de todo o mal. Como fundador da educação progressista, ele insistiu que as crianças deveriam ser educadas pela natureza, não estragadas pelos homens. Em vez de se conformar com as convenções sociais corrompidas, ele comia quando estava com fome, dormia quando estava cansado e se vestia com roupas não convencionais, o que levou muitos parisienses refinados a considerá-lo bárbaro. Ele rejeitava a riqueza, que, segundo ele, corrompia a moral, e vivia de maneira muito modesta. E foi a primeira pessoa a escalar os Alpes apenas para apreciar a vista, para a surpresa de seus contemporâneos esclarecidos de Paris, que viram nisso mais uma prova de sua loucura.

A obra política mais famosa de Rousseau, *O contrato social*, foi imediatamente condenada pelo parlamento de Paris e colocada no Índice de Livros Proibidos do Vaticano, ao lado de obras de Maimônides, Hobbes, Locke e Hume. Ninguém ficou surpreso com isso, muito menos Rousseau. Mas ele ficou chocado e consternado quando o livro foi banido em sua cidade natal, Genebra, que ordenou que o livro fosse queimado e seu autor, preso, se ousasse pôr os pés na cidade novamente. Isso magoou Rousseau profundamente, já que sempre fora um orgulhoso cidadão de Genebra (ele assinava seus livros como "Cidadão de Genebra", pelo menos até as autoridades da cidade os banirem) e chegou a declarar que adotara a constituição da cidade como modelo. Rousseau culpou o anticlerical Voltaire, que residia, então, perto de Genebra, por criar oposição a ele em uma aliança profana com os fanáticos religiosos que dominavam a cidade. *O contrato social* chegou a ser proscrito na cidade relativamente liberal e tolerante de Amsterdã. Parecia que toda a Europa havia se unido contra Rousseau, que foi forçado a fugir de um país para outro e até considerou o suicídio. Seu desespero era tão grande que ele se mudou para a Inglaterra, uma nação que desprezava. "Nunca gostei da Inglaterra, nem dos ingleses", escreveu ele. Mesmo assim, os ingleses acolheram Rousseau quando poucos outros o fariam, como acolheram mais tarde a Marx, ação pela qual ambos demonstraram absolutamente nenhuma gratidão. Rousseau até rejeitou a oferta de pensão do rei George III, que Hume havia negociado, assim como recusou pensão do rei Luís XV. Ele tinha um talento notável para fazer inimigos.

O *contrato social* é o livro mais popular, lido e influente de Rousseau hoje em dia, embora não tenha sido assim em sua época. O livro é publicado há dois séculos e meio, inspirando gerações de democratas e radicais na mesma proporção que enfureceu e provocou tradicionalistas e conservadores como Edmund Burke, conforme veremos. A obra é uma mistura original de elementos antigos e modernos, difícil de classificar, incomodando seus intérpretes desde que foi publicada no século XVIII. Nela, Rousseau estabelece os "princípios de direito político" nos quais os regimes devem se basear.

Rousseau começa sua teoria política no mesmo lugar que Hobbes e Locke, com indivíduos naturalmente egoístas no hipotético estado de natureza. Nesse sentido, ele era totalmente moderno. Mas, como Maquiavel, a quem admirava, ele baseou seus modelos políticos na antiguidade, porque entendiam melhor como promover um poderoso senso de espírito público em indivíduos que naturalmente careciam dele, algo que Hobbes e Locke consideravam desnecessário para formar uma sociedade politicamente organizada. Segundo eles, o interesse próprio racional por si só seria vínculo suficiente, enquanto Rousseau acreditava que a sociedade descambaria para uma guerra de todos contra todos, a menos que seus membros pudessem identificar seus próprios interesses com o interesse público, como na antiga Esparta e na Roma republicana, regimes que ele admirava acima de todos os outros. Rousseau era um "moderno com alma de antigo", aceitava e rejeitava a modernidade ao mesmo tempo. No primeiro capítulo de *O contrato social*, ele declara que "o homem nasceu livre e está em toda parte acorrentado". Ao contrário das alegações de muitos escritores (como Voltaire), Rousseau nunca teve a intenção romper os laços da vida política e nos levar de volta a um idílico estado de natureza pré-político. Em vez disso, ele mostra como esses laços podem ser legitimados para que soberanos e governados não vivam afastados um do outro. Esse afastamento é a essência do governo despótico, no qual o poder é imposto pela força, e não por direito. Rousseau deu o nome de "cidadão" àqueles que fazem as leis às quais estão sujeitos, naquilo que ele considerava a única forma legítima de política. Essa é a única maneira de conciliar liberdade com sujeição à lei, em que cada indivíduo "obedece a ninguém além de si mesmo e permanece tão livre quanto antes". Os Pais Fundadores dos Estados Unidos, como James Madison, desconfiavam do governo e, portanto, criaram um sistema político deliberadamente fraco e limitado por freios e contrapesos. Enquanto Thomas Jefferson acreditava que "o governo que governa menos governa melhor", Rousseau decidiu legitimar um governo forte, em vez de limitá-lo. Na verdade, limitar um governo legítimo seria limitar o próprio direito político, o que é contrário à justiça. Sua objeção a Thomas Hobbes não é, como a de Locke, por ele defender um soberano absoluto, mas por defender um soberano ilegítimo. É por isso que Locke foi mais compatível com os líderes da Revolução Americana do que Rousseau, a inspiração dos revolucionários franceses mais radicais.

Segundo Rousseau, a soberania deve estar nas mãos do povo, na forma de uma "vontade geral", que deve ser a fonte da legitimidade da lei. A vontade geral não é a mera soma das vontades de indivíduos egoístas. Ela é formada apenas quando os cidadãos se preocupam com o bem comum, não somente com seu bem particular e autocentrado. No entanto, Rousseau acreditava que, como esse espírito público é totalmente antinatural, ele deve ser cultivado artificialmente por instituições e práticas que "transformam homens em cidadãos". A mais notável é a religião civil, uma religião do Estado, que faz com que cada indivíduo "ame seu dever" em relação à sociedade mais do que a si mesmo, uma ideia que ele tirou do colega republicano Maquiavel. Ambos acreditavam que o cristianismo é totalmente inadequado para isso, uma vez que prega "apenas servidão e submissão". Aliás, Rousseau diz que não conhece "nada mais contrário ao espírito social" do que o cristianismo e nada tão "favorável à tirania". Não é de se admirar que *O contrato social* tenha sido banido na Genebra calvinista e na Paris católica.

Outro dispositivo que Rousseau diz ser necessário para induzir indivíduos naturalmente egoístas a pensar apenas no bem público é o que ele chama de "legislador", um conceito que, novamente, compartilha com Maquiavel. Tais indivíduos raros invocam a Deus para convencer as pessoas a subordinar seus interesses particulares ao interesse comum. Rousseau menciona Moisés como um exemplo: ele uniu os antigos judeus divididos, formando uma nação coesa com leis que ele afirmou serem derivadas de Deus.

Apesar de sua reputação de idealista ingênuo com a cabeça nas nuvens, Rousseau sabia muito bem o quão improvável era que os princípios políticos expostos por ele em *O contrato social* fossem adotados no contexto da sociedade moderna. Eles são aplicáveis somente em cidades-Estado relativamente pequenas e coesas, do tipo comumente encontrado na Grécia antiga, e não nos grandes e sofisticados Estados-nação da Europa moderna, que ele considerava irremediavelmente corrompidos. Aliás, ele disse que a ilha da Córsega era o único lugar na Europa moderna onde suas doutrinas políticas poderiam funcionar. Por isso é muito improvável que Rousseau fosse endossar a tentativa revolucionária francesa de implementar suas teorias se estivesse vivo na época, apesar de ter predito corretamente que uma "era de revoluções" logo tomaria conta da Europa.

A alienação que Rousseau experimentou da civilização iluminada em que foi imerso parece ter se tornado completa na última década de sua vida. Assim, ele procurou fugir inteiramente da companhia dos homens, em um esforço aparente para preservar sua própria integridade e virtude em uma era de corrupção total. Por fim, concluiu que "não há esperança de solução" e terminou seus dias em total resignação política e pessimismo, embora encontrasse certa satisfação pessoal ao se comunicar com a natureza. Seu último trabalho, inacabado, *Os devaneios do caminhante solitário*, sugere que ele pode ter chegado à conclusão final de que fugir da civilização para um isolamento rústico é a única opção real para o homem de virtude. Sua identificação com Sócrates pode ser entendida em termos de sua autodefinição como um homem bom, vivendo em uma era perversa, atacado e difamado porque seus contemporâneos estavam cegos para sua bondade por causa de sua própria maldade. Essa imagem é uma parte significativa de seu apelo final como crítico social e impertinente na tradição de Sócrates.

É um erro muito grave descartar as ideias de Rousseau como delírios de um lunático, como muitos de seus inimigos e detratores fizeram ao longo dos séculos. Ele era, sem dúvida, um personagem excêntrico e muitas vezes difícil, propenso a ataques de paranoia, apesar de realmente ser perseguido por muitos inimigos poderosos. Embora sua alienação do mundo que habitava fosse profundamente pessoal, era muito mais do que uma mera reação à época em que viveu. O poder e a eloquência de seus escritos inspiraram muitas gerações de rebeldes, descontentes, desajustados e forasteiros, que compartilham, em muitos níveis, de sua profunda inquietação sobre o lugar do indivíduo na era moderna.

Uma das influências mais profundas de Rousseau no pensamento moderno foi substituir o vocabulário antigo das virtudes e vícios pelas ideias modernas de sinceridade e autenticidade. Se agora nos esforçamos para ser fiéis a nós mesmos, para agir com integridade, em vez de imitar modelos antigos, somos seguidores de Rousseau, para o bem ou para o mal. Outra de suas grandes influências foi sua defesa muito poderosa e eloquente da ideia de soberania popular, de que o povo é a fonte última de legitimidade política, cuja vontade deve guiar o Estado, sem ressalva. Essa mensagem populista teve uma poderosa repercussão nas pessoas comuns, desencantadas com as elites corruptas e egoístas em toda a Europa nos séculos XVIII e XIX, começando na Revolução Francesa. O recente retorno da política populista e a crescente insatisfação com um sistema que favorece os ricos e poderosos à custa da maioria em uma sociedade cada vez mais desigual fizeram de Rousseau um pensador atual novamente.

13
Edmund Burke: o contrarrevolucionário

Quando a Revolução Francesa eclodiu no verão de 1789, Edmund Burke tinha sessenta anos e era membro do Parlamento britânico por um quarto de século. Ele havia perdido seu assento anterior na cidade de Bristol depois de defender uma série de causas impopulares que desgastaram o apoio que tinha do pequeno eleitorado de lá. Burke se opôs ao tratamento da Grã-Bretanha em relação a suas colônias americanas, defendeu o livre mercado do milho, o livre comércio com a Irlanda e a emancipação católica (ele nasceu, cresceu e estudou na Irlanda, filho de mãe católica), fez campanha pelo impeachment do corrupto governador-geral de Bengala, condenou a pena capital e argumentou contra o poder real irrestrito e pela abolição da escravidão. Obviamente, Burke não era um reacionário teimoso, de modo que, quando a Revolução Francesa começou, sua reação inicial pareceu coerente com sua defesa fundamentada de causas "liberais" ao longo de sua carreira parlamentar até esse ponto. Ele escreveu primeiro que os eventos em Paris foram um "espetáculo maravilhoso", cujo espírito é "impossível não admirar". No entanto, não demorou muito para que Burke se voltasse contra a Revolução, e logo sua opinião se transformou em fúria contra ela, que serviu de argumento para sua famosa denúncia em *Reflexões sobre a revolução na França*, livro pelo qual ainda é mais conhecido. Na época, a maioria dos membros de seu próprio partido (o Whig) desaprovava seu ataque à Revolução Francesa, e muitos de seus contemporâneos ficaram chocados com a veemência da oposição de Burke, dada a sua longa carreira na defesa de causas liberais impopulares. Thomas Jefferson viu as *Reflexões* de Burke como uma evidência da "podridão de sua mente". Mas os liberais que comemoraram os eventos na França então parecem bastante ingênuos ao lado do pessimismo de Burke. Em um estágio bastante inicial do levante, quando a Revolução ainda era controlada por moderados, ele previu sua eventual queda ao terrorismo, regicídio, assassinato em massa, anarquia e, finalmente, ditadura.

Burke foi um pensador profundamente complexo e até paradoxal. Era um irlandês que defendia o constitucionalismo inglês, um liberal que desenvolveu o ataque mais influente à Revolução Francesa, um burguês que defendia os privilégios aristocráticos, um crítico severo da administração colonial corrupta na Índia que fez parte do Parlamento por dois "distritos podres" diferentes graças a seus patrocinadores políticos e um defensor protestante dos privilégios históricos da Igreja da Inglaterra, que buscava apoio para a Igreja Católica da França.

Embora a obra *Reflexões*, de Burke, esteja focada na Revolução Francesa, ela também transcende eventos imediatos para apresentar e defender uma concepção mais geral de política e sociedade, tornando-a uma das declarações mais importantes e eloquentes do ponto de vista conservador já escrita. Burke conta que ficou "alarmado e intrigado" com a então recente revolta na França, que o levou relutantemente a refletir sobre os princípios fundamentais que deveriam governar a vida política. Filosofar sobre política não é um impulso conservador por natureza, uma vez que um de seus principais dogmas, segundo Burke, é que princípios gerais abstratos são politicamente perigosos. Quando teoria e prática se misturam, os problemas raramente estão muito atrás, ele acreditava, como mostravam os acontecimentos daquele momento no Canal da Mancha. Como a arte do governo é mais prática do que teórica, é melhor ser governado por costumes e práticas tradicionais que evoluem gradualmente ao longo do tempo do que adaptá-los às "teorias selvagens e visionárias" supostamente derivadas da razão. As prescrições políticas devem ser avaliadas quanto à probabilidade de promover o bem ou o mal, não pela conformidade com a verdade ou a falsidade, que é um padrão apropriado para a filosofia, mas não para a política prática. "Nada universal pode ser afirmado racionalmente sobre qualquer assunto moral ou político", pregava Burke, mas não praticava nem acreditava realmente no que dizia.

Burke *defendia* alguns princípios universais de justiça e equidade naturais, princípios que serviram de base para suas duras condenações à política britânica na Irlanda, na Índia e nos Estados Unidos. Mas ele rejeitou a ideia de que se poderia, a partir dos direitos abstratos do homem, desenvolver, de maneira simples e direta, uma constituição política ideal de aplicabilidade universal, como seu amigo e crítico Thomas Paine faria. O conhecimento humano dos princípios da justiça é sempre vacilante e falível, e é por isso que devemos recorrer a nossos costumes e tradições particulares para interpretar o significado desses ideais abstratos e guiar nossas práticas. Toda sociedade terá suas próprias interpretações do significado de justiça, liberdade e igualdade. Por exemplo, Burke argumentou que os direitos do homem já estão incorporados nos direitos consuetudinários e legais dos ingleses que remontam à Magna Carta (1215), razão pela qual ele considerava legítimas as queixas dos colonos americanos, pois acreditava que elas se baseavam em antigos direitos consuetudinários que o rei britânico centralizador não respeitava. Ele defendia a evolução política gradual como a melhor maneira de impedir uma revolução violenta. "Um Estado sem os meios para mudar não tem meios para sua própria conservação", advertiu. Por "mudança", Burke queria dizer pequenos passos incrementais que alteram, refinam e melhoram a estrutura estabelecida das práticas históricas, preservando seu núcleo essencial.

De acordo com Burke, a principal pergunta que deve ser feita não é se um sistema político está em conformidade com alguns ideais abstratos, mas se "funciona" pragmaticamente, ou seja, se promove a paz, a ordem e o bom governo a longo prazo, dentro do contexto específico em que se encontra. O único teste confiável para isso é o tempo, que por si só pode definir a verdadeira viabilidade e durabilidade de um sistema político. Burke acreditava que a Grã-Bretanha havia passado nesse teste de forma admirável, talvez melhor do que qualquer outra sociedade, e agora precisava ser protegida do contágio revolucionário que invadira a França. Por outro lado, os líderes revolucionários franceses construíram sua política "não com base na conveniência, mas na verdade", com resultados previsivelmente desastrosos. É por isso que o ideal platônico de reis-filósofos está muito longe da visão de Burke de como uma sociedade deve ser governada, uma vez que a política deve lidar com problemas práticos imediatos, não problemas abstratos de lógica. A crença de Platão de que o estudo prolongado da matemática é um pré-requisito essencial para o governo político esclarecido teria parecido a Burke perigosamente absurda. Nesse aspecto, ele estava muito mais próximo de Aristóteles, que distinguia muito claramente entre virtudes puramente intelectuais e virtudes práticas, que exigem uma mente flexível e pragmática, não filosófica. A maior virtude política para Burke (como para Aristóteles) é a prudência, que não é apenas a primeira das virtudes políticas, mas "a diretriz reguladora e o padrão de todas elas".

As *Reflexões* de Burke contrastam dois tipos de revolução, uma que ele apoia e outra que condena. Por um lado, como Locke, defende a chamada "Revolução Gloriosa", em 1688, na qual o rei católico Jaime da Inglaterra e da Escócia foi derrubado por seu genro, o rei protestante da Holanda. Por outro lado, ele ataca a revolução na França em 1789, que derrubou o Antigo Regime em nome dos "Direitos do Homem". Burke estava respondendo aqui a um sermão popular do reverendo Richard Price, argumentando que a recente revolução na França era uma continuação e extensão da revolução anterior na Grã-Bretanha e que ambos os eventos expressavam princípios cosmopolitas de liberdade e progresso que deveriam ser bem recebidos e encorajados. Aos olhos de Burke, a Revolução Francesa era a própria antítese da moderada "Revolução Gloriosa", que ele e Price admiravam. Burke concordava com Locke que a revolução de 1688 foi uma intervenção bem-vinda para impedir que a antiga constituição da Inglaterra fosse usurpada pelas tendências despóticas do rei Jaime e de seus zelosos monarquistas e partidários católicos. Burke estava convencido de que o delicado equilíbrio entre rei, senhores e a câmara dos comuns na forma de governo parlamentar da Grã-Bretanha havia evoluído ao longo dos séculos por um processo lento e gradual de tentativa e erro, concessões e pragmatismo. As vantagens da abordagem tradicional britânica à política eram aparentes para ele na quase perfeição da constituição britânica, que era idealmente adaptada às circunstâncias específicas da Inglaterra (se não de toda a Grã-Bretanha) e deveria ser alterada apenas com a maior circunspecção e humildade. Um estadista sábio e prudente deve abordar instituições e práticas consagradas com "cautela política", norteando-se pela história e pela experiência, não por doutrinas universais sobre o homem e a sociedade. Burke rejeitou abertamente o argumento de Locke, de que a "Revolução Gloriosa", de 1688, ilustra o princípio abstrato de que "o governo existe pelo consentimento dos governados".

A revolução na França foi algo completamente diferente e infinitamente mais perigoso, no que dizia respeito a Burke. Foi uma "revolução filosófica", abstrata, utópica e universal, com uma tendência natural de se espalhar pelas fronteiras como um vírus, infectando o corpo político onde quer que fosse. Por sua própria natureza, a revolução de 1688 foi uma espécie de revolução local limitada, que não se estendeu além de seu território, ao contrário da de 1789. Foi, em última análise, apenas uma correção benéfica de um sistema político sólido, não uma mudança total. Por outro lado, o que aconteceu na França foi um tipo novo e radical de revolução: "uma revolução de doutrinas e dogmas teóricos". A França depois de 1789 tornou-se uma "República da Filosofia", governada por "senhores filosóficos" cheios de arrogância e fascinados por princípios abstratos. Esses "políticos da metafísica" fanáticos estavam inebriados com as ideias e valores dos filósofos do Iluminismo – Voltaire, Rousseau, Condorcet, D'Alembert, Diderot, todos denunciados pelo nome nas *Reflexões* de Burke. Ele foi um dos primeiros inimigos da Revolução a culpar as ideias desses filósofos pelo colapso desastroso da autoridade política e da ordem social na França da década de 1790, uma visão que se tornou cada vez mais popular nas décadas seguintes. Seu livro ajudou a popularizar a ideia do Iluminismo como a principal causa da Revolução.

Em relação à função dos representantes eleitos, Burke apresentou duas concepções diferentes. A primeira é a de um "emissário", que expressa a vontade de seus eleitores no Parlamento; a segunda é a de um "administrador", que usa sua própria consciência e julgamento para decidir o que é melhor para a nação. Em um famoso discurso para seus eleitores em Bristol, Burke prometeu a eles que, como seu representante no Parlamento, ele sempre seguiria sua consciência como administrador e jamais seria um mero emissário – o que precipitou sua retirada do cargo por votação (um inconveniente que Burke superou facilmente um mês depois, quando ocupou o lugar de Malton em Yorkshire, um "distrito podre" no controle de seu patrono e que ele provavelmente nunca se deu ao trabalho de visitar, de modo que a questão da administração não voltou a incomodá--lo pessoalmente). Burke dizia que os membros individuais do parlamento, em suas deliberações, devem considerar apenas "uma nação, com um interesse comum, o interesse de todos", sem se deixar influenciar pelas opiniões e preferências da área específica que representam. Ironicamente, essa também era a visão do novo regime revolucionário na França, cuja primeira constituição escrita proibia expressamente os representantes eleitos de atuarem como emissários de seus eleitores. O fato de que apenas 5% da população da Grã-Bretanha podiam votar em 1790 foi um marco a seu favor, de acordo com o elitista Burke, enquanto para o populista Rousseau simplesmente provava que o país era realmente despotista em essência. Os estudantes de política democrática de hoje continuam a debater os méritos dessas duas concepções. Quando desafiados a escolher entre elas, muitos políticos misteriosamente afirmam ser emissários e administradores ao mesmo tempo!

    Os poderes proféticos que Burke demonstrou em suas *Reflexões* foram muito além dos acontecimentos revolucionários na França. Ele vislumbrou uma era nova e vulgar surgindo na Europa, dominada por "sofistas, economistas e calculadoras", uma tendência que estava só começando em sua época e que hoje é desenfreada. Suas advertências sobre a aplicação de teorias ambiciosas e abstratas à política cotidiana, sem levar em consideração o contexto, e seu ceticismo político geral, enfatizando as delicadas complexidades e a fragilidade da vida social, são relevantes hoje como sempre foram. A ideia de que a mudança deve ser realizada com humildade é uma parte essencial e eterna da sabedoria política que Burke expressou com maravilhosa força e eloquência. Mas seu horror e repulsa às multidões revolucionárias em Paris parecem ter levado a uma confiança ingênua de que uma elite paternalista tradicional, aliada a uma classe crescente de cavalheiros abastados, cuidaria, de modo benevolente, do bem-estar de todos, uma característica proeminente da cultura política britânica que precisava de pouco reforço (naquela época e agora). Tal deferência levou Karl Marx a desprezar Burke como "bajulador". É uma crítica que Mary Wollstonecraft, contemporânea de Burke, fez uma geração antes de Marx. Seu ceticismo político às vezes parece suspeito e convenientemente seletivo.

14
Mary Wollstonecraft: a feminista

Mary Wollstonecraft era uma solteirona inglesa pobre, de 33 anos de idade, ex-governanta e diretora de escola, quando, de maneira otimista (alguns diriam ingênua), navegou sozinha para a França, no momento em que a revolução que ela apoiava ali chegava a sua fase mais violenta e extrema. Esse era o equivalente político a perseguir tempestades. Naquela época, ela estava acostumada a nadar contra a corrente das circunstâncias como escritora independente e defensora da igualdade de gênero em uma época que desaprovava fortemente as duas coisas. Agora ela estava voluntariamente no olho do furacão revolucionário que grassava a Europa. Chegou a Paris bem a tempo de ver o rei ser executado, quando ele passou "pela minha janela" a caminho da guilhotina, contou ela mais tarde. A republicana Wollstonecraft ficou surpreendentemente comovida com essa imagem tocante, escrevendo a um amigo que "as lágrimas escorreram sozinhas dos meus olhos quando vi Luís sentado, com mais dignidade do que eu esperava de seu caráter, numa carruagem a caminho da morte". Logo era sua própria cabeça que estava em risco. Apenas duas semanas depois, a França declarou guerra à Grã-Bretanha, e os cidadãos britânicos na França foram detidos às centenas como supostos espiões ou contrarrevolucionários. Até o escritor anglo--americano radical Thomas Paine foi preso pelo regime, apesar de ser um defensor ativo da Revolução Francesa e um cidadão honorário da França, nomeado para a Convenção Nacional em Paris. Wollstonecraft era amiga e aliada de Paine e tinha todos os motivos para acreditar que também seria presa e possivelmente executada no frenesi de violência que se espalhava pela França.

No entanto, como Paine, Wollstonecraft sobreviveu ao "Reinado do Terror" que se seguiu, enquanto os jacobinos limpavam a França de dezenas de milhares de "inimigos do Estado" por meio daquela eficiente máquina de matar "humanos", a guilhotina. "Fico triste", escreveu de modo melancólico a um amigo, "quando penso no sangue que manchou a causa da liberdade em Paris." Mas sua fé nos princípios fundamentais da Revolução Francesa era inabalável. Ela até escreveu *Uma visão histórica e moral da origem e do progresso da Revolução Francesa* (1794) para explicar e justificar seu otimismo de que um "reino de razão e paz" acabaria por surgir dos horrores e excessos da época. Infelizmente, a esperança que Wollstonecraft tinha para a humanidade não se estendeu a sua própria vida pessoal. Um ano depois de escrever essas palavras otimistas, ela tentou se matar duas vezes para aliviar a dor de um coração partido. Quando acabou encontrando satisfação em seu relacionamento com o filósofo anarquista William Godwin, não durou muito. Ela morreu poucos meses depois do casamento, devido a complicações decorrentes do nascimento de sua filha, Mary, que se tornaria a autora de *Frankenstein* e a esposa do poeta romântico Percy Bysshe Shelley. Wollstonecraft tinha apenas 38 anos.

A obra pela qual Mary Wollstonecraft agora é mais conhecida é *Reivindicação dos direitos da mulher*, publicada no ano em que se mudou para a França. É um trabalho radical para a época, quando as mulheres na Europa tinham poucos direitos legais, eram excluídas da vida pública e viviam fortemente restringidas pelas normas e convenções sociais, sendo proibidas de exercer a maioria das carreiras e profissões. Em grande parte, as mulheres eram confinadas à esfera doméstica e recebiam pouco em termos de educação para algo além disso. Quando uma mulher se casava, ela perdia a maioria dos seus direitos legais limitados para o marido, na visão tradicional de que sua personalidade jurídica se fundia à dele. É por isso que Wollstonecraft descreve a vida doméstica como uma "gaiola dourada" e uma "prisão", onde a maioria das mulheres não consegue realizar todo o seu potencial humano. Ela sofreu direta e pessoalmente com esse estado de coisas. Essa é uma das razões pelas quais ela evitou o casamento até o último ano de sua vida, apesar da enorme pressão social sobre as mulheres na época para se casar e ter filhos. Antes de seu sucesso como escritora, Mary Wollstonecraft foi obrigada a trabalhar em empregos servis que eram embrutecedores para uma mulher com seus talentos e ambições naturais. Por exemplo, ela trabalhou como governanta de uma família rica da Irlanda, um papel que considerou humilhante e opressivo. Sendo uma mulher solteira e sem meios, seguir uma carreira de escritora autônoma nessas circunstâncias foi uma escolha corajosa e arriscada, tornando-se uma inspiração para as feministas posteriores tanto quanto seus escritos, que a estabeleceram como a mãe de pensamento feminista moderno.

    O best-seller *A Vindication of the Rights of Men* [*Reivindicação dos direitos dos homens*], de Wollstonecraft, que se esgotou em apenas três semanas, foi seu primeiro grande trabalho político. Nele, ela se apresenta como a voz das virtudes simples e meãs (essencialmente protestantes) do trabalho duro, da frugalidade, da modéstia e da autodisciplina. Ela também defende valores iluministas como razão, progresso e liberdade, em contraste com o que vê como uma defesa exagerada e floreada (até feminina) de Edmund Burke, em suas *Reflexões*, da tradição, do privilégio aristocrático e da monarquia hereditária. Wollstonecraft não oferece a seus leitores uma teoria ou um programa político inteiramente original ou sistemático nesse trabalho. Ela era mais uma moralista pública do que uma filósofa política no sentido estrito da palavra, mais próxima do amigo e colega radical Thomas Paine do que de Thomas Hobbes. Como Jean-Jacques Rousseau, ela acreditava que a sociedade em que vivia estava moralmente falida e permeada de infelicidade e hipocrisia como resultado, razão pela qual apoiava a revolução na França. Ela achava que uma reforma política significativa e duradoura era muito improvável sem uma reforma moral de base, começando pelas atitudes em relação às mulheres.

A defesa de Wollstonecraft em prol dos direitos das mulheres desafia a separação convencional entre as esferas pública e privada, que remonta a Aristóteles e permeia praticamente toda a história do pensamento político ocidental. O slogan do movimento feminista do século XX, de que "o pessoal é político", já existia em seu argumento de que instituições tradicionalmente não políticas, como o casamento e a família, eram a verdadeira fonte da opressão das mulheres e estavam diretamente relacionadas às questões políticas convencionais. Por isso ela faz das atitudes sociais uma questão de debate político. Os direitos políticos, embora necessários, são insuficientes em si para emancipar as mulheres sem uma transformação radical da cultura e moralidade mais amplas. Para Wollstonecraft, uma mudança política significativa depende de uma derrubada fundamental e abrangente das crenças tradicionais sobre as capacidades das mulheres e de uma revolução moral mais ampla, como a que os filósofos do Iluminismo francês que ela admirava haviam defendido. Embora apoiasse com entusiasmo a Revolução Francesa, ela exigia algo ainda mais radical do que o que estava preparado para ser oferecido às mulheres, que era decepcionantemente pequeno, pois deixava de estender direitos políticos às mulheres e certamente não instituiria uma revolução social mais ampla nas relações de gênero. Ela acreditava que mudar o relacionamento entre os cidadãos na esfera pública exigia alterações fundamentais no relacionamento entre maridos e esposas na esfera privada, que deveriam ser companheiros iguais em uma parceria, assim como a política deveria basear-se na amizade cívica entre indivíduos iguais de ambos os sexos. Ela denunciou o casamento convencional como "prostituição legal" e condenou a imagem popular das mulheres como adornos passivos e frívolos de seus maridos, de quem elas são obrigadas a depender e cujo prazer é seu principal objetivo da vida. Wollstonecraft queria que homens e mulheres fossem tratados da mesma maneira em todas as esferas, porque tratá-los de maneira desigual em uma delas significaria necessariamente minar a igualdade nas outras. A Revolução Francesa era um bom começo, pensou ela, mas insuficiente para emancipar as mulheres, que foram excluídas dos direitos de cidadania mais uma vez.

Um tema central da *Reivindicação dos direitos da mulher* de Wollstonecraft é a maneira pela qual a educação, a criação e a vida doméstica das mulheres enfraqueceram e estreitaram suas mentes no processo de torná-las agradáveis aos homens, transformando-as em "criaturas de sensação", e não de intelecto, governadas por suas paixões superdesenvolvidas, e não por sua razão, com mentes deliberadamente fracas e comparativamente subdesenvolvidas. Suas vidas externas desequilibradas são um reflexo de suas vidas internas desequilibradas. Quando ela escreve que espera convencer as mulheres a "se tornarem mais masculinas", ela quer dizer que deseja ampliar e fortalecer suas mentes para que possam pensar e agir por si mesmas, assim como os homens. As noções tradicionais de feminilidade enfatizaram a delicadeza, a sensualidade e o refinamento, que Wollstonecraft afirma ter deixado as mulheres fracas na mente e no corpo e, portanto, dependentes dos homens e incapazes de funcionar fora da esfera doméstica. Seu questionamento sobre a concepção convencional de gênero, assim como suas críticas à distinção convencional entre esferas pública e privada, era muito radical na época e permaneceria assim até o movimento feminista no Ocidente após a Segunda Guerra Mundial. Wollstonecraft defendia uma transformação radical na educação das mulheres como parte essencial de sua emancipação política mais ampla. Seu primeiro livro publicado foi *Pensamentos sobre a educação de filhas*, que oferecia às leitoras conselhos práticos sobre a educação das crianças com base em valores burgueses, como honestidade, autodisciplina e razão. Embora ela tenha adotado os princípios progressistas de Rousseau para uma educação centrada na criança, ela denunciou sua defesa de uma educação separada para meninos e meninas com base em gênero e dedicou longas passagens em sua segunda *Reivindicação* para contestar sua atitude em relação às mulheres em geral. Apesar de suas ideias radicais sobre política e educação, Rousseau estava nas correntes predominantes do pensamento ocidental em sua insistência em relação à separação estrita das esferas privada e pública, cada uma governada por seus próprios princípios. Ele acreditava que as mulheres representavam uma ameaça à esfera pública porque não apresentavam um senso natural de justiça e, portanto, deveriam ser mantidas na esfera privada. Mas Wollstonecraft respondeu que, se Rousseau está certo sobre essa falta, é apenas porque, tradicionalmente, o acesso à esfera pública foi negado às mulheres, de modo que elas não tiveram oportunidade de desenvolver um senso de justiça e virtude política. É uma questão de mau aprendizado, não de má natureza. Ela se opôs fortemente às abordagens convencionais baseadas em gênero na educação em favor de um sistema único e coeducacional, como Platão havia feito em sua *República*. A educação de meninos e meninas deve enfatizar o pensamento analítico e as habilidades práticas que permitam a todos levar uma vida independente fora de casa, não importando o sexo, e ampliar a mente para participar de maneira ativa dos deveres de cidadania. Segundo Wollstonecraft, a liberdade e a igualdade que deveriam prevalecer no mundo público também deveriam prevalecer nos domínios privados do casamento, da família e do trabalho. Não dá para ter um sem o outro, algo que Rousseau e os revolucionários franceses não conseguiram entender.

O status político das mulheres no Ocidente, e em muitos lugares além dele, mudou completamente desde o final do século XVIII. Homens e mulheres agora desfrutam de igualdade civil formal e têm os mesmos direitos e liberdades legais. Mas Wollstonecraft dizia que isso não é suficiente. A emancipação total das mulheres exige uma revolução na cultura como um todo e sua atitude geral em relação às mulheres, incluindo concepções estabelecidas de gênero. Ela queria que as mulheres recebessem a mesma educação e opções na vida que os homens, para que tivessem a mesma oportunidade de levar vidas plenas e desenvolver suas faculdades em todo o seu potencial, ideia que John Stuart Mill ainda defendia, sem muito sucesso, no final do século XIX, como veremos. Mas a crença de Wollstonecraft, de que homens e mulheres são essencialmente iguais, ainda é motivo de intenso debate, principalmente entre feministas. No século XVIII, ela questionava os tradicionalistas que acreditavam que existem diferenças essenciais entre os sexos, diferenças que foram usadas para justificar seu tratamento diferente (e pior).

Hoje, o argumento sobre as diferenças essenciais é apresentado por algumas feministas, que criticam Wollstonecraft por dizer que as mulheres devem "se tornar mais masculinas". É um debate que envolve a ciência moderna, pelo menos até certo ponto, uma vez que se trata tanto de valores quanto de fatos. Dado seu próprio compromisso com a razão e a ciência, podemos ter certeza de que ela ao menos desejaria que mantivéssemos nossa mente aberta para o que eles podem nos dizer sobre os sexos.

15
Immanuel Kant: o purista

Immanuel Kant nasceu na cidade prussiana de Königsberg (atual cidade russa de Kaliningrado), às margens do Mar Báltico, onde viveu todos os seus 79 anos. Dizem que ele nunca se afastou de sua cidade natal, que foi totalmente destruída na Segunda Guerra Mundial. Aqui, o solteiro Kant teve uma vida tranquila e monacal, na obscuridade provinciana, seguindo a mesma rotina dia após dia, década após década. Mas, ao completar setenta anos, sua paz foi perturbada por uma carta enviada em nome do rei, repreendendo Kant por seus escritos críticos sobre religião. Na época, a Prússia estava em guerra com a França revolucionária, de modo que um governo nervoso reprimia as opiniões divergentes. Kant, que simpatizava com a Revolução e compartilhava suas visões anticlericais, recebeu ordem de nunca publicar ou falar publicamente sobre religião novamente. "Se isso não acontecer", alertaram o frágil professor, "tomaremos medidas desagradáveis em relação a sua contínua obstinação." Kant obedeceu, apenas até a morte do rei.

Muitos ficaram surpresos com a submissão de Kant ao Estado nessa ocasião, o que parece ser uma traição decepcionante ao seu forte compromisso com a liberdade individual e sua devoção à verdade. Como cidadão e filósofo, declarou, ele deveria ser livre para usar sua razão a fim de esclarecer o público e criticar abertamente os poderes e leis estabelecidos, para "confrontar os detentores do poder", como diríamos hoje. Mas, como professor de uma universidade pública, Kant também era funcionário público e, portanto, sentiu-se forçado a obedecer às ordens do rei, como um soldado que deve obedecer às ordens de seus superiores. Seu conselho para aqueles divididos entre seus direitos particulares como indivíduos e seus deveres como ocupantes de cargos públicos foi: "Discuta o quanto quiser sobre o que quiser, mas obedeça!". Praticamente, isso significava que as mentes deveriam estar livres para seguir a razão, onde quer que ela as levasse, mas que leis e decretos promulgados pelo Estado devem ser obedecidos, mesmo quando contradizem a verdade.

Lembre-se de que, 2.200 anos antes, Sócrates deparou com um dilema similar, como filósofo dedicado à verdade e cidadão cumpridor das leis de Atenas. Como Kant, ele se viu preso entre as demandas conflitantes da filosofia e da política. Sócrates continuou seu filosofar público e acabou sendo condenado à morte por seus concidadãos, por não respeitar os deuses de Atenas, assim como Kant foi ameaçado com "medidas desagradáveis" por atacar a religião do Estado da Prússia. No entanto, quando um amigo propôs um plano para que Sócrates escapasse da prisão antes de sua execução, o filósofo recusou, dizendo que tinha o dever cívico de respeitar as leis sob as quais viveu de modo pacífico e livre como cidadão, mesmo que essas mesmas leis agora decretassem sua morte. Sócrates não era mais anarquista do que Kant. Argumente, mas obedeça!

Embora Kant fosse um homem do Iluminismo, comprometido com a liberdade, um governo aberto e direitos individuais, ele acreditava que a revolução nunca se justifica sob circunstância alguma. Quaisquer que sejam as leis decretadas pelo soberano, elas devem ser obedecidas, uma vez que a rebelião destrói toda ordem legal e, como Hobbes dissera, mesmo um Estado ruim e leis ruins são melhores que nenhum Estado e nenhuma lei. Os governos podem e devem ser criticados, mas nunca devem ser derrubados. Para Kant, rebelar-se contra um tirano é errado "no mais alto grau", em contraste direto com Locke, que dizia que os governados ficam isentos de sua obrigação de obedecer quando seus governantes violam o pacto original que estabeleceu a sociedade política. Kant chamou isso de alta traição, que deveria ser punida com a morte. E apenas devem ser toleradas aquelas opiniões que não advogam a derrubada da constituição. Ele era perfeitamente inequívoco quanto a este ponto: "É dever do povo suportar até o abuso mais intolerável da autoridade suprema".

No entanto, para Kant, nenhum soberano está acima da lei moral, que proíbe um governante de ordenar ou obrigar os cidadãos a cometer atos imorais, como mentira e assassinato. Os governantes devem ser julgados por princípios universais de direito e criticados publicamente, mas, ainda assim, devem ser obedecidos. E nenhum soberano deve jamais ser punido por promulgar leis injustas ou por cometer ações políticas injustas, segundo Kant, mesmo que possa e deva ser julgado moralmente. Embora não seja papel do Estado reforçar a moralidade, que é uma questão pessoal, Kant escreveu que ele deve agir de maneira coerente com ela. "A verdadeira política", disse ele, "não pode dar um único passo sem antes render homenagem à moral."

Então, qual é a lei moral à qual todos (incluindo os governantes) estão sujeitos, e como a conhecemos? Para Kant, ela está contida na razão humana comum e, portanto, é potencialmente acessível a todo ser racional. Como tal, é universal, pelo menos para os seres humanos, uma vez que os animais não são seres racionais e, portanto, a moralidade não se aplica diretamente a eles. Nossa natureza racional nos dá um status único, que devemos respeitar um no outro e em nós mesmos, tratando os seres humanos como fins em si mesmos, nunca como meios para outros fins. Kant atribui a Rousseau o ensinamento de que todos os seres humanos têm uma dignidade inerente. Sobre isso, ele disse: "Rousseau me mostrou a verdade". Isso é algo que descobrimos não por meio da experiência prática, mas por nossa própria razão, segundo Kant, tornando-o imediatamente cognoscível e irrefutável. A moralidade impõe a todos um dever absoluto de nunca usar pessoas (inclusive a si mesmo) para promover outros fins, pois isso reduz os seres humanos ao status de instrumentos, em vez de respeitar seu caráter especial como seres racionais. Os governos têm o dever de promulgar leis coerentes com esse imperativo moral, embora, como cidadãos, nunca se justificará que nos rebelemos contra governantes que o violem.

Kant era um absolutista moral. Como a moralidade nos é ordenada pela razão, ela é incondicional, ou seja, deve ser obedecida por todos, em todas as situações e circunstâncias, sem admitir exceções, assim como a lógica e a matemática, uma vez que todas são "fatos da razão". O contexto é irrelevante. A moralidade consiste em leis absolutamente obrigatórias, puras e categóricas. É por isso que Kant insistiu que o direito "nunca deve ser adaptado à política, mas a política deve sempre ser adaptada ao direito". Simplesmente não há espaço no universo moral kantiano, que engloba a política, para conveniência, embuste ou transigência em relação a princípios, embora exista um lugar importante para a prudência e a flexibilidade *dentro* dos limites da moralidade. Por exemplo, ele acreditava que mentir é moralmente errado. Isso significa que é inadmissível mentir em *qualquer* circunstância, independentemente de suas consequências, que não têm influência na moralidade. Tudo o que importa para Kant moralmente é uma boa vontade, que é um assunto interno para cada um de nós, e não boas consequências, que são um assunto externo sobre o qual não temos controle e pelo qual, portanto, não temos responsabilidade. Embora a mentira seja prescrita por Maquiavel como uma parte indispensável do conjunto de ferramentas cotidiano dos príncipes, para Kant é absolutamente proibido mentir, mesmo que dizer a verdade resulte em morte em massa e na destruição de si mesmo e do próprio Estado. De fato, ele ocasionalmente foi ainda mais longe, elogiando a frase *fiat iustitia pereat mundus* como um "sólido princípio do direito": que a justiça seja feita, mesmo que o mundo seja destruído. Nada poderia estar mais longe de Maquiavel, que, como você deve se lembrar, escreveu sobre a criminalidade principesca que "se sua ação o condena, suas consequências o absolvem". Mesmo assim, Kant dizia que, moralmente, é permitido ficar calado, ocultando a verdade, embora nunca se deva realmente mentir em circunstância alguma.

A forte desaprovação de Kant em relação ao paternalismo, em que os governos obrigam seus cidadãos a agir contra sua vontade para seu próprio bem, assim como pais bem-intencionados costumam tratar seus filhos, deriva de seu respeito pela dignidade humana, que é o único bem incondicional na natureza. Não importa o quão esclarecido e benevolente, o paternalismo ainda é "o maior despotismo imaginável", porque trata os seres racionais como meios para um fim (seu próprio bem-estar), e não como fins em si mesmos. Pela mesma razão, Kant argumentou que não é tarefa do Estado garantir o bem-estar ou a felicidade de seus cidadãos, ao contrário das opiniões de Aristóteles, e depois de Martha Nussbaum, que acreditavam que esse é o fim último da vida política. Kant via a felicidade como um conceito vago e subjetivo, diferentemente da razão, que é objetiva e absoluta. Os arranjos políticos devem, portanto, estabelecer uma estrutura estável de leis e instituições que permitam aos indivíduos levar uma vida moral e alcançar a felicidade de seu próprio modo particular, uma posição que influenciou profundamente o pensamento liberal do final do século XX, como veremos. Para Kant, um regime justo será governado por uma constituição que permita a maior liberdade humana possível sem interferir na liberdade dos outros. Os governos devem proteger ativamente a liberdade individual, o que às vezes significa remover seus impedimentos à força: por exemplo, prender um cidadão que está ameaçando outro e fazendo com que ele não aja livremente. Isso é o que Kant chamou de "impedir um impedimento à liberdade", que é o uso da força legal para promover a liberdade que pode também justificar políticas de bem-estar social que apoiam aqueles que são incapazes de se sustentar e cuja liberdade é, portanto, diminuída, desde que não sejam impostas paternalisticamente aos beneficiários.

Talvez não seja surpreendente que essa perspectiva fortemente moralista tenha deixado Kant muito cauteloso com a democracia, que ele disse ser "necessariamente um despotismo". Por "democracia", ele entendia uma democracia direta e participativa, do tipo praticado na antiga Atenas, em vez da forma de democracia representativa típica de hoje em dia. Kant estava preocupado em proteger direitos e liberdades individuais do despotismo acima e abaixo, uma preocupação que ele compartilhava com liberais do século XIX, como John Stuart Mill e Alexis de Tocqueville. Ele era a favor de um Estado constitucional limitado, em que o poder político é regulado por leis coerentes com a moral e os direitos civis dos cidadãos são protegidos do exercício arbitrário do poder, incluindo o da "grande massa de pessoas destituídas de pensamento". Por mais que Kant respeitasse Rousseau (cujo retrato era o único pendurado em seu escritório), ele não compartilhava de sua fé no regime democrático, que pode facilmente se tornar tirânico. A forma ideal e mais segura de governo para Kant separa o poder legislativo do poder executivo e mistura autoridade, liberdade e democracia representativa (não direta), de modo que apenas uma minoria de homens independentes e abastados (e nenhuma mulher) pode participar ativamente da tomada de decisões, embora ele tenha concedido generosamente às mulheres o status de cidadãs "passivas". Nisso, Kant estava muito mais próximo do conservador Hume do que do populista Rousseau.

Arranjos políticos domésticos como esses, coerentes com a lei moral, sempre estarão em risco num mundo de Estados constantemente em guerra. Kant propôs, então, que todas as nações se unissem numa federação mundial de Estados comprometidos com a paz perpétua. Aliás, ele afirmou que todos têm o dever moral de promover esse ideal como o único compatível com a lei moral universal que comanda nossa razão. Ele acreditava, de maneira otimista, que a história do mundo se movia e continuaria se movendo nessa direção pacífica, ainda que lentamente – uma conclusão nada surpreendente para alguém que nunca deixou a segurança e o conforto de seu poleiro acadêmico no Báltico.

 O idealismo moral de Kant se mostrou bastante atraente para os filósofos acadêmicos modernos, como John Rawls, que escrevia de seu próprio poleiro acadêmico na Nova Inglaterra. Seu influente livro *Uma teoria da justiça* ajudou a inspirar um renascimento kantiano no final do século XX, como veremos. Aliás, os termos do debate contemporâneo na filosofia moral e política foram moldados fundamentalmente pelos escritos de Kant, pelo menos no Ocidente. Além da torre de marfim, esses escritos ecoam muito alto hoje na linguagem do direito internacional e nas discussões políticas sobre justiça global e direitos humanos. A crença básica de Kant na dignidade inerente aos seres humanos é uma ideia para lá de atraente num mundo devastado por guerra, exploração e brutalidade.

 Mas Kant não conseguiu exorcizar completamente o fantasma de Hume, cujo ceticismo preocupante ainda nos assombra. É difícil compartilhar da fé de Kant na razão como fonte infalível de verdades morais absolutas, cujos fundamentos finais ele mesmo admitiu que eram enigmáticos. E muitos céticos veem algo muito paroquial em seu universalismo e algo bastante sinistro em sua busca pela pureza moral. É difícil ver como qualquer sistema político ou social poderia funcionar dentro das restrições éticas absolutas que Kant insistiu que nossa razão nos ordena a obedecer. Por exemplo, uma proibição completa de mentir, "que não admite transigência alguma", levaria a um desastre político ou transformaria todos os políticos em hipócritas. Maquiavel disse que, por razões éticas, a mentira é uma parte indispensável da política cotidiana; Kant disse que, também por razões éticas, ela não tem lugar na política. Ou seja, um disse que os políticos deveriam mentir quando precisassem; o outro, que não deveriam mentir nunca. Há muito espaço entre esses dois extremos para a ética e a política se encontrarem.

16
Thomas Paine: o ativista

É profundamente irônico que Thomas Paine, o defensor mais influente e lido da revolução de sua época e o flagelo dos monarcas, tenha chegado perto de ser decapitado quando se opôs publicamente à execução de um rei. Apesar de defender a abolição da monarquia, Paine se opôs ao envio do monarca francês destronado à guilhotina. Em vez disso, ele propôs deportar o rei para os Estados Unidos, um destino pior que a guilhotina para muitos franceses, naquela época e hoje. Por esse e outros crimes, Paine foi preso pelo governo revolucionário da França, onde morava na época. Mais tarde, na prisão, esteve entre um grupo de presos que deveriam ser executados no dia seguinte. As portas das celas eram marcadas com giz para que os carcereiros soubessem quem havia sido condenado quando chegassem pela manhã para recolhê-los à jornada final até a guilhotina. A porta de Paine estava aberta quando foi riscada naquela noite. Então, quando eles vieram buscar os condenados no dia seguinte, não havia nenhuma marca visível na porta fechada de sua cela e ele não foi executado com o resto, por pura sorte. Os revolucionários radicais que haviam ordenado sua morte foram logo derrubados pelos revolucionários mais moderados apoiados por Paine, que foi libertado da prisão depois de quase um ano atrás das grades. A fé de Paine na Revolução Francesa, como a de sua amiga Mary Wollstonecraft, nunca vacilou, apesar dessa experiência de quase morte.

Como Wollstonecraft, Paine se jogara na briga revolucionária de Paris, escrevendo um panfleto exaltado, *Direitos do homem*, que vendia ainda mais cópias do que o *Senso comum*, sua defesa anterior da Revolução Americana, que havia sido best-seller. E, como *A Vindication of the Rights of Men* [*Uma reivindicação dos direitos dos homens*], de Wollstonecraft, foi uma refutação direta ao ataque feroz de Edmund Burke à Revolução, cuja veemência chocou Paine. Ele conhecia pessoalmente e gostava de Burke, que chamou Paine de "o grande americano", pelo menos até a Revolução Francesa. Os eventos na França, no entanto, colocaram Paine e Burke em direções opostas, assim como dividiram o novo mundo político que emergiu da Revolução em "esquerda" e "direita", dando voz, no processo, a duas tradições concorrentes de pensamento político.

A influência de Paine nos eventos políticos de seu tempo é inestimável. Seus livros e panfletos foram lidos por centenas de milhares de pessoas só nos Estados Unidos (com uma população na época de apenas 2,5 milhões de pessoas) e contribuíram fortemente para promover a causa revolucionária nas treze colônias britânicas na América do Norte e na França. Mesmo assim, ele sempre viveu de maneira modesta, porque se recusava, em princípio, a manter os royalties que suas obras recebiam. Foi um popularizador de ideias radicais, com genialidade para expressá-las em linguagem simples e interessante. John Adams, o futuro presidente dos Estados Unidos, escreveu, com um leve tom de exagero, que "sem a caneta de Paine, a espada de Washington teria sido empunhada em vão". Paine foi o homem certo no lugar certo, na hora certa, com a mensagem certa e, sobretudo, a maneira certa de expressá-la quando chegou à Pensilvânia, vindo de sua terra natal, a Inglaterra, em 1774.

Vale ressaltar que, ao chegar aos Estados Unidos, pouco antes do início da rebelião de lá, Paine tinha 37 anos, pouca educação formal e era completamente desconhecido, muito parecido com Rousseau, sem um tostão furado, quando chegou a Paris uma geração antes. *Senso comum* foi publicado em 1776, logo após o início da Revolução, e explodiu como uma bomba, levando Paine da obscuridade à fama praticamente da noite para o dia. Ele trouxera consigo suas próprias ideias políticas radicais da Inglaterra, e essas ideias tiveram um forte apelo no clima de insurreição que Paine encontrou entre muitos dos habitantes das treze colônias. Paine disse a seus colegas colonos, em termos bruscos e apaixonados, que a monarquia era uma forma ilegítima de governança, inerentemente propensa à corrupção e à tirania, e que eles deveriam romper completamente com a Grã-Bretanha para fundar uma nova república na qual o povo fosse soberano, sem se esquivar da violência para atingir esse objetivo. Ele descreveu a Revolução Americana como um evento histórico mundial com significado global. Os princípios em que se baseava – liberdade, igualdade e democracia – são universais, razão pela qual ele os apoiava e todo mundo deveria apoiar, segundo ele. "Não foi nem o lugar nem as pessoas, mas a causa em si que irresistivelmente me atraiu em seu apoio", escreveu Paine. Ele estava do lado dos rebeldes, porque a causa deles era "a causa de toda a humanidade". Esse foi o começo da ideia do "excepcionalismo" americano, a crença de que a fundação dos Estados Unidos era a criação de algo radicalmente novo na história da humanidade, com a missão de liderar o mundo em direção à liberdade e ao republicanismo, uma ideia ainda popular no país adotado por Paine, que exortava seus leitores a rejeitarem completamente o passado e "começar o mundo de novo" na América do Norte, estabelecendo uma forma totalmente nova de governo e sociedade, baseada na razão, na igualdade e nos direitos naturais. "O aniversário de um novo mundo está próximo", profetizou ele em 1776, prevendo que, se os colonos pudessem encontrar com sucesso um novo sistema de governo que incorporasse esses princípios, "a geração atual se parecerá no futuro com o Adão de um novo mundo".

No centro do ataque de Paine à monarquia e à aristocracia está sua crença de que a única base legítima de soberania é o povo, uma visão que ele compartilhava com Rousseau. Embora rejeitasse as qualificações educacionais e patrimoniais para votar, uma posição radical na época, ele parou de defender a democracia direta ou uma franquia universal. Como outros revolucionários nos Estados Unidos e na França, ele queria o voto restrito aos homens; nem mesmo Wollstonecraft conseguiu convencer seu amigo do contrário. E Paine era republicano, e não democrata, no entendimento do século XVIII desses termos, o que significa que ele apoiava o direito do povo de eleger representantes, em vez de participar diretamente do governo. Ele também queria que a vontade soberana do povo fosse limitada pelo principal objetivo do Estado: a proteção dos direitos naturais de seus membros. Nisso, Paine estava mais perto de Locke do que de Rousseau, para quem a vontade geral era absoluta. Mas mesmo a ideia de Paine de governo representativo republicano era demais para a maioria dos Pais Fundadores dos Estados Unidos, como James Madison, que tinham pavor de multidões desorganizadas e defendiam extensos freios e contrapesos no governo para conter o poder da vontade popular. John Adams disse que o ideal de Paine era "tão democrático, sem qualquer restrição ou mesmo uma tentativa de equilíbrio ou contrapeso, que só poderia produzir confusão e malignidade".

Sobre a questão da revolução, Paine ficou do lado de Locke contra Hobbes, que argumentara não poder haver sociedade sem governo: derrubar o governo destruiria a sociedade, mergulhando-nos numa guerra de todos contra todos. Em vez disso, como Locke, Paine acreditava que a sociedade não depende do governo para sua existência. A sociedade surge naturalmente para melhor satisfazer nossas necessidades, enquanto o governo foi adicionado mais tarde pelos humanos para nos proteger uns dos outros, "restringindo nossos vícios". A sociedade é uma benção, e o governo, um "mal necessário", disse ele. A sociedade sem governo não é apenas possível, mas preferível, quando o Estado espezinha nossos direitos naturais. Torna-se, então, um mal desnecessário que deve ser removido, à força, dependendo do caso. Para Paine, nossos direitos naturais são um "princípio fixo e estável" em relação ao qual devemos determinar a legitimidade de qualquer governo.

Se os governos se originam no desejo de proteger nossos direitos naturais, então de onde esses direitos se originam? Segundo Paine, sua fonte é Deus, assim como mencionada na famosa Declaração de Independência dos Estados Unidos: "Consideramos estas verdades evidentes por si mesmas, que todos os homens são criados iguais, que são dotados pelo Criador de certos direitos inalienáveis, entre os quais estão a vida, a liberdade e a busca da felicidade". Essa é também a visão de Paine: a base moral do governo é, em última instância, divina, embora ele negasse que isso envolveria um ato de fé. Ele acreditava, de maneira otimista, que o conhecimento de Deus e da moralidade é acessível a qualquer pessoa que ouvir a "voz simples da razão e da natureza", não obscurecida pelas emoções, preconceitos e hábitos que Burke estimava e achava tão essenciais à ordem social e política.

Como a maioria dos principais escritores da Era da Iluminação, Paine era um deísta, acreditando em um Deus criador universal, benevolente e racional. Ele criticou severamente todas as religiões reveladas e organizadas, que não se baseavam em razão ou evidência – para ele, as únicas fontes verdadeiras de conhecimento. A dureza de seus ataques ao cristianismo mais tarde prejudicaria sua reputação nos Estados Unidos, para onde retornou alguns anos antes de sua morte em 1809, quando uma onda de religiosidade estava começando a varrer o país jovem. Muitos o chamaram de "ateuzinho imundo", como foi batizado pelo futuro presidente dos Estados Unidos, Theodore Roosevelt, por ser anticristão, embora Paine fosse tão oposto ao ateísmo quanto ao fanatismo. Ele até ajudou a fundar uma nova Igreja deísta de Teofilantropia na França. Paine recorreu às defesas populares do deísmo do século XVIII, como o argumento do desígnio (hoje chamado de "desígnio inteligente"), para defender a existência de Deus. Se Paine leu as críticas influentes de Hume a essas ideias em seus *Diálogos sobre a religião natural*, elas não pareceram ter causado qualquer impressão quando ele apresentou a defesa de suas visões morais e religiosas em seu livro *A era da razão*. Isso é lamentável, uma vez que ele fez com que seus princípios éticos e políticos dependessem de argumentos religiosos que já haviam sido submetidos a críticas contundentes por Hume.

O ponto em que Hume e Paine concordaram é o de que o comércio é uma força civilizadora importante na história da humanidade. Ambos acreditavam no poder dos mercados, quando regulados e corrigidos de maneira criteriosa pelos governos, para harmonizar interesses conflitantes, integrar a sociedade e promover o bem-estar humano. Paine e Hume esperavam que o comércio fomentasse a união entre as nações e também dentro delas. Paine condenou a "mão gananciosa do governo" por "enfiar-se em todos os cantos e fendas da indústria e apropriar-se do despojo da multidão". A ironia disso, no caso de alguém que, quando jovem, na Inglaterra, havia sido cobrador de impostos do rei George III, não passou em branco para os inimigos de Paine, que não perdiam nenhuma oportunidade de destacar sua aparente hipocrisia.

Embora Paine considerasse a propriedade privada um direito dado por Deus que o Estado deveria proteger, ele também apoiava o direito do Estado de confiscá-la em prol do interesse público, uma postura que suscitou perguntas sobre sua coerência. Ele se beneficiou pessoalmente disso quando o Senado de Nova

York lhe concedeu uma pequena fazenda que havia sido confiscada de um legalista exilado, embora mais tarde ele tenha reclamado que deveriam ter lhe oferecido algo melhor. "Não se trata de vingança", escreveu Paine sobre tais confiscos, "mas do leve ressentimento de um povo que sofre". Ele também defendeu um sistema de tributação que limitasse as desigualdades de riqueza e financiasse o bem-estar público, seguro social, educação pública gratuita para os pobres e pensões para os idosos, ideias cujo tempo não chegaria até o século XX. Entre as políticas públicas mais radicais que Paine defendia estava a de dar a todos os cidadãos um pagamento único de quinze libras quando completassem 21 anos para lançá-los no mundo com uma chance de sucesso. Embora não fosse socialista, nem social-democrata, Paine inspirou muitos da esquerda e da extrema-esquerda após sua morte com seus argumentos a favor de uma provisão comum para o bem-estar dos cidadãos que precisam, financiada por impostos sobre quem pode pagar.

 O caso de uma república comercial que Paine apresentou não teria impressionado Hume nem Rousseau, os quais acreditavam que as virtudes republicanas são incompatíveis com a sociedade comercial. Eles acreditavam que era preciso escolher, de modo que Hume escolheu o comércio, e Rousseau, o republicanismo. Olhando para os Estados Unidos hoje, é difícil discordar de Hume e Rousseau nesse ponto. O comércio é soberano há muito tempo nos Estados Unidos para que a ideia de uma república pareça tudo menos pitoresca agora. A combinação de comercialismo e republicanismo que Paine defendeu na república norte-americana, relativamente pequena e predominantemente rural, não é plausível hoje. Como Rousseau viu, as repúblicas só prosperam realmente em pequena escala e em condições de simplicidade, solidariedade e igualdade que a sociedade comercial tende a minar. Essas condições são praticamente impossíveis de sustentar na sociedade capitalista, complexa, globalizada e cada vez mais desigual que a maioria das pessoas agora habita no Ocidente.

Os escritos de Paine foram tão bem-sucedidos em sua época em parte porque ele foi capaz de conectar eventos contemporâneos nos Estados Unidos e na França com uma narrativa muito poderosa do progresso humano e da iluminação imensamente atraente para muitas pessoas comuns que esperavam por algo melhor. Eles continuarão a inspirar os leitores enquanto essa narrativa otimista tiver apelo, como sempre terá, até certo ponto. Mas existem muitas outras narrativas poderosas competindo com ela, como vimos aqui ao longo da história das ideias.

17
Georg Wilhelm Friedrich Hegel: o místico

Napoleão derrotou os exércitos prussianos em 1806 e depois capturou Jena, o lar acadêmico de Georg Wilhelm Friedrich Hegel. Ao ver Napoleão triunfante entrar na cidade, o filósofo alemão, admirado, teria dito: "Vi o espírito do mundo hoje a cavalo". Hegel, que se autodenominava nada mais nada menos do que professor de conhecimento do mundo, tinha uma imaginação filosófica de escopo e ambição sem paralelos: ele aspirava explicar tudo, da física atômica à política moderna. Essa ambição filosófica cósmica é considerada ridiculamente exagerada e pretensiosa por alguns filósofos, mas inspiradora e impressionante por outros.

Embora alguns "hegelianos" contemporâneos tenham tentado prever o futuro, o próprio Hegel insistiu que a filosofia é necessariamente retrospectiva, pois só podemos entender as coisas em retrospecto: "A coruja de Minerva [o símbolo grego da sabedoria] só voa ao entardecer", disse ele. Embora a vida deva ser vivida prospectivamente, ela só pode ser entendida retrospectivamente. Hegel não previu a vitória de Napoleão – muito menos o "fim da história" –, mas tentou explicar essa vitória (de curta duração) filosoficamente. Segundo Hegel, toda a história humana reflete a ação da mente divina (que ele chamou de "*Geist*" ou "Espírito") na busca pela liberdade humana. A história é "teodiceia", isto é, a história da justiça divina. Líderes, classes, nações e impérios individuais vêm todos perante o tribunal e julgamento da história. Muitas vezes, o bem parece derrotado e o mal parece prosperar. Mas nada acontece por acaso: todo evento histórico, a sua maneira, marca o progresso da razão e da liberdade, embora isso geralmente seja aparente apenas em retrospecto. Na história bíblica, a providência divina transforma até as "derrotas" de Israel em instrumentos da vitória final. Da mesma forma, na história do mundo, o que Hegel chama de "astúcia da razão" garante que mesmo a guerra, a escravidão e o imperialismo sirvam para promover a liberdade humana.

A Revolução Francesa, mesmo em sua "fúria de destruição", foi necessária, diz Hegel, para destruir a ordem feudal na França e libertar a personalidade humana. Todos os anos de sua vida adulta, Hegel comemorou o Dia da Bastilha e brindou à Revolução. Mas ele também reconhecia as limitações da Revolução. Inspirada em ideais puramente abstratos de liberdade, igualdade e fraternidade, era algo puramente negativo e destrutivo, capaz apenas de acabar com o antigo regime, não de criar um novo. O que a história exigia não era uma contrarrevolução para desfazer o progresso e tentar restaurar o *status quo ante bellum*, mas um líder para consolidar os ganhos da Revolução em uma nova ordem política estável e viável. Napoleão, portanto, "salvou" a Revolução, derrotando seus oponentes reacionários. Se a Revolução era uma tese e a contrarrevolução, a antítese, Napoleão foi uma síntese temporária, combinando a igualdade legal de todos os cidadãos (incluindo, pela primeira vez, os judeus) com a estabilidade da autocracia tradicional. Evidentemente, a derrota final de Napoleão também é explicada por Hegel: Napoleão tentou impor instituições e leis políticas francesas na Espanha e na Rússia, levando a uma afirmação violenta das tradições nacionais diante do "universalismo" francês.

Embora Hegel considerasse necessária a destruição da autocracia europeia por Napoleão, ele rejeitava fortemente o imperialismo francês e o tradicionalismo feudal da Prússia. Fora desse conflito mortal, ele viu o surgimento de uma síntese viável em um moderno Estado constitucional no qual o Estado de direito protegia a igualdade e a liberdade humanas, mas dentro das tradições prussianas de monarquia, burocracia e agricultura. Hegel descreveu o Estado moderno da Prússia como a marcha de Deus através da história: o triunfo da liberdade moderna no contexto das instituições tradicionais, a vitória dos ideais universais no contexto local.

Como Hegel oferece uma teoria totalizante da política, que abarca tudo, desde família, moralidade e costumes até mercado, lei e governo, sua teoria é muitas vezes incompreendida, sendo chamada de "totalitária". Aliás, a luta titânica na Frente Oriental na Segunda Guerra Mundial foi descrita como uma batalha entre o hegelianismo de direita de Hitler e o hegelianismo de esquerda de Stalin. O corporativismo fascista de Hitler e o marxismo de Stalin têm conexões, embora distorcidas, com o pensamento de Hegel. Sem dúvida, Hegel descreveria o fascismo e o comunismo como reações inevitáveis aos desafios da indústria moderna e da sociedade de massa; ele também apontaria que tanto o fascismo quanto o comunismo, destruindo as aristocracias prussiana e russa, poderiam ser vistos como algo que abria caminho para o sucesso da social-democracia moderna. Hitler, no fim das contas, promoveu inadvertidamente a democracia alemã do pós-guerra – um ótimo exemplo do que Hegel chamou de "astúcia da razão" ou o modo como a história realiza o objetivo da liberdade pelas estratégias mais improváveis. Tudo o que parece ruim, na verdade, serve para um final bom – a expansão da razão e da liberdade. A filosofia da história de Hegel pode, portanto, ser empregada para explicar qualquer coisa, o que leva muitas pessoas a suspeitar que ela não explica nada.

O método filosófico de Hegel, chamado de "dialética", é mais conhecido do que qualquer outra de suas teorias filosóficas. Segundo Hegel, quando duas ideias parecem estar em oposição (como tese e antítese), geralmente podemos conciliá-las recorrendo a uma síntese superior. Como essa dialética funciona na história de fato? Um de seus exemplos favoritos vem do contraste da *polis* grega antiga com o moderno Estado constitucional. Apesar de toda a sua grandeza artística, intelectual e militar, a antiga cidade-Estado grega não conseguiu escapar de um trágico conflito entre a comunidade e a consciência individual. A maior das tragédias dramáticas gregas antigas, diz Hegel, é a *Antígona*, de Sófocles. Aqui, o direito da comunidade de punir traidores entra em conflito severo com o direito de consciência individual. O governante de Tebas, Creonte, proíbe, com razão, qualquer pessoa de enterrar o corpo do traidor Polinices. Mas Antígona afirma que a lei divina ordena que ela enterre seu irmão, apesar da proibição de Creonte. Da mesma forma, na história ateniense real, vemos Sócrates condenado por seus concidadãos por impiedade e corrupção da juventude; Sócrates afirma que estava apenas seguindo a voz divina de sua consciência.

Segundo Hegel, Antígona e Sócrates devem morrer porque, dentro dos limites da *polis* grega antiga, não há como conciliar as conflitantes reivindicações do Estado (a tese) e da consciência individual (a antítese). Somente com o surgimento do princípio cristão universal da inviolabilidade da consciência, como reconhecido pelo Estado liberal moderno, é que esses conflitos trágicos podem ser superados. As comunidades políticas modernas, diz Hegel, são objetivamente superiores às cidades-Estados antigas precisamente porque transcendem esses conflitos trágicos ao proteger tanto os direitos da comunidade quanto os direitos da consciência individual.

O que quer que se pense da visão abrangente da história de Hegel, ela pode nos ajudar a refletir sobre os muitos conflitos que vemos nas sociedades liberais entre direitos individuais e costumes comunitários. Ele atacou os teóricos dos direitos naturais, de Hobbes a Kant, por iniciarem suas teorias políticas com os indivíduos e seus direitos abstratos. Se começarmos com um indivíduo, desprovido de qualquer contexto social, um "eu desonerado", e o dotarmos de um conjunto abstrato de direitos à autonomia – igualdade, liberdade de expressão etc. –, criaremos conflitos intermináveis quando o inserirmos de volta na sociedade. Esses direitos são tão abertos e amplos que tornam impossível que os indivíduos vivam juntos. Todas as comunidades envolvem limites de autonomia, igualdade e liberdade para que as pessoas possam coexistir e trabalhar em conjunto, formando famílias, empresas, exércitos e sociedades politicamente organizadas. Aliás, Hegel atribui o fracasso da Revolução Francesa à tentativa de dotar todos os cidadãos de direitos abstratos a liberdade, igualdade e fraternidade, que foram então usados para destruir todas as reivindicações das instituições sociais existentes.

Em vez de começar com indivíduos desprovidos de contexto social e dotados de direitos abstratos, Hegel diz que devemos começar com comunidades humanas e costumes éticos. A menos que nossos ideais morais e direitos legais estejam incorporados em costumes e hábitos sociais, eles sempre parecerão estranhos e meramente externos a nossa conduta. Direitos naturais genuínos devem se tornar uma segunda natureza através da habituação de costumes. Hegel rejeita o apelo conservador à prescrição, ao costume e à tradição como fato bruto. O que confere força normativa aos nossos costumes sociais não é apenas o fato de eles serem tradicionais, mas de podermos ver seu objetivo racional.

Quando Hegel diz que "o racional é o real e o real é o racional", ele não está dizendo que "o racional é o que existe" ou o que pode dar certo. O racional é sempre a realização da liberdade humana, não apenas o que existe, que pode precisar ser varrido pela revolução. A mera existência de um conjunto de práticas sociais não é argumento para sua legitimidade: hábitos e costumes são essenciais para uma genuína liberdade social, mas apenas se eles realizam autonomia racional. Hegel, assim, transcende e inclui tanto Burke, defensor de costumes particulares, como Kant, defensor do direito universal. Hegel propõe, em vez disso, uma teoria de direitos dentro de um contexto, de direitos definidos não como princípios abstratos, mas na realidade prática das famílias, corporações e Estados. Em vez de direitos das pessoas, deveríamos ter direitos dos pais, direitos dos trabalhadores, direitos dos cristãos e direitos dos cidadãos. Hegel rejeita tanto o universal abstrato quanto o particular concreto, defendendo o que chama de "universal concreto". Costumes e instituições sociais particulares devem ser entendidos e reformados para que possamos ver como eles incorporam direitos universais; e direitos abstratos devem ser incorporados em tradições e práticas particulares. Os liberais tendem a ver a ênfase de Hegel no costume ético como uma mera racionalização dos hábitos tradicionais em nome da liberdade, enquanto os conservadores tendem a ver a ênfase de Hegel no progresso da liberdade como uma justificativa para mudanças destrutivas e revolucionárias.

 Como podemos pensar nos "direitos em contexto" hegelianos em relação aos debates éticos e políticos contemporâneos? Nossos debates sobre o aborto são polarizadores e amargos justamente porque vemos a oposição bruta de dois direitos individuais altamente abstratos: o direito da mulher à autonomia e o direito do nascituro à vida. A mulher e o nascituro são descritos como indivíduos isolados, dotados de direitos abstratos. Dentro dos termos da teoria dos direitos liberais, não há "solução" para esse conflito, apenas um resultado. Como é esse dilema se interpretarmos os direitos contextualmente? Dentro do contexto da relação entre mãe e bebê, vemos que, tradicionalmente, as mães têm o direito legal de deixar seus filhos para adoção. O que isso significa é que mesmo uma mulher grávida tem, em princípio, o direito de se separar do bebê indesejado. Infelizmente, com a tecnologia atual, essa separação geralmente significa a morte do bebê, o que viola o dever dos pais para com os filhos. Porém, em um futuro próximo, será possível separar o feto da mãe sem matá-lo, protegendo os direitos tanto da mãe quanto do feto. A concepção de Hegel dos direitos em contexto, portanto, nos permite superar o conflito muitas vezes trágico entre os direitos dos indivíduos e as relações centrais em nossas vidas. Segundo Hegel, não devemos ter de escolher entre direitos e relacionamentos, entre indivíduos e comunidades.

18
James Madison: o fundador

Após a Revolução Americana, as colônias independentes foram unidas livremente sob os Artigos da Confederação (1781). Mas esse governo nacional incipiente não era capaz de aumentar impostos, promover o comércio interestadual ou proteger os novos estados da agressão estrangeira. Líderes dos vários estados concordaram em organizar um governo nacional novo e mais forte, convocando a Convenção Constitucional dos Estados Unidos em 1787.

Para se preparar para essa convenção, James Madison, um emissário da Virgínia, dedicou-se a aprender tudo o que pudesse sobre os governos federal e republicano. Ele escreveu ao seu melhor amigo e aliado político, Thomas Jefferson, que estava servindo como emissário americano na corte da França, para solicitar alguns tratados sobre repúblicas federais antigas e modernas, "especialmente de autores gregos e romanos". Jefferson vasculhou as livrarias de Paris e enviou 197 livros, a maioria em francês, para Madison, na Virgínia.

A reputação de Madison como "pai da constituição dos Estados Unidos" e, em termos mais gerais, o maior teórico e planejador constitucional da história está relacionada a seu profundo aprendizado. Ao contrário da maioria dos grandes pensadores políticos, no entanto, Madison combinou prodigioso aprendizado de livros com ampla experiência como político, fazendo dele um filósofo entre estadistas e um estadista entre filósofos. Ele seguiu os passos de Jefferson por cargos políticos, da legislatura do estado da Virgínia ao Congresso Continental e de Secretário de Estado a Presidente dos Estados Unidos.

Embora ele não tivesse a retórica altaneira de Jefferson ("todos os homens são criados iguais"), Madison moderou os ideais jeffersonianos do governo popular com maior realismo sobre a natureza humana e ideias mais aprofundadas sobre a dinâmica institucional. Jefferson, por exemplo, queria que cada geração escrevesse sua própria constituição. O que significa governo do povo se o povo é governado pelos mortos? Madison insistiu, em contrapartida, que uma política democrática saudável exigia uma estrutura fixa de leis básicas. Mudar a constituição frequentemente seria como mudar as regras de um jogo no meio do jogo, minando a justiça da competição democrática pelo poder. As contribuições de Madison à obra *O federalista*, uma coleção de ensaios que explicam e defendem a nova constituição proposta, são o que fazem dela a maior contribuição dos Estados Unidos para a história do pensamento político.

Na Universidade de New Jersey (hoje Universidade de Princeton), o jovem Madison, influenciado por seu professor John Witherspoon, um cristão calvinista escocês, adquiriu certo pessimismo agostiniano sobre a natureza humana. Agostinho, você deve se lembrar, foi chamado de primeiro realista político, por causa de sua visão do mal humano radical, uma tendência ao egoísmo que pode ser amenizada, mas nunca eliminada pela criação ou educação. Por causa desse mal humano radical, "o poder tende a corromper, e o poder absoluto corrompe absolutamente", nas palavras posteriores de Lord Acton. O que isso significa é que nenhum conjunto de governantes, não importa quão "virtuosos", pode ter poder político absoluto. Lembrando Agostinho, Madison disse: "Se os homens fossem anjos, nenhum governo seria necessário". Avaliando o mecanismo institucional de Madison para controlar o exercício arbitrário do poder, Immanuel Kant afirmou que uma constituição bem planejada poderia funcionar mesmo com uma "raça de demônios". Madison não iria tão longe. Segundo ele, uma falta de virtude cívica entre cidadãos e políticos minaria qualquer acordo constitucional.

Tendo rejeitado a tirania da coroa e do parlamento britânicos, Madison temia que os americanos fossem agora tiranizados por seus concidadãos. Já nos Estados Confederados, ele havia testemunhado um grande número de devedores expropriando a riqueza de um número menor de credores. Muito pior, é claro, foi a persistente tirania das maiorias brancas sobre as minorias raciais. O desafio fundamental de Madison ao longo de sua vida foi descobrir como combinar governo popular com liberdade individual: como dar poder a maiorias democráticas sem tiranizar as minorias. A história europeia parecia sugerir que minorias impopulares, como a de judeus, eram protegidas melhor pelos monarcas do que pelas assembleias populares.

Costuma-se dizer que Madison preferia um governo republicano a um governo democrático, mas seria mais preciso dizer que ele defendia uma república democrática. Ele menosprezava o que chamava de democracia "pura", ou seja, a antiga democracia direta, na qual todos os cidadãos podiam votar em todas as questões. Paixões entre os cidadãos, dizia ele, levariam a assembleias tirânicas: "Mesmo que todo ateniense antigo fosse um Sócrates, toda assembleia ateniense seria uma turba". Madison preconizou a prática da representação, na qual alguns homens governariam em nome dos outros, para que as paixões cruas do povo pudessem ser atenuadas pela deliberação de seus representantes. Muitas repúblicas da história eram aristocráticas. Madison queria uma república democrática. O mundo antigo nos deu modelos de democracia direta que não eram representativos; a Europa medieval nos deu modelos de governos representativos que não eram democráticos. Madison foi pioneiro no desenvolvimento de uma democracia verdadeiramente representativa, combinando ideais políticos antigos e medievais.

A genialidade de Madison como pensador político é evidente em como ele derruba algumas suposições básicas do pensamento e da prática política tradicional. Um axioma básico de toda política antiga e medieval era a ideia de que uma comunidade não poderia ser unida politicamente, a menos que fosse unida religiosamente. Quase todos os governos da história humana reivindicaram o direito de impor a ortodoxia religiosa em nome da unidade política. Jefferson e Madison rejeitaram essa suposição tradicional quando promulgaram o estatuto de liberdade religiosa da Virgínia, que se tornou o modelo para as proteções da Primeira Emenda do livre exercício da religião na Constituição dos Estados Unidos. Madison argumentou que uma igreja estabelecida pelo Estado corrompia tanto o Estado quanto a religião e que o pluralismo religioso criava melhores igrejas e melhores governos. A imposição da ortodoxia religiosa, afirmou ele, não impede o conflito político; ao contrário, o provoca. Como se constatou, o cristianismo americano se espalhou mais rapidamente num regime de liberdade religiosa do que sob qualquer igreja cristã estabelecida pelo Estado.

Um segundo axioma básico da teoria política tradicional era o de que uma sociedade democrática deve ser pequena e homogênea. Afinal, as antigas democracias eram pequenas cidades-Estados. Quando a república romana se tornou um grande império, o povo romano perdeu suas liberdades políticas. Os defensores dos direitos dos estados nos EUA, que se opunham ao novo governo nacional de Madison, insistiam que os representantes seriam responsáveis perante o povo apenas em pequenos estados. Mas a história das pequenas repúblicas, antigas e modernas, argumentou Madison, prova que todas elas afundam em conflitos entre facções. Aliás, quanto menor a sociedade, maior a probabilidade de ela se transformar em dois blocos conflitantes: ricos versus pobres, credores versus devedores, católicos versus protestantes. Dada a diversidade de temperamentos e circunstâncias humanas, nenhuma sociedade livre jamais alcançará unanimidade espontânea. A existência de facções e divisão não pode ser suprimida.

A solução para o perigo mortal de facções rivais é, paradoxalmente, a multiplicação de facções. David Hume já havia observado que a liberdade religiosa tem melhor resultado onde há muitas seitas religiosas, impedindo que uma seita oprima as outras. Madison generalizou esse *insight* afirmando que uma sociedade grande e diversificada conterá tantos graus e tipos de propriedade, tantas religiões, tantas identidades geográficas e culturais, que nenhuma divisão isolada provocará guerra civil. Em uma nação grande e geograficamente diversa, disse Madison, cada cidadão terá muitas identidades. Por exemplo: pobre, católico, urbano, do Norte e branco. Em vez de exortar os cidadãos a trabalharem pelo bem comum, Madison aceita a realidade do interesse próprio paroquial. Facções são inevitáveis; a segurança é encontrada na multiplicidade de grupos cruzados. Antes de Madison, ninguém havia afirmado que uma grande república democrática era mais viável do que uma pequena.

Um terceiro axioma básico do pensamento político tradicional é que todo governo deve ter uma autoridade soberana. Nas sociedades politicamente organizadas da Europa, o rei é soberano, ou o parlamento é soberano, ou o "rei do parlamento" é soberano. O que é soberania? A autoridade soberana é final e não pode ser contestada; autoridade soberana é indivisível, para evitar impasse; o poder soberano não pode ser legalmente limitado, porque o que limita a soberania passa a ser soberano. Embora Madison argumentasse que nos Estados Unidos "o povo" é soberano, a genialidade de seu plano constitucional é que a soberania está localizada em todos os lugares, e em lugar nenhum. Primeiro, ele separou o governo nacional dos governos dos vários estados. O governo nacional é soberano? Ou os governos estaduais são soberanos? A resposta é "sim" para ambos. Quanto aos governos nacionais e estaduais, estes são divididos internamente em poderes executivo, legislativo e judiciário, cada um com sua própria autonomia para supervisionar e equilibrar os outros poderes. Não faz sentido nem perguntar qual poder é soberano. Nem o governo inteiro é soberano, já que o povo pode organizar convenções constitucionais estaduais para abolir governos estaduais ou nacionais.

E se dois ou mais ramos do governo conspirarem para usurpar o poder? Madison sabia muito bem que meras disposições constitucionais, ou o que ele chamava de "barreiras de pergaminho", não podiam impedir políticos ambiciosos de ignorar as sutilezas legais. Ele argumentou que a separação institucional de cargos levaria a conflitos construtivos entre seus ocupantes, de modo que "uma ambição combata outra ambição". Os políticos protegiam zelosamente os poderes e prerrogativas de seu ramo de governo contra outros ramos, não da lealdade idealista à constituição, mas somente para proteger sua própria base de poder. De acordo com a psicologia política de Madison, os políticos se identificam com seus gabinetes, de modo que "seu posicionamento depende de onde você está". Em vez de exortar os políticos a defender a constituição, ele confia em suas ambições conflitantes para controlar seu poder, considerando os seres humanos como eles são, não como poderiam ser.

Madison é com frequência chamado de pai da Constituição dos Estados Unidos por causa de sua liderança intelectual da Convenção Constitucional de 1787. No entanto, seu "Plano da Virgínia", que ergueu um governo nacional muito mais forte, com poder de veto sobre toda a legislação de cada estado individual, foi derrotado. Madison foi muito mais diretamente responsável pela elaboração das dez primeiras emendas da Constituição, conhecidas como Bill of Rights [Carta dos Direitos], a declaração mais influente de nossas liberdades básicas na história do mundo. Elas são a conquista política suprema de Madison. Madison tinha plena consciência da hipocrisia de ser um defensor dos direitos humanos e também possuir escravos. Ele nunca deixou de condenar a escravidão como um mal moral, mas também nunca tentou aboli-la. Nascido na Virgínia, ele compreendeu perfeitamente que os estados do Sul nunca se uniriam à custa da renúncia à escravidão. Jefferson e Madison foram os dois alvos da amarga censura contra os revolucionários americanos do escritor inglês Samuel Johnson: "Como pode ser que os mais altos gritos de liberdade venham justamente daqueles que escravizam os negros?".

O objetivo primordial de Madison no plano constitucional era evitar os perigos da tirania, especialmente da maioria. Sua máxima era "dividir e governar": primeiro, ampliando a república e dividindo a sociedade em muitas facções cruzadas, para que nenhuma maioria estável possa oprimir uma minoria; segundo, dividindo a soberania entre os governos nacionais e estaduais; terceiro, dividindo os governos internamente em poderes para que a competição entre os políticos impeça qualquer conspiração contra o povo. O perigo dessa dispersão da soberania é que ela pode levar a um impasse: como nenhum ramo tem poder total, cada um pode simplesmente vetar a agenda dos outros ramos. Além disso, como nenhum ramo do governo é soberano, os eleitores geralmente não sabem a quem atribuir mérito ou culpar. A dispersão da soberania normalmente significa dispersão da responsabilidade. Desde Woodrow Wilson (no cargo de 1913 a 1921), os progressistas americanos argumentam que a constituição de Madison enfraquece tanto o governo nacional que a reforma da sociedade americana quase sempre é impedida por interesses especiais organizados.

A constituição de Madison é a única constituição moderna do mundo que não estabelece normas para partidos políticos. No entanto, sem os partidos, não poderia haver cooperação estável entre os poderes e, portanto, nenhuma capacidade de governar.

Ao mesmo tempo, os partidos comprometem a tendência de cada poder verificar os outros poderes: onde um partido controla dois ou mais poderes do governo, o sistema de equilíbrio de poderes é enfraquecido. Os partidos políticos são, portanto, necessários para governar, mas também minam os controles cuidadosamente calibrados de Madison sobre o exercício do poder.

Desde Madison, cientistas políticos e economistas divisaram incentivos e restrições institucionais cada vez mais complexos e sutis, criados para "induzir" as pessoas a fazerem a coisa certa. Por exemplo, hoje estruturamos a escolha de ser um doador de órgãos ou economizar dinheiro para a aposentadoria, tornando a escolha "virtuosa" a opção padrão. Oferecemos incentivos financeiros para estimular as empresas a parar de poluir ou a fornecer plano de saúde a seus funcionários. Como Madison, estruturamos cuidadosamente nossas instituições para que as pessoas façam a escolha "certa" pelas razões erradas. Enquanto isso, à diferença de Madison, abandonamos totalmente a linguagem de caráter moral e virtude cívica. O uso de cargos públicos para enriquecimento privado, outrora considerado corrupção e punível por isso, agora é quase universalmente aceito. Sabemos, pela história e pela política contemporânea, que nenhum plano constitucional, por mais bem projetado que seja, pode controlar políticos que carecem de virtudes cívicas essenciais.

19
Alexis de Tocqueville: o profeta

O escritor francês Alexis de Tocqueville nunca participou de uma reunião comunal na Nova Inglaterra, apesar de viajar por Massachusetts e Connecticut no outono de 1831. Ainda assim, ele inicia seu livro clássico *A democracia na América* elogiando de maneira efusiva a reunião dos habitantes da Nova Inglaterra como o melhor exemplo do mundo de virtude democrática em ação. Em vez de esperar passivamente que o governo estadual ou nacional resolva seus problemas, esses agricultores e comerciantes independentes se reuniam periodicamente para discutir, debater e decidir as questões locais que se apresentavam, arrecadando dinheiro, alocando fundos e construindo estradas ou escolas. Tocqueville admite que o governo local americano é muitas vezes inepto, mas isso, diz ele, não importa: as cidades americanas possuem a virtude suprema de ensinar os cidadãos a fazer um uso honroso de sua liberdade, governando-as por conta própria. O foco de Tocqueville nas reuniões comunais em seu estudo da democracia americana é intrigante, pois essas reuniões se assemelham mais à democracia direta da Grécia antiga do que à moderna democracia representativa americana. Mas Tocqueville escrevia para instruir seus colegas franceses, não os americanos.

Enquanto aristocrata francês que abraçou a ascensão da democracia, Tocqueville esperava que parte da autossuficiência de seus ancestrais feudais pudesse formar o caráter dos cidadãos democráticos modernos. No passado europeu remoto, antes da ascensão do Estado moderno, os nobres feudais se reuniam para governar seus assuntos comuns, cada um respeitando a liberdade e a independência de seus pares. Tocqueville queria que todo cidadão democrático agisse com a virtude cívica desses nobres idealizados: uma aristocracia de todos. Ele dizia que a igualdade legal e moral democrática emergente é a vontade indisputável de Deus. Nossas escolhas determinarão somente se teremos igualdade de liberdade ou igualdade de servidão, uma sociedade de cidadãos independentes ou uma sociedade de lacaios. Tocqueville previu duas ameaças principais a sua amada liberdade política: a centralização governamental e o consumismo, os quais levam as pessoas a se retirarem das exigências da virtude cívica para uma vida privada de servidão silenciosa. Como um profeta do Antigo Testamento, ele não apenas afirmou ver a vontade de Deus na ascensão da igualdade democrática, mas também nos alertou para um possível futuro em que o "rebanho" democrático engorda com luxos privados, enquanto é pastoreado por poderes remotos, uma visão do que ele chamou de "despotismo leve", assustadoramente aplicável ao comunismo do século XX e, talvez, ao capitalismo do século XXI.

O que permitiu a Tocqueville ser um democrata entre os aristocratas? Ele viveu depois da morte da aristocracia francesa, mas antes do nascimento da democracia francesa. A missão de sua vida foi alertar os aristocratas de que a democracia era inevitável e alertar os democratas de que a liberdade política não era inevitável. Nenhum profeta é honrado em seu próprio país, e Tocqueville nunca foi aceito pelos aristocratas ou democratas franceses; seu afastamento da política francesa tornou possível sua vocação como escritor. Somente um aristocrata poderia escrever de forma tão brilhante sobre democracia, e somente um francês (ou estrangeiro) poderia escrever de forma tão brilhante sobre os Estados Unidos.

Tocqueville viveu à sombra da Revolução Francesa de 1789, na qual muitos de seus parentes, e quase seus pais, foram executados. Seus contemporâneos estavam profundamente divididos sobre a justiça desse evento épico, mas todos concordaram que representava uma ruptura radical com a monarquia feudal. Só Tocqueville disse que a Revolução limitou-se a remover os destroços de uma ordem feudal já destruída pelos monarcas desde o rei Luís XIV. O feudalismo francês foi odiado só depois que deixou de existir: no século XVIII, os nobres franceses tinham muitos privilégios, mas nenhum poder real; eles tinham todas as recompensas de governar, sem precisar governar. Monarcas ambiciosos haviam monopolizado todo o poder político em Paris durante os dois séculos anteriores. Os revolucionários de 1789, e depois Napoleão, só aperfeiçoaram a administração centralizadora inaugurada pelos monarcas absolutos, contornando os nobres e governando o povo diretamente.

O que causou a Revolução? Tocqueville viajou para os Estados Unidos em busca de respostas (e soluções) americanas para questões francesas. Assim como a chave da democracia americana é encontrada no governo local, a chave da Revolução Francesa também. No regime do feudalismo medieval e moderno, os camponeses forneciam trabalho e impostos aos nobres locais em troca de serem governados por eles. Mas, no século XVIII, os camponeses se viram governados por funcionários de Paris, ainda sendo tributados para apoiar seus nobres locais inúteis, muitos dos quais haviam se mudado para Versalhes. O absurdo não poderia continuar, e de fato não continuou. Os eventos de 1789 foram apenas a culminação violenta de uma silenciosa revolução política, econômica e social que já havia transformado a vida francesa local. Ao estudar o governo local, Tocqueville discerniu os segredos ocultos da política americana e francesa.

Sempre faz sentido olhar para o governo local, diz Tocqueville, porque os hábitos do coração, que são a base de toda política, são formados pelas experiências cotidianas das pessoas. Para a maioria, conceitos como democracia ou constitucionalismo são abstrações vagas, e lugares como Washington, D.C. ou Paris são como terras estrangeiras. Os americanos adquiriram seus hábitos democráticos não em escolas ou livros, mas no serviço em conselhos paroquiais, comitês municipais e júris locais. Virtudes cívicas são um conjunto de hábitos adquiridos ao cooperar com os vizinhos, aprendendo a tolerar diferenças e alcançando soluções para problemas comuns. Segundo Tocqueville, os americanos organizaram primeiro municípios, depois estados e, finalmente, o governo nacional. O que isso significa é que os americanos pensam instintivamente em todos os níveis de governo por analogia a suas cidades familiares. Tocqueville teria concordado com G. K. Chesterton que a democracia é como assoar o nariz: mesmo que mal feito, deve-se fazê-lo sozinho.

Embora Tocqueville fosse um defensor apaixonado das virtudes do governo local, isso não significa que ele fosse um defensor dos direitos dos estados. Segundo ele, os governos estaduais estavam quase tão distantes da vida cotidiana como o governo nacional. Tocqueville endossou a interpretação federalista ou hamiltoniana (de Alexander Hamilton) da Constituição dos Estados Unidos, defendendo um forte governo nacional e rejeitando a defesa republicana ou jeffersoniana da soberania do Estado. Tocqueville, com sua presciência habitual, temia que o poder dos estados de ignorar os mandatos do governo nacional ameaçasse a sobrevivência da União, como de fato ocorreu durante a Guerra Civil posterior. Tocqueville comenta que ouviu muitos americanos denunciando a tirania do governo nacional, sem qualquer evidência plausível. Aliás, de acordo com Tocqueville, os governos estaduais eram de fato a principal ameaça à liberdade.

Uma questão francesa premente, para a qual Tocqueville buscou uma resposta americana, foi a relação do cristianismo com a política. A Igreja católica na França havia se aliado por séculos à monarquia. Como consequência, quando a monarquia foi derrubada, em 1792, a Igreja foi enterrada nas ruínas. Após a Revolução, tanto a direita quanto a esquerda francesa concordaram plenamente em um único axioma: o catolicismo é monarquista e antidemocrático; igualdade e liberdade democráticas são ideais seculares e não cristãos. Tocqueville, ao contrário, garantia que a democracia moderna é um ideal cristão e que Jesus veio à Terra para proclamar a igualdade de todo ser humano. Essa também era uma questão pessoal para Tocqueville, que perdeu a fé católica, mas não o amor ao cristianismo.

A democracia antiga, diz Tocqueville, baseava-se na escravidão, no privilégio de classe e no patriarcado. Até Platão e Aristóteles endossavam explicitamente a radical desigualdade humana. Os ideais de igualdade, direitos e liberdade humana universal eram o dom do cristianismo. Ele censurou teólogos e pregadores cristãos por não desenvolverem uma ética cristã de cidadania. Realistas, monarquistas, democratas, socialistas e anarquistas estavam convencidos de que o cristianismo era fundamentalmente contrário à democracia moderna. Tocqueville, já antes de Nietzsche, argumentou que o cristianismo, qualquer que seja sua corrupção institucional no momento, é, na verdade, a origem de nossos ideais democráticos. Mais importante ainda, disse Tocqueville, o cristianismo é necessário para a sobrevivência das virtudes cívicas democráticas.

Enquanto visitava os Estados Unidos, Tocqueville ficou impressionado com duas coisas: primeiro, a separação entre igreja e Estado (embora, na época de sua visita, vários estados americanos ainda tivessem igrejas estabelecidas); segundo, que, apesar dessa separação – aliás, por causa dela –, a religião cristã era "a principal das instituições *políticas* americanas". Como uma religião privada poderia ser a principal das instituições políticas? Devemos lembrar que a política deriva dos "hábitos do coração", e os americanos foram moldados por suas igrejas mais do que por qualquer outra instituição. Entre os puritanos que estabeleceram a Nova Inglaterra, por exemplo, todos os ministros foram eleitos por suas congregações; mesmo os bispos católicos nos Estados Unidos foram eleitos originalmente por seus padres. As igrejas americanas, em suma, eram democráticas antes mesmo dos governos americanos. Sem religião, disse Tocqueville, os americanos seriam totalmente absorvidos pelo individualismo egoísta, especialmente pela busca de riqueza material. Os hábitos do coração, formados não tanto pelo ensino cristão, mas pela participação em comunidades cristãs, foram o que levou os americanos a virtudes cívicas. Cientistas sociais de hoje, inspirados em Tocqueville, descobriram uma forte relação entre a frequência à igreja (em qualquer religião) e muitas medidas de virtude cívica.

Quanto mais Tocqueville estudava a democracia americana, mais pessimista ele se tornava. A principal fonte de seu pessimismo estava centrada nas relações entre negros, índios e brancos. Como todos os liberais franceses esclarecidos, Tocqueville ficou horrorizado com a escravidão americana, não apenas pela terrível degradação dos escravos, mas também pela corrupção dos senhores. A escravidão desonrava o trabalho, tornando os brancos do Sul preguiçosos, ignorantes e orgulhosos. Enquanto navegava pelo rio Ohio, Tocqueville observou que as fazendas do lado livre, em Ohio, eram ordenadas e diligentes em comparação com o desleixo do lado escravo do rio, em Kentucky. A antiga escravidão, disse ele, degradava o corpo, mas não a mente; a escravidão racial americana, por outro lado, maltratava o corpo e a mente do escravo, que se considerava naturalmente inferior. Os crimes contra os negros, disse Tocqueville, clamavam por vingança; ele via a guerra racial nos Estados Unidos como mais provável do que a coexistência pacífica. Chegando aos Estados Unidos logo após a Lei de Remoção Indiana de 1830, Tocqueville não via futuro para os índios americanos, exceto o extermínio pelos implacáveis, gananciosos e violentos colonos brancos. Ele disse que os orgulhosos guerreiros indianos, que preferiam a morte à servidão, lhe lembraram seus próprios nobres ancestrais, que eram da aristocracia militar. Nada revela mais sobre o caráter aristocrático de Tocqueville do que sua profunda admiração pela coragem e pelo estoicismo dos guerreiros indianos americanos em face da destruição total.

A cultura democrática, disse Tocqueville, é completamente prática, materialista e empírica. É por isso, acrescentou ele, que os americanos se destacam no desenvolvimento de novas tecnologias, desde que sejam lucrativas no curto prazo. O senso comum parece ditar que uma cultura americana pragmática requer uma educação americana pragmática e vocacional, e, de fato, a educação americana tem sido extremamente prática. Como sempre, Tocqueville rejeitou o senso comum de seus contemporâneos e declarou que o que os democratas americanos pragmáticos realmente precisavam era de uma educação aristocrática inútil em línguas clássicas e literatura, filosofia, belas artes e música. As escolas devem ter como objetivo enobrecer a cultura democrática, incentivando os alunos a elevar seus corações e mentes ao amor à verdade pura, aos ideais morais nobres e à beleza. Sem essa educação, a democracia afundaria em um vocacionalismo estreito, enfraquecendo o progresso das artes e ciências tão apreciadas pelos americanos. Sim, os americanos práticos e confiantes precisam, acima de tudo, estudar balé.

Hoje, há uma consternação generalizada com a falta de virtude cívica percebida nas democracias existentes. Como o verdadeiro poder político agora está localizado em capitólios nacionais distantes ou mesmo em organizações internacionais, os cidadãos, em sua maioria, se tornaram meros espectadores, e a própria política, um triste espetáculo de conflitos tribais vulgares em meio a uma negociação cínica. Como consequência, muitos cidadãos dos Estados Unidos e da Europa querem que suas escolas ensinem a virtude cívica que tanta falta faz na vida pública. A virtude cívica pode ser ensinada nas escolas? Tocqueville dizia que não: "As instituições locais são para a liberdade o que as escolas primárias são para o conhecimento: elas o colocam ao alcance das pessoas". As virtudes de liberdade política devem ser aprendidas pela participação ativa em igrejas, organizações e governos locais. As virtudes cívicas são, em última análise, hábitos do coração, não lições da mente. Mas, se nossas instituições locais foram esvaziadas pelo consumismo virtual e pela centralização política, onde os cidadãos podem adquirir os hábitos do coração certos?

20
John Stuart Mill: o individualista

Por 35 anos (mais da metade de sua vida), John Stuart Mill trabalhou como funcionário público na sede de Londres da Companhia Britânica das Índias Orientais, um empreendimento privado com um alvará real que administrava o comércio britânico no Extremo Oriente e governava efetivamente a Índia. Quando deixou a empresa, ele ocupava o cargo sênior de perito que seu pai, James Mill, ocupara antes dele. Escusado dizer que nenhum Mill jamais pôs os pés no país que ajudaram a administrar de Londres por tantas décadas. Além disso, não há evidências de que algum deles tenha de fato conhecido um indiano. Embora fosse um democrata liberal e autoproclamado "radical", Mill acreditava que o despotismo "era um modo legítimo de governo para lidar com os bárbaros", o que incluía a população nativa da Índia, em sua opinião. Nisso, era um homem do seu tempo. Ele acreditava que todas as pessoas são inerentemente capazes de chegar ao nível de "civilização", como o da Grã-Bretanha, em certos aspectos. (Mill, que está enterrado na França, era um ser bastante peculiar: francófilo inglês.) Embora não tivesse tempo para as teorias biológicas de raça que estavam se tornando cada vez mais populares em toda a Europa na segunda metade do século XIX, Mill dizia que diferentes sociedades se situavam em diferentes degraus da escada do progresso humano e que os "estados atrasados da sociedade" não deveriam desfrutar dos tipos de liberdades individuais e direitos democráticos normalmente encontrados nos estados mais "avançados" até atingirem o mesmo nível elevado de desenvolvimento. Ele desejava e esperava que a maioria das pessoas chegasse a esse estágio de progresso com o tempo, embora não acreditasse que fosse fácil ou inevitável em todos os casos. O despotismo é legítimo apenas se for esclarecido e beneficiar aqueles sobre quem ele é exercido, uma posição que Mill compartilhou com Karl Marx, que escreveu: "A Inglaterra precisa cumprir uma missão dupla na Índia: uma destrutiva, a outra regeneradora: a aniquilação da antiga sociedade asiática e, em seguida, o estabelecimento dos fundamentos materiais da sociedade ocidental na Ásia".

Se Mill era um homem de seu tempo em questões de colonialismo, estava bem à frente dele de outras maneiras. Foi o maior teórico do século XIX e defensor da igualdade das mulheres, uma posição muito impopular na época, que lhe rendeu muitos inimigos na Grã-Bretanha vitoriana. Foi o primeiro político do Reino Unido a incluir a extensão do voto para as mulheres em uma plataforma política quando se candidatou ao Parlamento, no qual fez campanha pelo sufrágio feminino. Como parlamentar (por apenas três anos), Mill apresentou a primeira petição de sufrágio de mulheres à Câmara dos Comuns e propôs uma emenda para incluir as mulheres na Lei de Reforma de 1867, que estendia o direito de voto para a maioria dos homens de posse. (O projeto foi aprovado, mas sua emenda foi descartada.) Só meio século depois é que a Grã-Bretanha ficou pronta para essa mudança. Ele escreveu um livro feminista pioneiro, *A sujeição das mulheres*, defendendo a ideia de que mulheres e homens devem ser tratados igualmente em todos os aspectos. Nele, Mill afirma que a exclusão das mulheres da vida pública e das profissões é "um dos principais obstáculos ao desenvolvimento humano". Nisso, e de muitas outras maneiras, ele foi fortemente influenciado por sua esposa, Harriett Taylor, autora de um influente ensaio sobre "A emancipação das mulheres". Em sua *Autobiografia*, Mill descreve sua dívida pessoal e intelectual com ela como "quase infinita" e declara que todos os seus escritos publicados eram "produções conjuntas" com sua esposa, embora o nome dela não apareça em nenhuma delas. Ao que parece, até o feminismo de Mill tinha seus limites.

O maior legado de Mill não é sua longa carreira como funcionário público imperial ou sua curta carreira como político. Ele é lembrado agora por seus escritos, o principal deles seu ensaio *Sobre a liberdade* (1859), talvez a defesa mais famosa e influente da liberdade individual já escrita. Foi o trabalho que mais lhe trouxe orgulho. "Este trabalho sobreviverá mais do que qualquer outra coisa que eu escrevi", previu ele corretamente.

O que mais preocupava Mill em sua época era a "tirania da opinião e sentimento predominantes" sobre indivíduos excepcionais, uma preocupação que ele compartilhava com outros liberais do século XIX, como seu amigo Alexis de Tocqueville, que se preocupava, sobretudo, com ameaças à liberdade pela pressão social e pelo conformismo. Mill estava convencido de que o surgimento da sociedade de massa poderia esmagar a individualidade e dissimular a dissidência, cuja consequência seria retardar ou até parar o avanço humano, o que depende da livre expressão de ideias e "experiência de vida".

Politicamente, Mill era um liberal clássico que acreditava que o melhor meio de promover o bem-estar humano é uma política geral que possibilite o maior escopo possível para a liberdade individual coerente com a liberdade dos outros. Eticamente, ele era um utilitarista, como seu pai. Aliás, ele dizia que era sua "religião". À diferença da maioria dos liberais, os Mills rejeitaram qualquer doutrina de direitos naturais. Como vimos, John Locke foi o fundador do liberalismo anglo-americano, que declarou que todas as pessoas nasceram possuindo um direito natural à vida, liberdade e propriedade; Thomas Jefferson endossou os direitos naturais lockeanos na Declaração Americana de Independência. Mill assumiu o desafio de defender a liberdade individual e a igualdade dos sexos sem recorrer a nenhuma doutrina dos direitos naturais à liberdade ou à igualdade ou, como Paine, invocando Deus. O fundamento de sua defesa está na utilidade dessas causas, sua capacidade de promover o bem-estar humano, algo estritamente proibido para Kant, que chamou essa abordagem de "eutanásia de toda a moralidade".

De acordo com Mill, se cada um de nós for livre para buscar nosso "próprio bem, do nosso jeito", é mais provável que encontremos a verdade, e a verdade é a melhor maneira de promover o bem-estar humano geral em longo prazo. A sociedade deve ser configurada para que "pessoas de genialidade" (homem e mulher) tenham liberdade de expandir suas mentes, expressar suas ideias e permitir o livre desenvolvimento de sua individualidade. É somente nessa atmosfera que talentos individuais excepcionais podem florescer e impulsionar o progresso, arrastando toda a sociedade com eles em uma marcha ascendente para a civilização. Mill estava ciente de quão raro e difícil é sustentar as condições nas quais a genialidade pode prosperar. Ele dizia que nossos poderes mentais são como músculos que enfraquecem, a menos que sejam exercitados com regularidade. A censura inibe o exercício de nossas faculdades críticas e deliberativas, que facilmente se embotam. Em vez disso, deve ser promovido um clima no qual estejamos "sempre nos estimulando a aumentar o exercício de faculdades superiores" por meio de um debate aberto e da livre troca de ideias e opiniões.

Como Kant, Mill se opôs fortemente ao paternalismo – forçar as pessoas a fazer coisas para seu próprio bem –, o que equivale a tratar adultos como crianças. Em vez disso, ele favoreceu uma política de *laissez-faire*, deixando as pessoas sozinhas para encontrar a forma de vida que melhor se adapte a cada pessoa de uma maneira única. Esse preceito se aplica apenas àqueles que estão na "maturidade de suas faculdades", o que não inclui crianças ou "bárbaros". O paternalismo é apropriado para os últimos, e somente até que se tornem adultos civilizados, capazes de escolher por si mesmos, prevendo as consequências de suas ações e assumindo a responsabilidade por elas. Caso contrário, os indivíduos devem ser deixados em paz, desde que deixem os outros em paz.

Como os seres humanos são criaturas falíveis, segundo Mill, somos facilmente propensos a erros em nossas crenças. Portanto, é crucial permitir que as opiniões sejam expressas abertamente, para que, no choque descompromissado de ideias, as crenças possam ser testadas para ver se elas se sustentam sob escrutínio. Mill não acreditava ingenuamente que a verdade necessariamente prevaleceria nessa disputa, mas dizia que era muito mais provável que a verdade surgisse sob tais condições do que quando as crenças eram dogmaticamente protegidas do exame e da crítica. Todo mundo está potencialmente errado, de modo que nenhuma crença deve ser tratada como sacrossanta, acima de qualquer suspeita. O progresso humano depende da liberdade de criticar e questionar. Essa foi a principal lição e inspiração que Mill tirou da vida e da morte de Sócrates, a quem reverenciava como um símbolo do heroico pensador livre que enfrentou a tirania da maioria, pagando um preço por isso.

Mill não era anarquista. Como Kant, ele defendia a liberdade dentro de limites que às vezes devem ser impostos pelo Estado. As pessoas devem ser livres para exercer sua liberdade, desde que não prejudiquem outras pessoas. O único objetivo, declara ele no livro *Sobre a liberdade*, "pelo qual o poder pode ser exercido sobre qualquer membro de uma comunidade civilizada, mesmo contra sua vontade, é evitar danos a outros". Contrário ao paternalismo, Mill não acreditava que o Estado devesse agir para impedir que os adultos causassem danos a si mesmos. Portanto, nossas leis que exigem o uso de cintos de segurança, por exemplo, não devem ter lugar em um Estado liberal, como Mill o concebeu. É melhor deixar as pessoas cometerem erros e aprender com eles do que intervir para evitar danos pessoais.

Mill foi um democrata que votou pela extensão da franquia em 1867, quando era membro do Parlamento. Ao mesmo tempo, ele compartilhava das ansiedades de seu amigo Tocqueville sobre o domínio da maioria ignorante sobre os poucos instruídos. Portanto, ele defendia um sistema de "votação plural", no qual todo adulto capaz de ler, escrever e fazer aritmética básica receberia pelo menos um voto, mas aqueles com melhor educação e "superioridade mental" receberiam mais votos, "em contrapartida ao peso numérico da classe menos instruída". Era muito comum no século XIX encontrar apoio para tais esquemas, de modo a limitar o que muitos viam como o poder bruto das maiorias democráticas. Como a maior parte dos liberais, Mill era um democrata convicto e não populista. Ele desejava elevar o eleitorado e expandi-lo. Como liberal que valorizava a liberdade individual, ele via o perigo que a maioria representa para as minorias e propunha seu sistema de peso de votos como um meio de equilibrar quantidade com qualidade, de acordo com ele. Mill também defendia a democracia representativa, não direta, e concordava com a ideia de Burke de que os representantes eleitos devem ser administradores de seus constituintes e não seus emissários. Em sua *Autobiografia*, Mill conta que disse aos apoiadores locais que pediram que ele se candidatasse ao Parlamento que, "se eleito, não poderia me comprometer a dedicar meu tempo e trabalho aos interesses locais". Ele até planejou continuar na França durante a campanha eleitoral, embora tenha cedido à pressão para se encontrar com os eleitores frente a frente. Ele se gabou, durante a campanha, de haver escrito num panfleto que as classes trabalhadoras são "geralmente mentirosas", declaração que chegou a um cartaz usado nas eleições, que ele venceu, para seu grande espanto, tendo quase exigido uma recontagem dos votos no momento em que foi inesperadamente declarado vencedor.

Hoje, o valor e os limites da liberdade de expressão estão sendo testados e debatidos em maior grau do que há décadas. Os avanços na tecnologia de comunicações tornaram o mundo uma "aldeia global", onde ideias e imagens são transmitidas instantaneamente pelo planeta, aumentando exponencialmente a possibilidade de ofensas e mal-entendidos e requerendo limites à liberdade de expressão. As controvérsias provocadas por esses confrontos nos lembram que outros valores, como harmonia social, tolerância e respeito, competem com a liberdade, que até Mill dizia que não deveria ser absoluta. A crença na supremacia da liberdade de expressão não é evidente para a maior parte do mundo, que não é liberal. Nesse contexto, o célebre ensaio de Mill talvez seja, mais do que nunca, necessário para defender a liberdade como o maior valor político do Ocidente, e talvez o que tenha mais chance de promover o bem-estar humano. Além disso, suas preocupações com a democracia popular, há muito descartadas como mero esnobismo, estão encontrando um novo público entre os alarmados com o aumento do populismo e o sucesso eleitoral de partidos e políticos que veem o liberalismo como o problema, e não a solução para os males de nossa era.

21
Karl Marx: o revolucionário

Quando Karl Marx chegou a Londres, em 1849, vindo exilado da França, sem um tostão no bolso, mudou-se para um pequeno apartamento sombrio de dois quartos no número 28 da Dean Street, um antigo bordel e agora um restaurante da moda no Soho, na época uma das partes mais degradadas da cidade cheia e poluída, onde viveu à beira da miséria por seis anos com sua jovem família. Embora ele e Mill tenham vivido na mesma cidade por 24 anos, cada um vivia em seu mundo e eles nunca se encontraram. Marx sabia sobre Mill e leu sua obra, mas Mill nunca ouvira falar de Marx, que era um revolucionário alemão obscuro, praticamente desconhecido na Grã-Bretanha em seu tempo.

Marx foi salvo da abjeta pobreza apenas pela generosidade de seu rico amigo e patrono alemão Friedrich Engels, cuja família possuía fábricas têxteis em Manchester. Mesmo assim, Marx foi incapaz de impedir a morte prematura de três de seus filhos em seu novo lar, apertado e esquálido. Quando sua filha Franziska morreu, Marx teve de pedir dinheiro emprestado para contratar um agente funerário e enterrá-la. Suas perspectivas de ganhar a vida na Londres de Charles Dickens foram severamente limitadas por seu inglês imperfeito, idioma que nunca dominou totalmente, apesar de passar a maior parte de sua vida na Grã-Bretanha.

Como Rousseau, que viveu brevemente no exílio na Inglaterra um século antes, Marx não era anglófilo e não expressou gratidão por seu país adotivo por lhe proporcionar refúgio da perseguição na Europa, onde as autoridades o caçaram por suas opiniões radicais. O desprovido Marx raramente saiu de Londres depois de se mudar para lá e nunca visitou uma fábrica inglesa, apesar de ser um analista do capitalismo industrial, defensor dos interesses dos trabalhadores e defensor da revolução proletária: revolução por e para homens e mulheres trabalhadores. O próprio Marx, no passado, havia sido totalmente burguês, não da classe trabalhadora. Seu conhecimento da situação difícil dos trabalhadores e das leis e efeitos do capitalismo, como ele os via, era derivado quase inteiramente de relatos escritos (por inspetores do governo, por exemplo), que ele consumia de maneira voraz em suas viagens diárias à sala de leitura do Museu Britânico, a uma curta caminhada de distância dos dois "quartos horríveis e assustadores" nos quais morava com sua família e governanta. Aliás, passou tantas horas sentado nas cadeiras duras e sem almofadas do museu que desenvolveu furúnculos na parte posterior, culpando, enfurecido, a burguesia pela dor e desconforto causados por aqueles assentos desconfortáveis. "Espero que a burguesia se lembre dos meus carbúnculos até o dia de sua morte", exclamou para Engels. "Esses porcos!"

Os estudos de Marx eram sobre o capitalismo industrial inicial e não regulamentado de Grã-Bretanha, França e Alemanha, uma forma muito bruta e cruel de produção antes da criação do Estado do bem-estar social no século XX e da promulgação de leis e regulamentos trabalhistas para amenizar seus excessos e proteger os mais vulneráveis, situação descrita de maneira clara e comovente nas obras de Charles Dickens, "cujas páginas ilustrativas e eloquentes divulgaram ao mundo mais verdades políticas e sociais do que as proferidas por todos os políticos, publicitários e moralistas juntos", escreveu Marx com admiração pelo grande romancista vitoriano. Ele estava convencido de que o capitalismo inevitavelmente se autodestruiria, devido às violentas oscilações de expansão e retração de seus ciclos de negócios e à condição cada vez mais bárbara dos trabalhadores pobres. Ele analisou, de modo cuidadoso e seletivo, seu funcionamento interno em livros, relatórios e jornais, concluindo que estava fadado ao colapso sob o peso de suas próprias contradições internas, o que o tornava cada vez mais instável. Esse destino não pode ser evitado, ele acreditava. Como todos os sistemas econômicos baseados em classes, o capitalismo baseia-se, segundo Marx, na exploração impiedosa dos pobres e impotentes pelos ricos e poderosos, e todos esses sistemas estão destinados a fracassar com o tempo, quando a vida da maioria empobrecida se tornar insuportável. Por isso, ele disse que a burguesia, louca de ganância, será seu próprio coveiro. Somente depois dessa queda, previu ele com confiança, poderá começar o trabalho de estabelecer uma sociedade comunista, uma sociedade livre de classes, exploração e violência.

Para Marx, o que ele chamava de "burguesia", a classe dominante no capitalismo, que possui e controla os "meios de produção" (fábricas, dinheiro e recursos), explora a classe trabalhadora (o proletariado), cuja única "posse" é sua capacidade física de trabalhar (sua "força de trabalho"). Os trabalhadores são livres, em princípio, para vender esse poder à burguesia em troca do melhor salário que podem obter, o que, na grande maioria dos casos, mal dá para sobreviver. A maioria, então, trabalha muito e duro para produzir bens que pertencem e são vendidos por terceiros para seu próprio lucro. É um sistema de pura exploração, no qual a grande maioria está condenada a viver em desespero, enquanto poucos privilegiados desfrutam de visível riqueza e acumulam todo o poder. Como os capitalistas garantem que os salários permaneçam baixos? Criando um "exército de reserva de desempregados" pronto para substituir qualquer trabalhador que busque salários mais altos. Com o tempo, os ricos ficam mais ricos e os pobres ficam mais pobres, até o sistema explodir em violência revolucionária, acreditava Marx.

Marx afirmou que os capitalistas dizem apoiar a concorrência, mas fazem tudo o que podem para evitá-la, uma vez que a concorrência força os preços a baixarem, diminuindo os lucros.

Até o economista clássico Adam Smith, admirador e defensor da sociedade comercial, observou que, sempre que os empresários se reúnem, eles conspiram para criar monopólios e cartéis de modo a expulsar impiedosamente empresas menores. Além disso, a implacável pressão capitalista de baixar os salários a níveis desumanos para manter os lucros altos é autodestrutiva em longo prazo, pois os trabalhadores não têm como comprar os próprios bens que produzem, causando uma "crise de superprodução" que condena o capitalismo. Existem produtos demais para consumidores de menos, uma posição insustentável em longo prazo.

Em 1848, quando uma onda de revoltas tomou conta da Europa, Marx pensou que este poderia ser o começo do fim do capitalismo, que ele previra que eventualmente chegaria. Quando se constatou que se tratava de um alarme falso, ele decidiu esperar a inevitável revolução no porto seguro de Londres, que tinha uma atitude relativamente tranquila em relação aos radicais e agitadores, como os membros da Liga Comunista, cuja sede ficava lá e que havia solicitado a Marx e Engels que escrevessem seu famoso *Manifesto comunista*. Depois que a Liga foi dissolvida, Marx se tornou um membro ativo e proeminente da Associação Internacional dos Trabalhadores, para cujo conselho geral foi eleito. Nesse papel, foi um dos líderes do movimento comunista internacional e considerado sua principal luz intelectual. Mesmo assim, quando morreu, em Londres, em 1883, Marx era praticamente desconhecido na Inglaterra. Ele escrevia exclusivamente em alemão, e somente seu *Manifesto comunista* havia sido traduzido para o inglês em sua época. Em meados da década de 1860, praticamente nada do que ele havia escrito estava mais impresso. Karl Marx morreu em relativa obscuridade no exílio, esperando a revolução que ele estava convencido de que um dia chegaria. Quando finalmente chegou, três décadas depois, foi num lugar em que ele nunca imaginaria: a Rússia.

Como Agostinho e Hobbes, Marx via o Estado de modo totalmente negativo. O governo, escreveu ele, é apenas uma arma da classe dominante para manter o resto na linha. Ele considerava o poder político somente como "o poder organizado de uma classe para oprimir a outra". O Estado nunca é realmente justo ou correto, apesar de sua fachada de leis e procedimentos formalmente imparciais. Ele sempre atua no interesse da classe dominante, uma vez que esse é seu único objetivo, e nunca para o bem geral. Embora o Estado dependa da força (muitas vezes bruta) para reprimir a dissidência e manter a ordem, o capitalismo também brinca com nossas mentes, distorcendo nossa percepção da terrível realidade do regime capitalista em que a maioria vive por meio da ideologia, incluindo a religião. Isso é necessário porque as condições em que vivemos e trabalhamos são tão opressivas e exploradoras que, se fossem vistas como elas são, provocariam rebeliões espontâneas. A ideologia age como uma câmera obscura, invertendo nossa compreensão da realidade para que aceitemos nossa exploração como legítima. Por exemplo, dizem que os trabalhadores do capitalismo são agentes "livres" para oferecer seu trabalho a quem pagar mais por ele. Essa farsa serve somente para que eles se submetam pacificamente ao que, na verdade, não passa de uma forma de escravidão salarial em massa, na qual os trabalhadores não têm poder efetivo para negociar melhores condições e salários mais altos. É por isso que Marx acreditava que o capitalismo estava condenado, pois, embora os ricos continuem a aumentar sua própria riqueza e poder, a condição da grande maioria piora gradualmente.

Marx acreditava que, depois da inevitável revolução e com a abolição da sociedade de classes, o Estado acabaria se tornando desnecessário. Mas primeiro deve haver um período de transição em que o Estado burguês é tomado pelo proletariado após a queda do capitalismo e usado para esmagar os resquícios do antigo sistema para garantir a vitória total dos trabalhadores. Marx chamou esse estágio temporário a caminho do comunismo de "ditadura do proletariado", em que o Estado burguês, agora nas mãos da classe trabalhadora, desmantela forçosamente o sistema de propriedade privada estabelecido no regime capitalista e as classes desaparecem. A União Soviética ficou presa nesse estágio por sete décadas, esperando que o resto do mundo capitalista entrasse em colapso para poder passar para o estágio seguinte, o comunismo. Em vez disso, foi a União Soviética que entrou em colapso, e a Rússia voltou ao capitalismo.

Na teoria de Marx, quando esta tarefa de desmantelar o sistema capitalista estiver concluída, o conflito de classes cessará, pois as classes não existirão mais. Para ele, concorrência, egoísmo, violência e fraude são características essenciais de todas as sociedades de classe, mas não fazem parte de nossa natureza. Assim, no regime comunista, em que não existem classes, esses males desaparecerão e nossa natureza espontaneamente cooperativa poderá, por fim, florescer, tornando redundante o Estado coercitivo; ele simplesmente "murchará", nas palavras de Friedrich Engels, pois não é mais necessário. Todos os bens e recursos produzidos e distribuídos no comunismo serão alocados de acordo com a necessidade, para que a sociedade comunista trabalhe para todos e as necessidades de todos sejam igualmente atendidas. Os cidadãos não manterão o que produzirem como propriedade privada, abolida com o capitalismo, e, num regime comunista, nem terão esse desejo.

Além dessas ideias muito modestas e limitadas sobre o comunismo, Marx falou muito pouco sobre a forma das coisas após o desaparecimento do capitalismo, em flagrante contraste com a grande quantidade de livros longos que ele escreveu, explicando o funcionamento interno do sistema capitalista em detalhes, particularmente a extensa obra inacabada, *O capital*, em vários volumes. Essa reticência sobre o comunismo não foi acidental: Marx afirmou que "quem escreve sobre o futuro é um reacionário". Ele ridicularizou os socialistas utópicos por apenas recriarem o comunalismo medieval ao escrever sobre o futuro. Marx queria deixar o futuro pós-capitalista aberto a seus próprios desenvolvimentos imprevisíveis. Ele foi, sobretudo, um analista e crítico do capitalismo industrial original, com relativamente pouco a dizer sobre o possível futuro da sociedade comunista, cujo caráter ele deixou deliberadamente vago.

A história e o eventual colapso da União Soviética, o primeiro Estado oficialmente marxista do mundo, contribuíram bastante para que as ideias de Marx caíssem em descrédito, assim como a apropriação jacobina do pensamento de Rousseau durante a Revolução Francesa manchou sua reputação aos olhos de muitos e a adoção nazista das ideias do pensador alemão Friedrich Nietzsche manchou sua reputação por uma geração, como veremos em breve. Isso é lamentável, já que, na prática, o sistema soviético tinha muito pouco a ver com as ideias de Karl Marx. Em 1917, a Rússia ainda era uma sociedade feudal que tentava pular diretamente para o comunismo, sem nunca ter passado pelo capitalismo, violando assim a teoria do desenvolvimento histórico de Marx através de uma sequência de estágios. A evolução gradual do capitalismo para uma forma pós-industrial no Ocidente, em vez de seu colapso apocalíptico, refutou a análise de Marx, assim como a ascensão do Estado do bem-estar e a expansão da classe média, nenhuma das quais ele previu. Ironicamente, o desenvolvimento de políticas fiscais e de estabilização monetária no século XX, destinadas a limitar a destrutividade do ciclo comercial de expansão e retração, foi parcialmente inspirado por Marx. Como resultado, seu pensamento foi descrito como uma "profecia autodestrutiva", que ajudou a salvar o capitalismo.

Não obstante, a crise financeira que começou no Ocidente em 2008 estimulou muito interesse no retrato de Marx do capitalismo como um sistema propenso a aumentar a desigualdade, a instabilidade e a injustiça. Os cientistas políticos agora descrevem o sistema político americano como mais plutocrático, governado pelos ricos, do que democrático, e alguns economistas declararam recentemente que o capitalismo, em longo prazo, de fato cria riqueza de modo mais rápido para os ricos do que para o resto. Enquanto isso, as condições nas economias capitalistas em desenvolvimento de nossos dias, como a China e a Índia, permanecem muito semelhantes às do Ocidente do século XIX, que Marx analisou e criticou. Isso mostra que, enquanto o capitalismo existir, seja qual for a forma, o trabalho de Marx será quase certamente necessário para diagnosticar suas doenças e talvez, um dia, servir como seu obituário.

22
Friedrich Nietzsche: o psicólogo

A maldição da doença mental perseguiu Friedrich Nietzsche por toda a sua vida. Seu pai morreu de "amolecimento do cérebro" quando o filho tinha apenas cinco anos. As dores de cabeça incapacitantes, a perda de visão, as violentas mudanças de humor, a depressão e os vômitos, que foram os principais sintomas de seus próprios problemas mentais, o atingiram pela primeira vez quando era adolescente e continuaram, com crescente gravidade, pelas três décadas seguintes. Finalmente, ele caiu em completa loucura, da qual nunca se recuperou. Depois disso, viveu por mais uma década como um total inválido até sua morte, em 1900. As aflições que lhe custaram a sanidade já haviam lhe custado a carreira como professor na Universidade da Basileia, da qual se aposentou com uma modesta pensão, com apenas 35 anos de idade. Levou, então, uma vida de andarilho solitário nos anos seguintes, escrevendo as obras pelas quais agora é tão famoso sem alcançar sucesso em vida. A natureza da doença de Nietzsche nunca foi diagnosticada de modo conclusivo.

Nietzsche disse que a dor e a doença são bênçãos, pois estimulam a imaginação e dão aos aflitos uma profundidade que falta entre os saudáveis. "A grande dor é o libertador supremo do espírito", declarou. Ele acreditava que seus momentos mais produtivos, do ponto de vista intelectual, coincidiam com seus momentos de maior sofrimento. Nietzsche também usou a linguagem da doença em seu "diagnóstico" da civilização moderna. Ele queria substituir a linguagem de bem e mal, virtude e vício, pela linguagem de doença e saúde, fraqueza e força. No livro *A gaia ciência*, um "louco" é o profeta de Nietzsche de uma nova era que anuncia a "morte de Deus" às massas pouco esclarecidas. O niilismo que ele acreditava que deveria seguir a perda de fé do Ocidente no Deus cristão era algo que ele pensava que poderia e deveria ser superado. O antídoto que ele prescreveu para essa condição foi o "super-homem", gênios excepcionais cuja criatividade e vontade de poder só florescem quando liberadas da camisa de força da moralidade, que ele via como uma espécie de doença. Agora que a crença em todos os deuses está morta, Nietzsche afirmava que a civilização ocidental se encontrava em mar aberto, sem as restrições morais tradicionais, onde grandes e terríveis realizações seriam novamente possíveis. Se ele não tivesse de lutar contra uma doença mental talvez nunca tivesse chegado a esse *insight* importante, ou assim ele dizia.

Talvez porque Nietzsche lutasse com seus próprios demônios internos é que frequentemente se descrevia como um psicólogo com um talento especial na "arte da análise psicológica", como ele chamava. Tanto Sigmund Freud quanto Carl Jung concordaram, tanto que o grande psicanalista vienense evitou deliberadamente qualquer estudo sistemático das obras de Nietzsche; ele sabia o suficiente sobre elas para pressentir que muitas de suas próprias teorias já haviam sido antecipadas por Nietzsche, algo que ameaçava suas reivindicações de originalidade. Nietzsche também foi atraído pela psicologia como um substituto da filosofia tradicional, com a qual ele havia se desiludido amargamente. Ele preferia "refutar" as ideias tornando-as psicológicas. Em suas mãos, a psicologia era um método (ou arma) para expor os motivos muitas vezes perversos e indecorosos (como ele os via) por trás das ideias sublimes de pensadores dos quais ele discordava, como Platão, Rousseau e Kant. Nietzsche tratou seus pontos de vista como sintomas de patologias mentais ocultas. "Um pensador não pode fazer outra coisa senão converter sua condição física na mais intelectual das formas", escreveu ele. "Esse ato de transformação é filosofia". Por mais injusto que esse método possa ser, seus escritos estão repletos de percepções psicológicas penetrantes e análises brilhantes, muitas vezes espirituosas, de pessoas e de seu relacionamento psicológico com suas próprias ideias, como Nietzsche as via, uma técnica que funciona muito bem no seu caso também, como ele foi o primeiro a admitir.

"Fritz", como Nietzsche era conhecido em sua família, era filho de um pastor luterano descendente de várias gerações de clérigos protestantes. Sua mãe também era filha de um ministro, e Nietzsche nasceu perto do local de nascimento de Martinho Lutero, cujo legado ainda dominava a cultura religiosa da região. (Nietzsche e Lutero nasceram a setenta quilômetros de distância um do outro, na região que hoje é a Alta Saxônia.) Esse cenário não impediu Nietzsche de ver o cristianismo como a fonte e o símbolo de tudo o que ele mais desprezava; aliás, provavelmente desempenhou um papel decisivo em sua eventual rejeição ao cristianismo, contra o qual ele promoveu uma campanha pessoal nas páginas de seus livros, um deles intitulado *O anticristo*. Ele se rebelou contra toda a ordem social, política, moral e religiosa da Europa em que seus pais o criaram. Foi o cristianismo, acreditava ele, que espalhou a revolta escrava na moral, iniciada pelos antigos judeus oprimidos, motivados por ressentimento e inveja contra seus poderosos opressores. Incapaz de derrotá-los à força, argumentou Nietzsche, os judeus e mais tarde os cristãos conquistaram uma vitória moral não violenta sobre seus senhores, inventando os conceitos de "bem" e "mal" para legitimar os valores e interesses dos escravos. Essa é a "genealogia" do sistema moral que domina o Ocidente desde então, que Nietzsche acreditava ser hostil a toda grandeza. Ele via o antissemitismo cristão como apenas um ardil destinado a esconder a profunda aliança desses conspiradores contra os fortes e saudáveis. Ele também descreveu o cristianismo como uma conspiração judaica para conquistar o mundo em favor dos doentes e fracos, que deveriam naturalmente ser controlados pelos saudáveis e pelos fortes. Para Nietzsche, a moralidade é uma invenção humana com começo e fim, e agora alcançamos esse fim no Ocidente cristão. Assim como as sociedades guerreiras aristocráticas pré-cristãs da antiguidade existiam *antes* do bem e do mal, Nietzsche profetizou que o mundo pós-cristão do futuro existiria *além* do bem e do mal (o título de outro de seus livros). Ele estava convencido de que o Deus cristão havia se tornado inverossímil no Ocidente moderno, e tudo o que repousava nessa fé, "toda a nossa moralidade europeia", devia entrar em colapso com ele. No vazio deixado pela perda da crença no cristianismo e em seu sistema moral, Nietzsche viu uma oportunidade única de estabelecer novos valores aristocráticos, não morais, adequados a mestres, e não a escravos.

Nietzsche não falou muito sobre o que, precisamente, tinha em mente para esse novo mundo pós-cristão, em parte porque seria a futura criação da "forma superior da espécie" que o dominaria, os chamados "super-homens". A questão é que esses "espíritos livres" não obedeceriam a regras ou restrições existentes ou estabelecidas que pudessem interferir em sua imensa criatividade e domínio natural. Impelidos por uma inquietante "vontade de poder", esses indivíduos olímpicos criariam grandes coisas em uma tela em branco e sem limites, usando impiedosamente as pessoas "menores" como "argila" para moldar novos trabalhos. Para Nietzsche, o homem é apenas uma "pedra feia" que precisa de um escultor na forma do super-homem. Foi por isso que ele escreveu aprovando "o sacrifício de inúmeros homens que, em nome da aristocracia, devem ser oprimidos e reduzidos a seres humanos incompletos, a escravos, a instrumentos". Tudo isso exige, primeiro, que esmaguemos os grilhões da moralidade cristã e repudiemos os valores "escravos" de piedade, empatia e compaixão que ela representa. Os gregos antigos que Nietzsche admirava não estavam sujeitos a tais sentimentos decadentes, razão pela qual foram capazes de alcançar o pináculo das realizações artísticas humanas e por que a civilização moderna definha nas profundezas da criatividade.

"Escultores" do passado, cujas consciências nunca os incomodaram ao sacrificar a vida e o bem-estar de um grande número de homens e mulheres comuns, a fim de impor sua vontade ao mundo, incluem Alexandre, o Grande, Júlio César, César Bórgia e Napoleão. Nietzsche admirava todos esses "tiranos-artistas" impiedosos e obstinados. Mas o homem moderno que ele mais reverenciava e que era seu exemplo de grandeza era só artista, não um tirano-artista: o poeta e escritor alemão moderno Goethe.

O principal objetivo e propósito dos super-homens é criar cultura e valores para preencher o vazio deixado pela moralidade cristã, e a política estaria subordinada a esse objetivo. Mas, em um mundo além do bem e do mal, tudo é possível; portanto, ocasionalmente, tiranos-artistas como Napoleão surgem para impor sua forma preferida sem piedade aos assuntos humanos, de acordo com sua transbordante vontade de poder. É por isso que Nietzsche admirava Napoleão como um "artista do governo".

Diante de tudo isso, é difícil falar de uma política nietzschiana. Ele não prescreveu nenhum sistema ou objetivo político, muito menos uma teoria. Ele via a si mesmo como o profeta de um mundo pós-cristão e pós-moral que seria totalmente dominado por artistas, livres para moldá-lo de acordo com sua superabundante vontade de poder. Para Nietzsche, a arte é "a tarefa suprema e a atividade verdadeiramente metafísica desta vida". A política nietzschiana serve a fins artísticos. A maior arte (incluindo a arte da política) é alcançada pelo equilíbrio ideal do que Nietzsche chamou de princípio "dionisíaco" da paixão inebriante e da vontade pura irrestrita (em homenagem a Dionísio, filho de Zeus e deus grego do vinho e da dança) e o princípio "apolíneo" da ordem, da harmonia e da boa forma (em homenagem a Apolo, outro filho de Zeus e o deus grego do sol). O resultado é a "paixão controlada" na forma de grandes obras de beleza e poder que equilibram os opostos de uma maneira original e esteticamente agradável.

Segundo Nietzsche, o super-homem deve primeiro se subjugar antes de impor sua vontade ao mundo externo. Ele deve ser um guerreiro no campo de batalha interno da alma e se engajar em um processo de "autossuperação", moldando-se (psicologicamente) antes de estar em posição de moldar o mundo externo. Nietzsche defendeu a expressão controlada e autodisciplinada dos impulsos naturais, a fim de criar beleza e estabelecer valores, que nunca são o resultado de impulsos cegos e descontrolados. Por mais que ele admirasse o desejo saudável, brutal e sem consciência de dominar dos vikings e dos samurais, particularmente em comparação com a submissão e a mediocridade contrárias à vida de cristãos e democratas, seu ideal último era de ordem superior. A vontade de poder natural deve ser expressa e disciplinada pela imaginação criativa, como foi, por excelência, nas peças trágicas da Grécia antiga. Isso significa organizar o próprio caos interior de emoções e impulsos, criando um eu unificado no qual uma motivação domina todas as outras, definindo-nos e tornando-se nosso "estilo" pessoal. A criação do eu é, portanto, a primeira criação necessária do artista.

Não é difícil ver por que as opiniões de Nietzsche se tornaram populares entre os nazistas e por que ele passou a ser considerado por muitos como um filósofo fascista. Seus escritos estão cheios de referências a "bestas loiras" e "vontade de poder", e ele se considerava o profeta de uma ética brutal e amoral de guerreiros para uma nova raça de "super-homens" naturalmente superiores que reduziriam as massas inferiores de pessoas comuns à escravidão. A ironia dessa associação é que Nietzsche era um oponente declarado do nacionalismo alemão (ele chamava os alemães de "raça servil") e muitas vezes criticou o antissemitismo. Ele desprezava abertamente as opiniões antissemitas de sua irmã Elizabeth e decidiu viver e trabalhar fora da Alemanha durante a maior parte de sua vida adulta. Nietzsche também era elitista e individualista, com um desprezo instintivo pelo "rebanho" e um profundo desgosto pelo tipo de demagogia populista que Hitler e os nazistas representavam. É muito provável que, se tivesse vivido o suficiente, considerasse os nazistas como o epítome daquilo que ele mais desprezava na sociedade de massa e na política dominante.

Infelizmente para a reputação póstuma de Nietzsche, Adolf Hitler fez uma visita muito divulgada ao Arquivo de Nietzsche em Weimar a convite de sua fundadora e diretora, a irmã do filósofo, Elizabeth, nazista de carteirinha. Hitler veio com seu fotógrafo pessoal, Heinrich Hoffmann, que tirou uma foto do *Führer* contemplando um grande busto de Nietzsche na principal sala de recepção do arquivo. A fotografia foi amplamente publicada na imprensa alemã e apresentada na popular biografia de Hoffmann, *O Hitler que ninguém conhece*, com a seguinte legenda: "O *Führer* diante do busto do filósofo alemão cujas ideias fertilizaram dois grandes movimentos populares: o nacional-socialista, na Alemanha, e o fascista, na Itália". A infeliz fotografia de Hoffmann cimentou a popular associação entre Nietzsche e os nazistas por várias gerações e praticamente destruiu a credibilidade de Nietzsche na Europa do pós-guerra pelas décadas seguintes.

A reputação de Nietzsche não apenas se recuperou dessa associação injusta com o nazismo, mas agora está mais alta do que nunca. Nietzsche é, atualmente, um dos escritores mais lidos e citados no mundo das ideias, num grau que certamente teria surpreendido e até chocado um pensador que desprezava abertamente a opinião popular. "Livros para todos são sempre livros fétidos", escreveu ele, com forte indicação de ressentimento quando seus próprios livros não vendiam bem. "O cheiro das pessoas mesquinhas se apega a eles." É o diagnóstico de Nietzsche da crise da civilização ocidental que continua a fazer sentido em nosso tempo, em vez de sua proposta de curá-la, que era muito pior do que a doença. Felizmente, apenas um pequeno grupo, embora barulhento, leva a prescrição de Nietzsche a sério. Mas sua análise e seus ataques às premissas básicas que subjazem às sociedades democráticas liberais modernas hoje não são tão facilmente descartados como produtos de uma mente doente. Por exemplo, muitos liberais seculares argumentam há muito tempo que o liberalismo moderno, o igualitarismo e os direitos humanos decorrem da rejeição do cristianismo durante o Iluminismo francês. Mas, segundo Nietzsche, esses princípios modernos eram, na verdade, os produtos diretos da moralidade cristã, com sua preocupação pelos seres humanos mais pobres e mais fracos. Os historiadores dos sentimentos morais ocidentais concordam agora com a genealogia de Nietzsche, se não com sua avaliação sombria. Isso não apenas desafiou a autoimagem da era moderna, mas vinculou o destino de muitos de seus valores centrais à perda da crença religiosa, aumentando o espectro do niilismo moral que Nietzsche advertiu ser a crise central da modernidade.

CONTEMPORÂNEOS

23
Mohandas Gandhi: o guerreiro

Com demasiada frequência, Gandhi é retratado como um homem gentil e santo. Ele era, acima de tudo, um defensor da justiça, disposto, talvez, a sacrificar sua própria vida e a vida de seus seguidores. O que Gandhi mais admirava era o destemor, e ele enfrentou com firmeza ataques mortais ao longo de toda a sua vida. Na campanha que realizou contra o ministro da Defesa, Jan Smuts, em nome dos indianos que trabalhavam na África do Sul, Gandhi aperfeiçoou sua estratégia de boicotes, marchas e greves não violentas, pressionando o governo a rescindir suas leis racistas. Durante essas batalhas, Gandhi sofreu quase vinte anos de espancamentos, tentativas de linchamento e condições terríveis de prisão. Em janeiro de 1914, os trabalhadores ferroviários europeus na África do Sul fizeram uma greve geral por razões econômicas, ameaçando a sobrevivência do governo de minoria branca. Imediatamente, Gandhi cancelou sua própria marcha de protesto anunciada anteriormente, alegando que seria errado tirar proveito da fraqueza de seu adversário. A concessão surpresa de Gandhi pegou Smuts desprevenido. Um dos secretários de Smuts descreveu seu dilema a Gandhi:

> "Não gosto do seu povo e não me importo a ponto de ajudá-lo. Mas o que devo fazer? Você nos ajuda em nossos dias de necessidade. Como podemos colocar as mãos em você? Muitas vezes, eu gostaria que você se envolvesse em violência como os grevistas ingleses, e então saberíamos

imediatamente como acabar com você. Mas você não fere nem o inimigo. Você deseja a vitória apenas sofrendo sozinho e nunca transgredirá seus limites autoimpostos de cortesia e cavalheirismo. E é isso que nos reduz ao puro desamparo".

Em junho de 1914, Gandhi e Smuts haviam negociado uma nova Lei de Amparo aos Indianos, restaurando os direitos básicos da comunidade indiana da África do Sul. No mês seguinte, Gandhi partiu para a Índia com a missão de libertar sua terra natal de séculos de domínio britânico injusto, preservando a amizade entre a Índia e a Grã-Bretanha. A campanha indiana de Gandhi acabou sendo bem-sucedida, mas com um custo terrível para si e para os outros, custo que culminou no assassinato de Gandhi por um compatriota hindu em 1948. Seus inimigos, na África do Sul ou na Índia, confrontavam suas táticas altamente heterodoxas em cinco estágios: indiferença, ridicularização, abuso, repressão e, por fim, respeito. De fato, Jan Smuts se tornou amigo e admirador de toda a vida de seu adversário indiano, a quem antes desprezava.

Gandhi foi um brilhante estrategista do conflito humano, o Napoleão da não violência. O que o torna único entre os grandes guerreiros da história é que ele alcançou vitórias contra adversários muito mais poderosos, combinando a disposição corajosa de sofrer e até morrer com uma determinação igualmente resoluta de não ferir ou matar. Gandhi acreditava que a violência era a arma dos fracos, que matam por medo de morrer. Gandhi odiava, acima de tudo, a submissão temerosa à opressão: melhor morrer de pé do que viver de joelhos. Não lhe surpreendia que os pashtuns, os mais guerreiros, também fossem os maiores praticantes da resistência não violenta. Não se pode ensinar não violência a um covarde, dizia ele. O próprio Gandhi foi condecorado pelo governo britânico por seu valente serviço em combate como motorista de ambulância durante a Guerra dos Bôeres (1899-1902).

Gandhi foi o produto dos mais altos ideais do oeste cristão e do leste indiano. Nascido na Índia, viajou para Londres na juventude para se tornar advogado, desenvolvendo um grande respeito pela lei e pelas liberdades britânicas. Toda a sua vida poderia ser descrita como uma tentativa de fazer com que os governantes britânicos da África do Sul e da Índia cumprissem seus próprios ideais de justiça legal. Enquanto estava em Londres, esse futuro monge indiano usava cartola e cauda, aprendeu dança de salão, estudou latim e francês e dedicou-se ao violino. Mais importante do que isso, Gandhi conheceu em Londres um grupo heterogêneo de pacifistas, vegetarianos, feministas e socialistas cristãos e ex-cristãos devotos. Ironicamente, a exploração de Gandhi dos ideais cristãos em Londres acabou levando-o de volta a suas raízes hindus. A primeira de suas comunidades experimentais (mais tarde conhecidas como ashrams) foi chamada de Fazenda Tolstói, em homenagem ao grande romancista russo e pacifista cristão. Gandhi foi o menos sectário dos sábios religiosos da história: seus companheiros hindus às vezes reclamavam que ele parecia cristão demais. Ele insistiu no respeito igual por todas as principais religiões do mundo. Qualquer que seja sua religião herdada, dizia ele, você deve tentar se tornar o melhor exemplo dessa religião.

As sementes do ideal de resistência não violenta de Gandhi estão em seu encontro com o Jesus dos Evangelhos. Gandhi sempre se referiu a Jesus como o maior praticante da resistência não violenta. Jesus diz aos judeus que vivem sob opressão romana: "Se alguém o bater na face direita, ofereça-lhe a outra face; e se alguém quiser processá-lo e tirar-lhe a túnica, deixe que leve também a capa; e se alguém o forçar a caminhar uma milha, caminhe duas".* Pela lei romana, era permitido a um soldado exigir que um civil carregasse sua mochila por uma milha. Então, Jesus diz que, quando um soldado romano exige injustamente que carreguemos sua mochila por uma milha, devemos nos oferecer para levá-la por duas milhas. Por que responder ao mal romano com bondade? Quando punimos a nós mesmos, esfregamos o crime do opressor em sua cara. Se o opressor tiver alguma consciência, ele sentirá o aguilhão de nossa repreensão. O Jesus de Gandhi é um defensor da resistência ativa e não violenta contra o império romano, não um defensor dócil da não resistência passiva ao mal.

A busca de Gandhi pela santidade era uma questão política e pessoal. Mesmo na juventude, ele ficou cada vez mais perturbado com seus próprios desejos sexuais e outros desejos, ansiando por serenidade interior e um distanciamento filosófico de seus próprios impulsos físicos. Ao mesmo tempo, como jovem advogado trabalhando na África do Sul, perturbaram-lhe também o desejo de dominar dos brancos e a submissão covarde das raças não brancas que ele testemunhou. Assim que chegou à África do Sul, o próprio Gandhi foi expulso de um vagão de primeira classe simplesmente por causa de sua cor. Sua vocação era ver uma relação entre psicologia pessoal e opressão social. Como o naturalista e radical americano Henry David Thoreau, como John Ruskin e como Leon Tolstói, Gandhi se convenceu de que o capitalismo moderno, ao acender as chamas do desejo por cada vez mais produtos, provocando inveja e competição social, criava a base psicológica para a opressão de classe e raça. Seguindo o exemplo de seu herói, Sócrates, Gandhi sempre insistiu que a paz e a justiça no mundo dependiam da paz e harmonia dentro de cada alma humana. Portanto, suas campanhas por justiça social sempre foram enraizadas na autodisciplina de suas comunidades ascéticas, dedicadas à pobreza voluntária.

---

* N.T.: Mateus 35:39-41.

O ascetismo de Gandhi era mundano, a serviço da paz e da justiça. Todos os soldados devem ser rigorosamente disciplinados para que possam ignorar os desejos físicos e aprender a aceitar o sofrimento e até a morte. O mesmo se aplica aos monges, cujas práticas ascéticas são exatamente esse treinamento: ao aprender a sacrificar pequenos desejos, eles acabam se tornando capazes de sacrificar a própria vida. A coragem necessária para a resistência não violenta baseia-se em anos de treinamento ascético em autocontrole, autopurificação e sofrimento. Os seguidores de Gandhi faziam votos formais de castidade, pobreza e serviço; eles eram instruídos a jejuar, fazer exercício, trabalhar e orar. Essas práticas de autoaperfeiçoamento eram um fim em si mesmas e um meio de criar guerreiros corajosos pela justiça social. O autoaperfeiçoamento individual estabelece o fundamento necessário para curar o mundo. Gandhi ficou famoso por dizer que devemos nos tornar a mudança que queremos ver no mundo.

Gandhi cunhou uma nova palavra para descrever seu ascetismo mundano, *satyagraha*, com base na palavra hindu *satya*, que significa "realidade" ou "verdade". *Satyagraha* significa "firmeza na busca da verdade". Gandhi a explicou certa vez como "a conquista do adversário pelo sofrimento pessoal". O fruto do *satyagraha* é a coragem da resistência não violenta, ou *ahimsa*. Se estivermos dispostos a morrer, não há necessidade de violência para proteger nossas vidas. A disciplina ascética é reservada para atletas espirituais de elite. Nenhuma tradição religiosa esperava isso de todos. Mas Gandhi estava convencido de que praticamente qualquer pessoa era capaz dessa disciplina rigorosa: ele pretendia democratizar o ideal ascético. Sua estrita dieta vegana quase matou sua esposa, seus filhos e a ele próprio, e suas relações com sua família foram prejudicadas (para não dizer algo pior) por outras disciplinas. O gandhismo não era possível nem para todos os gandhis. Quanto aos seus seguidores em massa, muitos recorreram à violência durante suas várias campanhas, especialmente na Índia. Ele passou os últimos trinta anos de sua vida trabalhando pela amizade hindu-muçulmana em uma Índia unificada, apenas para ver, no final, pogroms generalizados, violência brutal entre comunidades e a primeira guerra indo-paquistanesa. Embora a Índia e o Paquistão tenham conquistado a independência sem lutar contra a Grã-Bretanha, Gandhi considerou o trabalho de sua vida um fracasso total.

Gandhi era um guerreiro e um sábio. Ele foi o mais filosófico dos políticos e o mais político dos filósofos. Além de suas teorias da verdade, violência e ascetismo, Gandhi repensou toda a relação entre fins e meios na política. Ele sempre afirmou que a violência e a não violência não eram dois meios para o mesmo fim, digamos, a independência indiana. Ele entendeu que o futuro criado quando se recorre à violência é muito diferente daquele criado quando se recorre à não violência. Primeiro, cada um de nós molda nosso próprio caráter pelo que escolhemos fazer ou sofrer. Se escolhermos a violência, nos tornaremos violentos. Como a verdadeira paz pode ser criada por pessoas violentas? Segundo, como guerreiro cavalheiresco, Gandhi sempre ansiava por reconciliação e amizade com seus adversários. Lutando com a espada do amor e a armadura da verdade, ele criava a base da harmonia com seus antigos inimigos. Terceiro, Gandhi sabia das incertezas da política: só podemos ter certeza de nossas escolhas atuais, de modo que sacrificar o bem que pode ser feito hoje por um futuro incerto não fazia sentido para ele. Nossos meios se tornam nossos fins: somente meios pacíficos podem levar à verdadeira paz. Para Gandhi, a não violência não era apenas uma política, mas também um credo ético.

Gandhi argumentou que seu credo de resistência não violenta era universalmente aplicável e moralmente puro. A lógica da resistência não violenta é punir-se pelo crime do opressor, de modo a repreender sua consciência. Se o opressor não tiver consciência, o apelo não violento a essa consciência não dará resultado. Os Estados-nações normalmente não têm consciência, de modo que o pacifismo entre Estados, de um modo geral, significa apaziguar os agressores: até Gandhi denunciou o apaziguamento de Hitler no Acordo de Munique de 1938. Nos regimes nazista e comunista, ideologias cruéis ocluíram total ou parcialmente a consciência humana dos agentes desses regimes. A resistência não violenta não pode controlar o mal quando não é possível apelar para uma consciência humana. O general Smuts pode mudar, mas não Heinrich Himmler. Além disso, a política gandhiana depende da livre comunicação para a coordenação de ações diretas. Se todos os líderes da resistência não violenta desaparecessem repentinamente, que esperança haveria para qualquer ação coletiva? Por essas razões, a política gandhiana só funciona em países que gozam de liberdades civis básicas. Quando perguntado sobre os judeus na Alemanha nazista, tudo o que Gandhi poderia sugerir era suicídio em massa.

Se não é universalmente aplicável, a não violência gandhiana é moralmente pura? Infelizmente, a ação coletiva sempre vitimiza terceiros inocentes. Os boicotes de Gandhi ao governo na Índia causaram o saque de trabalhadores têxteis simpatizantes em Lancashire. Boicotes e greves sempre impõem danos e custos a muitas pessoas que não fazem parte do conflito. Além disso, os jejuns autopunitivos de Gandhi pareceram a muitos de seus contemporâneos uma forma de chantagem moral. Nesses "jejuns até a morte", ele ameaçava seus adversários: "Se você não parar o que está fazendo, eu morrerei de fome". Isso pode não ser tão coercivo quanto matar, mas ainda é coercivo. A política é impossível sem algum tipo de coerção. A coerção não violenta de Gandhi é mais eficaz e moralmente superior à coerção violenta, mas nem uma política não violenta pode ser moralmente pura.

A genialidade de Gandhi foi mostrar, no entanto, que a disciplina ascética pode ajudar a sustentar uma política heroica de resistência não violenta. Seu sucessor mais famoso foi o reverendo dr. Martin Luther King, que treinou seus seguidores nas técnicas de protesto não violento e sofrimento paciente. A política não violenta de King visava a remover as leis de segregação racial no sul dos Estados Unidos: ele conseguiu por causa da existência de liberdades civis básicas naquele país e porque a consciência da maioria dos sulistas americanos não era indiferente ao apelo da justiça racial. Talvez os sucessos mais dramáticos da política gandhiana tenham sido alcançados na Europa Oriental em 1989. Multidões de pessoas em protesto sofreram pacientemente ameaças e violência por meses, derrubando regimes comunistas na Polônia, Tchecoslováquia, Romênia, Bulgária, Hungria, Alemanha Oriental e Países Bálticos. Se uma massa grande o suficiente de pessoas decidir não cooperar com o mal, nenhum regime poderá sobreviver. Cientistas políticos estão descobrindo que protestos não violentos são geralmente os meios mais eficazes de derrubar regimes opressivos.

A política gandhiana não funciona em todos os lugares e não é moralmente pura. Mas, na maioria dos casos, oferece um caminho melhor para a justiça social e a política do que a violência. Nos seus dias, a política de Gandhi era frequentemente denunciada pelos progressistas como medieval e reacionária. No entanto, o futuro parece pertencer a esse monge e guerreiro da paz.

24
Sayyid Qutb: o jihadista

Em 1948, um professor idealista de literatura moderna que buscava treinamento profissional viajou de sua casa no Cairo, Egito, para a pequena cidade rural, conservadora e seca de Greeley, Colorado, no oeste americano, para estudar na Colorado State Teachers College. Esse professor, Sayyid Qutb, certamente recebeu uma educação em Greeley, e em outros campi americanos que visitou, mas não a que esperava. Ele escreveu cartas dos Estados Unidos expressando seu horror ao que considerava uma promiscuidade sexual descarada, a obsessão por esportes brutais e a adoração ao todo-poderoso dólar. Como a maioria dos viajantes, Qutb aprendeu mais sobre seu próprio país e suas crenças do que sobre o país que estava visitando: o choque da coeducação ("a mistura animal de sexos"), o materialismo e o racismo americanos transformaram Qutb de islâmico moderado em radical. Greeley, Colorado, portanto, pode ser considerado o improvável berço do islã militante moderno.

Logo depois de retornar dos Estados Unidos, Qutb ingressou na Sociedade dos Irmãos Muçulmanos, no Egito. Ele apoiou o golpe militar de Gamal Nasser, mas logo se desentendeu com o general mais secular. Preso por Nasser, Qutb foi torturado diversas vezes, mas ainda conseguiu escrever um comentário em seis volumes sobre o Alcorão enquanto estava na prisão antes de ser enforcado em 1966, tornando-se o primeiro grande mártir do islã político moderno. Muitos ocidentais pensam que o islã militante é contra cristãos ou judeus, mas a vida, o pensamento e a morte de Qutb mostram que o radicalismo islâmico moderno é contra os governos dos países muçulmanos e os ocidentais que apoiam esses governos. É impossível entender a violência motivada pela religião sem antes entender que os cristãos mataram, principalmente, outros cristãos; os judeus, outros judeus; e os muçulmanos, outros muçulmanos. A violência religiosa é fraterna, como vimos com o assassinato de Gandhi por um compatriota hindu.

Como muitos cristãos, judeus e muçulmanos devotos, Qutb ficou profundamente perturbado com o secularismo da vida moderna, no qual a religião havia se limitado a cultos ocasionais no sábado. Na sua opinião, as pessoas modernas se comportam como meros animais durante a semana de trabalho, comendo, dormindo, comprando, lucrando e procriando sem pensar em Deus, tornando-se seres espirituais apenas durante o culto do sábado. Qutb rejeitou essa divisão dos seres humanos como materialistas cotidianos que se tornam espirituais somente na mesquita. A verdadeira felicidade só é possível por meio da integração de toda a vida à devoção a Deus, para que toda refeição, todo trabalho, toda amizade, todo ato de educação dos filhos se torne uma espécie de oração a Deus. O ideal de Qutb de uma sociedade verdadeiramente islâmica não é um mundo ascético de constante abnegação, mas um mundo integrado, no qual todos os prazeres da vida são desfrutados plenamente dentro dos limites moderados e humanos da lei islâmica. O islã, diz ele, demanda toda a nossa vida, não somente o culto no sábado. Nunca seremos felizes enquanto nossas atividades materiais e nossas buscas espirituais não estiverem totalmente integradas. O islã, diz Qutb, não é uma religião, mas um modo de vida.

O islã militante é frequentemente acusado de medieval e reacionário. Qutb trazia a visão da primeira geração de muçulmanos como o padrão pelo qual julgar a subsequente corrupção do islã. Mas o islã qutbiano, como outros fundamentalismos, é completamente moderno. No islã tradicional, o Alcorão é estudado à luz de várias tradições de interpretação e escolas de jurisprudência. Qutb rejeita tudo isso, propondo um retorno ao texto corânico puro, conforme interpretado por ele. Nas sociedades muçulmanas tradicionais, existem muitos intermediários entre a lei islâmica e os fiéis, incluindo costumes étnicos, anciãos, juristas e reis tribais. Qutb quer varrer todos eles para que cada muçulmano possa ser governado apenas pela lei islâmica. No lugar das hierarquias sociais e religiosas tradicionais, ele oferece uma igualdade radical; no lugar das autoridades políticas tradicionais, ele oferece liberdade radical da dominação humana. Segundo Qutb, os ideais modernos de liberdade, igualdade e fraternidade só são possíveis mediante a submissão individual e exclusiva a Deus.

A visão de Qutb da soberania divina não pode ser entendida sem considerar o retrato bíblico e corânico de um Deus ciumento, que insiste que sejamos leais apenas a Ele: "Vocês não terão outros deuses além de Mim". As religiões abraâmicas estão comprometidas não somente com o monoteísmo divino, mas também com a monogamia divina: Deus não tolera infidelidade, ou seja, a adoração a outros deuses. Qutb diz que, quando confiamos na riqueza, no poder militar, na tecnologia ou nos governos humanos, somos culpados dessa mesma infidelidade. Soberania divina significa que não devemos nos submeter a poder humano algum, somente a Deus. Qutb está certo quando diz que as teorias modernas de soberania política são incompatíveis com a soberania divina. Se um governo humano é soberano, Deus não pode ser soberano; se Deus é soberano, nenhum governo pode ser soberano. A soberania, por definição, é indivisível. Todos os governos modernos afirmam ser soberanos, negando assim a soberania de Deus. Qutb rejeita a ideia de que Deus, de alguma forma, nomeia governantes terrenos e compartilha Sua soberania com eles: Deus é um Deus ciumento que exige total lealdade. "Nenhum deus além de Deus" significa nenhuma soberania além da soberania de Deus, nenhuma lei além da lei de Deus e nenhuma autoridade além da autoridade de Deus.

Como existe apenas um Deus, existe também apenas um povo. Tradicionalmente, o islã tem um relacionamento especial com a Arábia, com a língua árabe e com a nação árabe maior. Qutb afirma, no entanto, que todas essas distinções nacionais e culturais devem ser desfeitas em nome de uma comunidade global do islã. Ele ataca o judaísmo por ser meramente uma religião tribal e o cristianismo por ser meramente espiritual. Somente o islã, diz ele, é universal e holístico, fornecendo um guia para a vida pessoal, familiar, econômica, social e política de todos os seres humanos.

A palavra "islã" significa "submissão", e Qutb argumenta que a verdadeira liberdade só é possível pela submissão total a Deus. Quando obedecemos a seres humanos, diz ele, afundamos em servidão, porque nos tornamos sujeitos a uma vontade humana arbitrária. Obediência a Deus significa submissão a uma vontade perfeitamente racional e justa. Esse tipo de submissão cria a verdadeira liberdade humana. Segundo Rousseau, submissão a qualquer vontade humana específica é servidão, enquanto submissão à "vontade geral" é liberdade. Qutb concorda com Rousseau, embora afirme que a única vontade geral é a vontade divina, não a vontade popular.

O governante islâmico ideal de Qutb, um califa ou imã, não tem autoridade independente, nem poder para legislar. Ele é apenas um representante de Deus, responsável por interpretar, aplicar e fazer cumprir a lei islâmica. O regime ideal de Qutb é o governo de Deus (literalmente, uma teocracia). Mas, desde que a teocracia passou a significar o domínio dos padres, Qutb nega que o islã possa ser uma teocracia, uma vez que não tem padres. O governante islâmico não possui a autoridade sagrada de padres ou homens santos; o califa é apenas o primeiro entre iguais. Cada califa deve ser escolhido pelo povo muçulmano. Enquanto o califa aplicar a lei islâmica, e somente a lei islâmica, o povo é obrigado a obedecê-lo.

Qutb é mais conhecido por sua teoria da jihad. Ele foi chamado de "filósofo do terror islâmico", mesmo insistindo que mulheres e crianças nunca podem ser atacadas. A jihad, para Qutb, começa com uma luta espiritual contra a tentação. Ele argumenta que ninguém pode lutar efetivamente pela justiça social se ainda não venceu a injustiça dentro de si mesmo. Embora pregar e testemunhar a fé sejam tipos de jihad, Qutb deixa claro ainda que jihad também significa "matar e ser morto". Ele defende a jihad como uma espécie de guerra santa contra aqueles que ignoram a Deus, ressaltando que ela é endossada pelo Antigo Testamento e foi praticada pelos cristãos durante as Cruzadas. Tradicionalmente, a jihad era justificada primeiro para eliminar o paganismo da Arábia e, depois, para defender as terras muçulmanas da invasão de descrentes. A inovação de Qutb é transformar essa jihad defensiva (e tribal) em uma luta global para estabelecer o islã. Ele criou uma jihad dirigida, sobretudo, contra os governantes muçulmanos das sociedades islâmicas.

A jihad qutbiana é uma consequência natural de seu holismo religioso. Se o islã significa um modo de vida completo, os muçulmanos devem lutar pelo controle de todos os aspectos da atividade pessoal, social, religiosa e política. O islã não pode ser uma crença ou prática religiosa pessoal, isolada do resto da vida econômica e política. "Liberdade religiosa" para os muçulmanos, diz ele, só faz sentido se os muçulmanos puderem exercer sua religião em todos os aspectos da vida. Isso significa que os muçulmanos podem tolerar minorias cristãs e judaicas dentro de uma sociedade islâmica, mas não podem viver sua fé como minoria dentro de uma sociedade não muçulmana.

Como a jihad é compatível com a liberdade religiosa para todos? Segundo Qutb, o Alcorão endossa os dois princípios: "Lute contra eles até que não haja mais opressão e toda submissão seja apenas a Deus" e "Não haverá coerção na religião". Enquanto os muçulmanos viverem em uma sociedade que não se conforma em todos os aspectos ao islã, eles serão oprimidos religiosamente, mesmo que pelos governantes muçulmanos. Mas uma sociedade verdadeiramente islâmica tolera a liberdade religiosa de minorias judaicas e cristãs, que podem praticar plenamente suas religiões. Uma vez estabelecida uma sociedade islâmica, a jihad assume a forma de pregação e testemunho de fé, que um dia conquistará a maioria dos judeus e cristãos. Portanto, a jihad cria as condições para a liberdade religiosa universal e verdadeira.

Muitos ocidentais argumentam que o islã precisa passar por uma reforma para se tornar compatível com o liberalismo moderno. Mas o islã militante já é uma suposta reforma. Como os primeiros luteranos e calvinistas da Reforma Protestante, Qutb denuncia a corrupção do clero, dos teólogos e dos juristas. O slogan de Lutero foi "só as Escrituras", enquanto o de Qutb é "só o Alcorão". Assim como os calvinistas procuraram restaurar a pureza original do cristianismo "primitivo", Qutb defende um retorno ao islã puro da primeira geração de muçulmanos. Ao longo dos séculos, o islã, como o cristianismo católico, adquiriu muitos costumes religiosos não encontrados nas Escrituras, como formas de misticismo, liturgias, veneração de mártires e santuários, procissões, música e arte religiosas. O islã militante é tão iconoclasta como o calvinismo: todos esses costumes e formas de arte religiosas tradicionais são violentamente atacados como mera idolatria. Os puritanos criaram comunidades políticas governadas apenas pela lei bíblica, assim como Qutb busca um mundo governado apenas pela lei do Alcorão.

 Qutb acreditava que os seres humanos são animais religiosos mais do que animais econômicos. Se Marx afirmou que "a religião é o ópio do povo", então Qutb afirma que tanto o marxismo quanto o capitalismo são o verdadeiro ópio do povo. Os políticos modernos "drogam" as pessoas com recursos materiais cada vez maiores quando o que as pessoas realmente querem é mais sentido espiritual. Hoje, muitas pessoas ficam surpresas com o fato de que as revoluções seculares do século XX na Argélia, na Líbia, no Egito, em Israel, na Índia e no Paquistão provocaram contrarrevoluções religiosas em todas essas nações. Qutb não ficaria. Se a natureza humana anseia pelo conhecimento do Deus único, então nenhuma quantidade de progresso econômico ou tecnológico responderá a esses anseios. Em retrospecto, são os progressistas seculares de meados do século XX que parecem ingênuos em relação à natureza humana. Segundo Qutb, todo conflito político é um conflito teológico na raiz. O imperialismo ocidental não está relacionado ao poder econômico ou político, mas à hegemonia cristã. Nossa única opção na política é honrar o Deus verdadeiro ou algum falso ídolo de nossa própria autoria.

 Como os ocidentais descobriram durante a Reforma Protestante, nada é tão revolucionário quanto um retorno ao passado. O retorno de Qutb às promessas do Alcorão promete uma transformação igualmente dramática do nosso mundo. No início deste livro, observamos que o primeiro filósofo político islâmico, Al-Farabi, estava confiante de que o islã poderia incorporar o melhor da filosofia e da ciência ocidentais. Qutb, em contrapartida, teme que o islã se torne fatalmente contaminado pelas mesmas artes e ciências ocidentais. O destino do mundo agora depende, em grande parte, de qual dessas duas formas contrastantes de islã prevalecerá.

25
Hannah Arendt: a pária

Hannah Arendt escapou por pouco dos nazistas por duas vezes. Em 1933, ela foi detida pela Gestapo em Berlim e ficou presa por oito dias. Após sua libertação, ela fugiu logo para Paris, onde, como judia, foi despojada mais tarde de sua cidadania alemã. (Continuaria sendo apátrida até se tornar cidadã americana, depois da guerra.) Os nazistas a detiveram novamente quando invadiram a França em 1940. Ela foi internada como "estrangeira inimiga" num campo perto da fronteira espanhola. Felizmente, no caos causado pela queda da França naquele verão, Arendt foi autorizada a deixar o campo. Ela se manteve em silêncio, procurando não chamar atenção, até que o novo governo fantoche instalado pelos nazistas abrandou um pouco sua política de permissão de saída, e Arendt fugiu para os Estados Unidos com o marido. Quando chegou lá, em 1941 (com 35 anos na época), tinha apenas 25 dólares no bolso e um conhecimento limitado de inglês. Todos os trabalhos pelos quais se tornou conhecida mais tarde ainda não haviam sido escritos. Mas seu passado como vítima perseguida de um regime totalitário forçada ao exílio (duas vezes) havia, então, marcado indelevelmente sua visão sobre política. Foi assim que Arendt começou a escrever o primeiro livro que a levaria ao conhecimento público, *Origens do totalitarismo*.

A maior notoriedade pública de Arendt surgiu no início da década de 1960, com a publicação de seu livro *Eichmann em Jerusalém*, que apareceu pela primeira vez na revista *The New*

Yorker. Ela foi a repórter da revista em 1961 no julgamento de crimes de guerra de Adolf Eichmann em Israel por sua participação no Holocausto nazista. O surpreendente retrato de Arendt dele como um burocrata banal e impensante do genocídio, alguém "terrivelmente normal" em vez de um ideólogo nazista fanático e delirante, foi muito controverso na época (e hoje é muito discutido), assim como as questões que ela levantou sobre a legitimidade do julgamento em si. Ela também acusou de maneira provocativa alguns sionistas de sustentar visões nacionalistas ultrapassadas cultivadas no mesmo solo *völkisch* do século XIX do nacionalismo alemão. Pior ainda, seu julgamento severo em relação aos judeus que trabalharam para os Conselhos Judaicos autorizados pelos nazistas durante a guerra recebeu acusações amargas de que ela culpava as vítimas, implicando sua cumplicidade no Holocausto. Tendo sido pária entre seus companheiros alemães antes da guerra por ser judia, ela também foi pária entre muitos de seus companheiros judeus. E, se não exatamente pária nos Estados Unidos, Arendt, uma emigrante europeia intelectual e independente, continuava alheia à sociedade de consumo de massa dos Estados Unidos do pós-guerra, onde passou o resto da vida.

Quando jovem na Alemanha antes da guerra, Arendt havia estudado filosofia e teologia, e não política, que, na época, não lhe interessava muito. Tudo isso mudou quando os nazistas chegaram ao poder, em 1933, e ela foi obrigada a fugir para salvar sua vida. Vinte anos depois, nos Estados Unidos, sua visão tinha mudado completamente. Agora, Arendt via a política como tendo um valor independente e uma importância vital pouco compreendida ou apreciada no mundo moderno. Ela criticou o domínio da política pela filosofia, uma tendência que remontou a Platão. Segundo Arendt, quase sem exceção desde então, os filósofos compartilharam esse viés antipolítico nas origens do pensamento ocidental, que degradaram a vida pública e prejudicaram nossa capacidade de julgamento, muitas vezes com consequências desastrosas. Contra essa longa tradição de pensamento, Arendt esperava recuperar o entendimento grego original da política, segundo o qual a participação na vida pública é essencial para a humanidade, e não apenas um mal necessário, como Thomas Paine a havia descrito. Para ela, os filósofos ocidentais desde Platão ignoraram a importância existencial vital da ação política e negaram sua dignidade inerente. Isso levou alguns de seus críticos a acusá-la de nostalgia helênica e hostilidade anti-intelectual à filosofia.

A expressão mais clara dessa perspectiva aparece no livro político mais importante de Arendt, *A condição humana*, que é um relato do significado grego original de política, explicando por que o homem é, em essência, um animal político, como Aristóteles havia afirmado. O trabalho distingue entre três categorias de atividade: labor, trabalho e ação.

Arendt argumenta que, para os gregos antigos, o labor é a atividade humana mais baixa e básica, que compartilhamos com todos os animais. É o mais próximo da natureza e tem como objetivo sustentar a própria vida, satisfazendo nossas necessidades biológicas fundamentais, como comer. O trabalho, em contrapartida, vai além da mera sobrevivência física, incluindo atividades que produzem um mundo de objetos duradouros, como tecnologia, arquitetura e pintura, que não são apenas consumidos para nos manter vivos. Isso é algo que os animais nunca fazem. Por isso os gregos antigos classificaram o trabalho acima do labor, de acordo com Arendt. A categoria mais elevada para eles é, de longe, a da ação, o âmbito da política, que eles viam como o espaço público compartilhado no qual cidadãos livres se encontram e debatem os assuntos comuns de sua cidade e, ao fazê-lo, exercem seus poderes de ação, revelam identidades individuais e afirmam um mundo público comum. Nada mais humano para eles, diz Arendt, do que essa forma particular de se reunir, que ela via como a essência da política na Grécia antiga. As atividades menores de labor e trabalho estavam estritamente confinadas à esfera privada (a família, a fazenda, a oficina, o mercado), que é governada pela necessidade, enquanto a ação ocorre somente na esfera pública, que é o domínio da liberdade. Para Arendt, a liberdade é vivenciada apenas por cidadãos ativos que participam de assuntos públicos, não por indivíduos isolados que fazem o que bem entendem, livres da política.

No mundo clássico das cidades-Estados gregas, como Arendt apresenta, a arena política era onde os cidadãos transcendiam a natureza, e a identidade humana era formada por meio da ação coletiva. Precisamos agir e falar juntos em um espaço público comum, a fim de afirmar nossa própria realidade compartilhada. É por isso que os gregos se referem com desprezo a um cidadão que se preocupa exclusivamente com seus próprios assuntos pessoais como *idiōtēs*, idiota, em contraste com o *polītēs*, cidadão devotado, sobretudo, ao bem público. Os filósofos que optaram por negligenciar os deveres públicos para seguir a filosofia e os escravos que foram excluídos da política como não cidadãos eram idiotas no sentido grego original da palavra, porque, nas palavras de Arendt, "viver uma vida inteiramente privada significa, acima de tudo, ser privado de coisas essenciais para uma vida verdadeiramente humana". Essa é uma afirmação da ideia central de Aristóteles, de que não podemos viver uma vida verdadeiramente humana fora da política, embora ela acreditasse que a política é uma criação humana completamente distante da natureza, enquanto Aristóteles dizia que somos animais políticos por natureza. Hobbes e Locke estavam errados ao defender a política como um meio de preservar a vida: ela existe principalmente para dar sentido à vida humana, de acordo com Arendt.

Segundo Arendt, existe uma afinidade política natural entre filósofos e tirania. Os filósofos afirmam ter o conhecimento da verdade e são tentados a impor esse conhecimento sobre o restante de nós, à força, se necessário. Por isso Platão se opôs à democracia em favor do governo por reis-filósofos benevolentes. Ele via o governo como uma ciência que uma elite esclarecida, com o treinamento certo, pode aprender e praticar no interesse de todos. Tal regra paternalista é exatamente o oposto do entendimento grego original de política, como Arendt vê: um compartilhamento público de palavras e ações entre uma pluralidade de cidadãos que, assim, criam um mundo comum em vez de buscar a verdade. Para Arendt, relegar a política a uma elite de reis-filósofos, ideólogos, tecnocratas ou déspotas esclarecidos é uma ruína para a humanidade, que precisa desse mundo público compartilhado para manter os cidadãos artificialmente unidos. A tragédia histórica dos judeus, afirmou ela, é que foram párias políticos excluídos da esfera pública, o que os privou de sua humanidade e senso de realidade política. Isso era algo que ela temia estar se tornando uma característica geral da era moderna, deixando-a vulnerável a uma série de patologias políticas, como o totalitarismo e o nacionalismo tribal. A melhor defesa contra essas tendências malignas é a recuperação da concepção grega original de política e, a seu ver, a restauração das instituições e atitudes que a sustentam.

Na era moderna, acreditava Arendt, a política foi degradada por sua subordinação à economia, uma inversão da visão grega antiga da relação adequada entre ação, trabalho e labor. A política tornou-se cada vez mais dedicada a promover a riqueza e o bem-estar físico dos cidadãos, em vez de ser o local de grandes palavras e ações imortais. Isso vale tanto para o sistema capitalista quanto para o sistema socialista, que são fundamentalmente antipolíticos no sentido clássico, como Arendt define. Enquanto os antigos gregos relegavam todas as questões de produção e consumo à esfera inferior da vida privada, mantendo a esfera pública intocada por qualquer coisa relacionada ao labor e ao trabalho, os modernos estão preocupados com a "economia política", uma contradição em termos para a mente antiga como Arendt a entende, ou julga que entende, já que os atenienses de fato costumavam debater publicamente a divisão de riqueza e impostos.

Ela criticou a Revolução Francesa por se preocupar com questões de justiça social, pobreza e desigualdade econômica, que estão fora do escopo adequado da política, como ela a via. De acordo com seu entendimento clássico e puro da política, a compaixão pelo sofrimento dos outros deve ser mantida fora do domínio público, que deve ser dedicado à criação de um mundo comum de palavras e ações para os cidadãos.

As ideias de Karl Marx são um exemplo perfeito dessa tendência moderna, segundo Arendt. Ela via sua exaltação do labor como mais um sintoma da mesma perspectiva antipolítica que ela havia remontado a Platão. De fato, Marx e Engels acreditavam que, no comunismo, o Estado seria desnecessário; acabaria "murchando" e seria substituído por uma sociedade autorreguladora de cooperação espontânea e boa vontade. Em outras palavras, a própria política acabaria por desaparecer. Para Marx, o labor é "a expressão da própria humanidade dos homens", enquanto para os gregos antigos era a menos humana das atividades, segundo Arendt. Do lado capitalista, John Locke defendia a ideia de que o governo não tem outro fim senão a preservação da propriedade, cuja consideração, para Arendt, deveria ser completamente excluída da política.

Quando questões de riqueza e pobreza entram na vida pública, como aconteceu de maneira marcante na era moderna, segundo Arendt, a política genuína desaparece, como Marx previra. Em seu lugar, temos o que ela chama de sociedade, "esse domínio curioso e um tanto híbrido entre o político e o privado". A sociedade tem uma conformidade de rebanho antitética à diversidade e liberdade encontradas na autêntica esfera pública. Arendt se opunha fortemente à intrusão, como ela via, de questões sociais na política e questões políticas na sociedade, para que a política não perca seu caráter humanizador. Por exemplo, ela considerava que não era objetivo do governo legislar contra a desigualdade e a discriminação na sociedade. A igualdade, o "princípio mais íntimo" do corpo político, aplica-se apenas no nível político, entre cidadãos, e não no nível social, entre grupos e indivíduos. Práticas discriminatórias são legítimas no nível da sociedade, mas nunca no nível político. Foi por essa razão que Arendt se opôs, de modo controverso, às tentativas do Estado de criminalizar a segregação racial nos Estados Unidos do pós-guerra, uma posição que conquistou muitos inimigos de esquerda. Ao mesmo tempo, ela endossou a revogação americana das leis que impunham a segregação racial na sociedade no pós-guerra, o que lhe rendeu alguns inimigos de direita. Ambas as políticas são exemplos da interpenetração de política e sociedade, que, segundo Arendt, devia ser evitada para que o verdadeiro caráter da política fosse preservado.

 Nenhum pensador moderno pintou um retrato mais nobre da política do que Arendt, e ninguém entendeu tão bem como ela os graves riscos de deixar o cuidado do mundo público para os outros. Sua imagem idealizada da antiga cidade-Estado grega nos lembra que, na melhor das hipóteses, o mundo político é uma esfera humanizante, em que grandes coisas são possíveis. Pode ser um lugar de coragem, discurso inspirador, liberdade e ação comum entre os cidadãos que nos eleva acima de preocupações e interesses mesquinhos e fornece um contexto para nossas atividades e realizações compartilhadas. É uma lição muito positiva para uma época tão alienada da política quanto a nossa. Mas há tão poucos exemplos na história em que políticas desse tipo foram praticadas, ou mesmo consideradas, que não há como não pensar que talvez ela seja destinada a uma raça de heróis e não a cidadãos comuns. Até a Atenas antiga ficou aquém do ideal, que pode ser literalmente utópico. Os exemplos concretos de ação política moderna que Arendt apresenta são revoluções, que são excepcionais e, portanto, não servem de base para uma ordem política estável. E até as revoluções modernas levaram, muitas vezes, a desastres políticos que até Arendt condenou. Mas ter ideais para orientar nossas ações e fornecer um padrão de conduta como referência certamente é melhor do que uma política vazia e sem objetivo de puro pragmatismo.

26
Mao Tsé-Tung: o presidente

O maior Estado oficialmente comunista do mundo foi proclamado na Praça da Paz Celestial, no centro de Pequim, em 1º de outubro de 1949, por Mao Tsé-Tung, um camponês marxista, ex-professor e bibliotecário de uma pequena vila na China provinciana. Em 1921, ele fora um dos apenas treze representantes a participar do primeiro Congresso Nacional do Partido Comunista da China, em uma sala de aula de uma escola para meninas em Xangai. Depois desse começo muito modesto, Mao agora estava no Portão da Paz Celestial de Pequim, de frente para a praça central lotada de pessoas que o aclamavam como o novo chefe de Estado da China. Ele liderou com sucesso os comunistas do país em uma guerra civil que foi travada por mais de duas décadas, e nesse momento se apresentava como governante triunfal de uma nação de 500 milhões de pessoas, um quarto da humanidade na época.

A partir dessa altura, Mao ascenderia ainda mais, ao status de *cult*, tornando-se uma espécie de deus secular e a personificação da vontade popular do povo chinês, pelo menos oficialmente. Milhões de pessoas foram à Praça da Paz Celestial para assistir a comícios em homenagem ao "Grande Timoneiro" do povo chinês, o "sol mais vermelho de nossos corações", como muitos o chamavam. "Viva o presidente Mao!", entoavam. "Vida longa ao presidente Mao!" Quando era estudante na China imperial, ele se curvava humildemente todas as manhãs com seus colegas diante de um retrato do reverenciado Confúcio. Depois da revolução, seus concidadãos se curvavam diante do retrato de Mao todas as manhãs. Uma foto gigante sua ainda está pendurada na Praça da Paz Celestial, a curta distância do mausoléu onde jaz seu corpo embalsamado para todos verem, no local onde antes ficava a entrada principal da Cidade Imperial.

Ideologicamente, Mao Tsé-Tung foi um revolucionário marxista-leninista. Ele leu todas as obras de Karl Marx e seu discípulo russo Vladimir Lênin, que levou seu próprio país ao socialismo em 1917, pouco antes de Mao se tornar um marxista comprometido. Mas Mao modificou substancialmente suas ideias de modo a adequá-las às circunstâncias particulares da China do século XX, criando assim uma ideologia política distinta "produzida nas condições chinesas". O chamado maoismo foi a ideologia oficial do Estado chinês depois de 1949. Aliás, as opiniões e políticas de Mao mudavam constantemente, e ele muitas vezes adaptou suas ideias às novas circunstâncias. Orgulhava-se de ser um pensador "dialético", que adotava abertamente a contradição como uma característica fundamental da vida e do pensamento, dificultando a definição exata do termo "maoismo". Alguns marxistas ortodoxos garantem que se trata de uma distorção das ideias de Marx, enquanto o próprio Mao considerava que estava aplicando as "verdades universais" do marxismo-leninismo a condições históricas chinesas específicas.

Na primeira metade do século XX, a China ainda não era uma sociedade capitalista: era uma sociedade camponesa extremamente pobre, rural e semifeudal, com pouca indústria. Como tal, não atendia às condições materiais que Marx insistia serem necessárias para o comunismo, o que provavelmente só ocorreu depois do colapso de economias industriais capitalistas maduras, como as da França, Alemanha e Grã-Bretanha (as únicas que Marx conhecia diretamente). Para os marxistas ortodoxos, a China ainda não estava preparada para o comunismo, que só poderia ressurgir das cinzas do capitalismo depois de destruir o feudalismo e a sociedade modernizada, desencadeando as forças produtivas massivas que seriam necessárias para satisfazer as necessidades essenciais de todos no comunismo. Mao rejeitou esse argumento, dizendo que o relativo "atraso" da China não era obstáculo ao socialismo. Aliás, ele acreditava que a China lideraria o caminho na construção de uma futura ordem revolucionária global. Ele argumentou que, por meio de uma revolução camponesa popular guiada pelo Partido Comunista, poderia ser estabelecida uma ditadura democrática que usaria o poder do Estado para transformar radicalmente a sociedade, a cultura e a economia semifeudais chinesas em um "Grande Salto Adiante" para o comunismo, algo que Marx considerava historicamente impossível, uma vez que a política sempre segue a economia.

Marx também acreditava que quem realmente tinha consciência socialista era a classe trabalhadora urbana e industrial, que ele chamava de proletariado. Ele achava que os camponeses eram historicamente irrelevantes e escreveu com desprezo sobre a "idiotice da vida rural". Marx viveu toda a sua vida adulta nas grandes cidades do Ocidente industrializado, onde o capitalismo já havia destruído substancialmente a classe camponesa agrária da sociedade feudal. Mas não havia um proletariado chinês significativo na primeira metade do século XX, razão pela qual a China era o último lugar em que Marx esperaria que ocorresse uma revolução. Então, Mao considerava os camponeses, não os trabalhadores urbanos, como a principal força revolucionária da China, uma vez que eles representavam 90% da população. Ele próprio era filho de camponês, com uma profunda desconfiança em relação à vida urbana e sua elite sofisticada, nunca tendo abandonado a sensação de ser um caipira das províncias, algo que ele compartilhava com Rousseau, cuja obra *O contrato social*

Mao lera quando jovem. Os dois suspeitavam profundamente das cidades, que Rousseau via como fontes de vício e depravação, e Mao considerava centros de reação contrarrevolucionária. Durante a longa guerra civil da China, Mao liderou seu exército camponês e, durante a "Revolução Cultural" que ele iniciou em meados da década de 1960, expulsou os moradores das cidades para aprender as "virtudes proletárias" dos camponeses. Sua estratégia populista era liberar o vasto potencial reprimido das centenas de milhões de camponeses sofridos e desesperadamente pobres da China para derrubar o antigo regime que ainda estava estabelecido nas cidades. Por isso o maoismo se mostrou tão popular entre os grupos socialistas revolucionários nos países em desenvolvimento, como o Khmer Vermelho do Camboja e o Sendero Luminoso do Peru. Para Mao, nem todos os caminhos para o comunismo passam pelo capitalismo, como Marx e Lênin disseram.

Uma razão pela qual Mao não estava comprometido com um único caminho para o comunismo era sua crença de que a história costuma resultar da atividade humana consciente, em vez de ser totalmente determinada por fatores econômicos impessoais. Ao contrário de Marx, Mao abriu espaço para "fatores subjetivos", como força de vontade, cultura e ideias no desenvolvimento da vida política e econômica. Essa crença forneceu a base ideológica de suas duas grandes tentativas de transformar a China: o Grande Salto Adiante (1958-1962) e a Revolução Cultural (1966-1976). A preocupação de Mao com a "consciência ideológica correta" reflete sua fé na capacidade de revolucionários dedicados moldarem a realidade social de acordo com suas ideias, algo que os marxistas ortodoxos tendem a descartar.

Do lado negativo, isso envolvia a destruição sistemática da cultura e dos valores tradicionais chineses. "Destruição antes de construção" era o lema. Assim, Mao desencadeou uma cruzada para esmagar os "Quatro Velhos": velho pensamento, velha cultura, velhos costumes e velhas práticas. Por exemplo, ele modernizou os costumes tradicionais relacionados ao casamento, rompendo, em suas palavras, "os grilhões feudais que atam os seres humanos, especialmente as mulheres, há milhares de anos". Mas isso foi só o início. Assim como a Reforma Protestante e o Reinado do Terror na França revolucionária, uma fúria de destruição foi desencadeada durante a Revolução Cultural de Mao, surpreendendo até seu próprio líder. Acreditando que "o passado oprime o presente", estátuas e templos foram demolidos, túmulos e mosteiros, vandalizados, e livros e pinturas, destruídos em larga escala por fanáticos revolucionários. Essa cruzada incluiu uma campanha contra Confúcio, na qual jovens radicais da Guarda Vermelha Maoísta destruíram estátuas do antigo sábio e destruíram o cemitério da família Confúcio em Qufu, chegando a explodir o local de descanso final do Mestre, o símbolo máximo da tradicional China feudal.

Do lado positivo, Mao pretendia preencher o vácuo deixado pelos "Quatro Velhos" com os "Quatro Novos": nova ideologia, nova cultura, novos costumes, novos hábitos. Ele descreveu o povo chinês como "pobre e vazio", pois, em uma folha de papel vazia, "os personagens mais recentes e mais bonitos podem ser escritos, as imagens mais recentes e mais bonitas podem ser pintadas". Assim, as ruas foram renomeadas em homenagem à revolução e aos seus heróis. A esposa zelosa de Mao, Jiang Qing, liderou a produção de novas "óperas" revolucionárias, glorificando seu marido e o povo em suas lutas contra inimigos estrangeiros e de classe. Esses eram os únicos entretenimentos permitidos na época, realizados constantemente em escolas, fábricas e campos de toda a China.

O marxismo é uma ideologia política inerentemente internacionalista. Marx sustentou que as classes trabalhadoras de todos os países têm mais em comum do que as diferenças nacionais que as separam artificialmente. Ele e Lênin esperavam uma revolução mundial que levasse ao comunismo global. "Os trabalhadores não têm país", diz o *Manifesto comunista*. Mao aceitou isso. Mas ele também acreditava na integração do internacionalismo ao patriotismo, em outra de suas adaptações do marxismo às circunstâncias chinesas. Ele costumava apelar ao nacionalismo chinês como uma maneira de mobilizar as massas camponesas para se oporem ao capitalismo global. E Mao apoiou movimentos nacionais de libertação anticolonial em todo o mundo pela mesma razão. Intelectualmente e ideologicamente, essa combinação de nacionalismo e internacionalismo não apresentava problemas para um homem que abraçava abertamente a contradição e acreditava que a "lei da união dos opostos" é "a lei fundamental do universo". Stalin também apelou para sentimentos nacionalistas entre o povo russo, particularmente durante a Segunda Guerra Mundial, mantendo-se oficialmente comprometido com os ideais cosmopolitas do comunismo.

O ponto em que Marx, Lênin e Mao concordam plenamente é que "apenas com armas o mundo inteiro pode ser transformado", como Mao colocou. Ele estava tão convencido como Lênin de que os fins idealistas que eles compartilhavam exigiam meios brutais, dos quais ele nunca se esquivou. Ambos eram o que Maquiavel chamava de "profetas armados", o tipo mais elevado de governante na avaliação do grande diplomata renascentista, que considerava indispensável a violência para o sucesso político. "Uma revolução não é como jantar, escrever um ensaio, pintar um quadro ou bordar", observou Mao, sobriamente, refletindo a visão de Maquiavel. E ele governou a China de acordo com o preceito de que "o poder político vem do cano de uma arma". Para se livrar da arma, dizia ele, primeiro é necessário "pegar a arma", o que Mao fazia constantemente, tanto no poder quanto fora dele, para construir uma sociedade comunista na qual nenhuma arma seria necessária. Para os marxistas, leninistas e maoístas, guerra, violência e até terror são todos legítimos na medida em que conduzem a humanidade ao comunismo. Todos aceitaram prontamente o alto custo humano que teria de ser pago para alcançar o sonho que compartilhavam para a humanidade. Onde Confúcio havia ensinado harmonia, Mao pregava "revolução permanente". "O desequilíbrio é normal", acreditava ele, enquanto "o equilíbrio é temporário e relativo". Ele via a vida permeada de contradições, que inevitavelmente levam a constantes revoltas e conflitos, pelo menos até o advento do comunismo.

Mao acreditava que a luta de classes continuaria até depois da revolução e poderia até se intensificar à medida que as forças feudais e burguesas residuais revidassem. No início da Revolução Cultural, ele escreveu que seria necessário sacudir violentamente a política e a sociedade a cada sete ou oito anos para revitalizar a nação e reenergizar seu espírito revolucionário, que ele temia estar sendo sufocado pela inércia burocrática institucionalizada da China pós-revolucionária. Para Mao, a revolução não era um evento momentâneo, mas uma luta perpétua entre as tendências contraditórias da sociedade.

O medo de Mao, de que o espírito revolucionário que ele tentou tanto promover na China durante a Revolução Cultural – que ele considerava uma de suas maiores realizações – desaparecesse depois de sua morte se justificou. À medida que o regime se afastava dos princípios comunistas, seus sucessores tecnocráticos mantiveram a imagem icônica de Mao, mas gradualmente descartaram sua ideologia, resultando na maior contradição aparente de todas elas para um marxista: uma economia capitalista presidida por um estado comunista. Assim, embora Mao ainda seja oficialmente honrado na China, o maoísmo não é.

Confúcio passa a ser lembrado novamente, um sinal claro de que o maoismo está perdendo o controle sobre o Estado chinês. O Grande Timoneiro advertiu seus colegas de que, se seus sucessores seguissem esse caminho errôneo, "nossos netos certamente se revoltarão e derrubarão seus pais". Não há sinal disso agora que a geração do neto de Mao governa a China. Mas a China hoje tem um dos mais altos níveis de desigualdade de renda do mundo, ainda mais alto do que o dos Estados Unidos. Se essa tendência continuar, talvez os bisnetos de Mao retomem as ideias do homem que foi o pai da China moderna.

27
Friedrich Hayek: o libertário

Em 1974, o economista austríaco naturalizado britânico Friedrich Hayek ficou tão surpreso ao receber o Prêmio Nobel de Economia quanto o economista sueco Gunnar Myrdal por ter de compartilhá-lo com ele. Hayek foi o primeiro defensor do livre mercado a ganhar o prêmio, estabelecido em 1969. Na época, ele era tão controverso que o Comitê Nobel se sentiu obrigado a dividir o prêmio entre Hayek e Myrdal, um defensor da social-democracia e do Estado do bem-estar social. Gunnar Myrdal era um defensor "keynesiano" de intervenções governamentais para estabilizar a economia por meio da política fiscal e monetária, mesmo antes do economista britânico pioneiro John Maynard Keynes. Hayek, por outro lado, foi o principal adversário intelectual das políticas macroeconômicas keynesianas, políticas que foram adotadas por praticamente todas as nações democráticas do pós-guerra. Em 1974, foi relatado que até o presidente republicano dos Estados Unidos, Richard Nixon, brincou: "Agora somos todos keynesianos".

No auge do otimismo keynesiano sobre a capacidade do governo de administrar a economia, a forte defesa de Hayek do livre mercado parecia decididamente desatualizada. Myrdal mais tarde pediu, de modo descortês, que o Prêmio Nobel de Economia fosse anulado, em vez de entregue a um "reacionário" como Hayek. No entanto, Hayek não havia afirmado que o governo nunca deveria interferir na economia: ele endossou a provisão pública de seguro social para proteger todos os cidadãos da pobreza extrema. Se um libertário radical restringe o governo à polícia e a serviços militares, Hayek era um libertário moderado. Embora Hayek tenha sido influenciado por algumas correntes de pensamento conservador, ele rejeitava o rótulo de "conservador" e se considerava um "liberal clássico", na tradição de Adam Smith. Denunciado pelos social-democratas como reacionário, Hayek não era libertário o suficiente para muitos puristas. Aliás, a principal escritora libertária de sua época, Ayn Rand, denunciou Hayek como "nosso inimigo mais pernicioso".

Friedrich August von Hayek foi um homem do século XX: nascido em Viena em 1899, lecionou na Inglaterra e nos Estados Unidos e morreu em Freiburg, na Alemanha, em 1992. Ele sempre nadou contra as principais correntes de seu tempo. Em um século consumido pelo nacionalismo catastrófico, Hayek foi um internacionalista cosmopolita; em um século de gestão comunista, fascista e social-democrata da economia, Hayek foi um defensor do livre mercado; em um século de centralização política, Hayek foi um defensor do poder político e econômico descentralizado.

De onde os fascistas e comunistas do século XX tiraram a ideia de que poderiam administrar toda a economia de uma grande sociedade industrial? Não de Karl Marx, mas da experiência da Primeira Guerra Mundial: o totalitarismo nasceu da guerra total. Durante esse conflito, os governos, tanto democráticos quanto autocráticos, impuseram controles draconianos à atividade política e econômica em nome da necessidade militar. Toda a economia foi organizada, gerenciada e direcionada para fornecer homens e material. A percepção de que uma economia moderna vasta e complexa poderia ser administrada como uma empresa e transformada em um instrumento de poder governamental mudou a política para sempre. Os ditadores encontraram uma nova fonte de poder político, e os social-democratas encontraram uma nova maneira de promover a igualdade econômica. Em vez de deixar os mercados decidirem o que produzir e a que preço, por que não deixar que o governo tome essas decisões, para o bem do Estado, do partido ou dos trabalhadores? A experiência de outra economia de guerra, a da Grã--Bretanha durante a Segunda Guerra Mundial, convenceu Hayek de que mesmo os países democráticos estavam se tornando totalitários ao manipular a economia e a sociedade para fins políticos. George Orwell, por experiência própria, chegou à mesma conclusão, trabalhando para o governo britânico durante a guerra: devemos lembrar que *1984*, a visão de pesadelo de Orwell sobre o futuro totalitário, foi inspirada menos por Hitler ou Stalin do que pela Grã-Bretanha em guerra. O aviso de Hayek sobre o totalitarismo que tomava corpo veio na forma de seu próprio livro best-seller, *O caminho da servidão* (1944). A tentação de administrar a economia para fins políticos, argumentou Hayek, leva-nos ao despotismo. Hayek considerou que os planos para o Estado do bem-estar do pós-guerra eram especialmente insidiosos, porque restringiam a liberdade econômica em nome de moradia, educação e saúde: o caminho da servidão está cheio de boas intenções.

  Na época em que Hayek escreveu seu livro, era conhecido pelos economistas, sobretudo, por seus duros ataques à nova macroeconomia de Keynes. Mas, apesar de suas diferenças em relação a teoria e política econômicas, Keynes compartilhava das preocupações de Hayek quanto ao futuro da liberdade econômica e política no mundo do pós-guerra. Aliás, Keynes elogiou com entusiasmo *O caminho da servidão*, pela defesa embasada dos mercados e da liberdade. No entanto, em uma carta a Hayek, Keynes salientou que, ao rejeitar o libertarismo puro e permitir um programa bastante extenso de seguro social, Hayek estava na mesma ladeira escorregadia da servidão. Hayek, disse Keynes, não tinha princípios para distinguir entre políticas governamentais que promovem a liberdade e aquelas que a destroem.

Na esteira da crítica de Keynes, Hayek abandonou a economia para estudar filosofia política e jurídica, esperando descobrir uma base teórica para distinguir o bom direito público do ruim. Essa investigação o levou ao estudo dos próprios fundamentos da sociedade, da cultura e das instituições humanas. Hayek rejeita a visão de que a cultura humana é imensamente complexa porque os seres humanos são muito inteligentes. Antes, ele diz que o inverso é verdadeiro: os seres humanos são inteligentes (embora falíveis) principalmente porque participam de uma linguagem e cultura complexas. A razão é uma instituição social, incorporada em inúmeras práticas culturais. Hayek concordava com Edmund Burke, que os indivíduos são tolos, mas a espécie é sábia: nosso estoque particular de racionalidade é insignificante; devemos recorrer ao banco e capital de nossas tradições culturais. Nossas instituições incorporam muito mais conhecimento e sabedoria do que podemos compreender ou estar dispostos a admitir individualmente.

O argumento burkeano de Hayek, de que os mercados são mais sábios do que os indivíduos, é a base de sua crítica ao planejamento econômico: nenhum planejador (mesmo munido de supercomputadores) pode conhecer todos os inúmeros compradores e vendedores. O mercado incorpora o conhecimento econômico de milhões de produtores e consumidores: como um planejador poderia ter acesso a todo esse conhecimento local e individual? Os consumidores sabem o que querem e o que podem pagar; os produtores conhecem seus custos e suprimentos. Grande parte do nosso conhecimento econômico é um conhecimento tácito incorporado em nossos negócios, costumes locais e hábitos individuais. Um planejador central não tem como capturar essa gama diversificada de conhecimentos, que escapa à percepção de agentes individuais.

Hayek distinguiu dois tipos de ordem: a ordem espontânea que encontramos na natureza e na cultura e a ordem criada que encontramos em artefatos ou nos exércitos. A ordem espontânea se desenvolve de maneira orgânica, assim como a linguagem ou a moral, enquanto a ordem criada é sempre deliberada. Em uma ordem espontânea, como a formação de um cristal ou de um mercado, podemos prever padrões de crescimento, mas não aonde um determinado elemento individual chegará. Segundo Hayek, isso explica por que a economia nunca terá o poder preditivo da física. A economia é mais parecida com a biologia, que não pode prever a sobrevivência de nenhum organismo em particular, mas pode prever padrões de especiação e extinção. Os economistas, diz Hayek, não conseguem nem prever o desempenho econômico, muito menos planejar metas econômicas.

Como esses diferentes tipos de ordem se relacionam com a liberdade humana? Uma ordem espontânea, como a linguagem ou o mercado, não tem finalidade própria, servindo apenas para facilitar o propósito dos indivíduos que a utilizam. Assim, promove a liberdade de escolha individual. A ordem criada de uma organização, no entanto, incorpora os propósitos de seu criador: uma empresa ou um exército impõe os propósitos de seus líderes a todos os seus membros.

Hayek, assim, tenta mostrar que sua preferência pela liberdade individual se baseia na própria estrutura do conhecimento humano e da ordem social. Os livres mercados criam ecologias sociais de infinita complexidade; devemos ser extremamente cautelosos ao tentar manipulá-las para fins políticos transitórios, quando nem sequer entendemos completamente como elas funcionam. Por exemplo, a crise financeira global de 2008 decorreu, em parte, da incapacidade dos reguladores monetários de entender os novos tipos de capital gerados por instrumentos financeiros complexos. A história do século XX mostra como é frágil a ecologia dos mercados, que pode ser facilmente destruída por paixões políticas temporárias.

Hayek descreve a ordem social espontânea e a criada como mutuamente exclusivas. Ele nos diz que a ordem espontânea inclui "moral, religião e lei, linguagem e escrita, dinheiro e mercado", enquanto a ordem criada inclui "a família, a fazenda, a fábrica, a empresa, a corporação e o governo".

Hayek afirma que os mercados se desenvolvem espontaneamente, enquanto os governos são o produto de uma criação deliberada. Ele compara o desenvolvimento da ordem espontânea com a formação de um cristal. Hayek está certo ao dizer que não podemos fabricar um cristal no sentido de colocar todas as suas moléculas no lugar, mas podemos criar as condições sob as quais um cristal se formará. Os cristais são deliberadamente criados tanto quanto formados espontaneamente. Para criar um cristal em um laboratório, um pesquisador primeiro projeta uma matriz na qual estruturar o crescimento. Essa matriz não determina exatamente onde cada nova molécula se localizará, mas fornece um padrão para seu crescimento espontâneo. Em suma, um cristal é ao mesmo tempo formado e fabricado, espontâneo e criado.

Da mesma forma, as constituições e a legislação, ao nos dizer o que pode ser comprado e vendido (desde terras até ideias), fornecem a matriz na qual os mercados podem crescer, o que significa que os mercados são espontâneos e criados. A menos que saibamos o que pode ser comprado e vendido legalmente, não nos arriscaremos a comprar e vender. Os mercados modernos de terra, trabalho e capital foram possíveis graças a uma legislação deliberada que aboliu a primogenitura, libertou os trabalhadores dos proprietários de terras e permitiu a usura. Os mercados são criados todos os dias por novas legislações ou regulamentações: mercados de poluição, seguro de saúde ou ensino à distância. Sim, os mercados crescem espontaneamente, mas apenas quando uma matriz legal que define os direitos de propriedade é deliberadamente criada.

Segundo Hayek, os mercados promovem a liberdade humana porque surgem espontaneamente para atender nossos propósitos individuais; os programas do governo, por outro lado, são deliberadamente projetados para atender os propósitos dos governadores, restringindo a liberdade individual. No entanto, o próprio exemplo de Hayek da formação de cristais mostra que a ordem social é ao mesmo tempo criada e espontânea. Os mercados modernos são parcialmente criados pela legislação, e o próprio Estado do bem-estar moderno se desenvolveu espontaneamente ao longo do século passado, como uma resposta parcial às falhas de mercado percebidas. Mercados e governos não são tão opostos como liberdade e coerção.

Hayek está certo ao afirmar que a ecologia dos mercados impõe restrições a tipos viáveis de políticas públicas. Mas essas restrições são coerentes com uma ampla gama de políticas, desde o libertarismo moderado de Hayek até a social-democracia. Hayek nos adverte, com razão, contra a tentativa de transformar mercados em organizações governamentais, como costuma acontecer em tempos de guerra. Os mercados e a liberdade econômica que eles possibilitam murcham diante do planejamento centralizado totalitário. Ao mesmo tempo, os mercados e o direito comum não podem crescer sem governos, legislação e tribunais para fazer valer a propriedade e outros direitos. Mas entre a anarquia e o totalitarismo existe uma grande variedade de combinações possíveis de lei e legislação, mercados e bem-estar, iniciativa privada e administração pública.

Hoje Hayek nos desafia a encontrar maneiras de proteger as necessidades humanas básicas de todos os cidadãos sem comprometer a eficiência dos mercados. Por exemplo, devido aos rápidos desenvolvimentos tecnológicos, trabalhadores em determinadas indústrias geralmente se tornam desnecessários. O que podemos fazer para ajudá-los? Os governos em geral tentam ajudar oferecendo subsídios públicos para sustentar os preços dos bens produzidos por esses trabalhadores ou impondo tarifas sobre a importação de produtos estrangeiros que competem com produtos domésticos. Segundo Hayek, essas políticas públicas distorcem o equilíbrio natural de oferta e demanda, causando grande ineficiência. Em vez de usar sustentações de preços ou tarifas de importação para proteger a indústria ou a agricultura doméstica, devemos simplesmente garantir a todos os cidadãos uma renda mínima básica. Deveríamos proteger os trabalhadores, em vez de tentar proteger seus empregos obsoletos. Dessa maneira, uma economia de mercado dinâmica é compatibilizada com a segurança econômica de todos.

 Hayek afirmou que o planejamento econômico centralizado nunca poderia corresponder à pura produtividade da livre iniciativa, com a possível exceção da mobilização em tempo de guerra. Como Hayek apresentou esses argumentos durante o colapso do capitalismo na Grande Depressão, foi ridicularizado ou ignorado. Mas ele viveu o suficiente para ver seus pontos de vista justificados pelo colapso do comunismo estatal na União Soviética, Europa Oriental e China. Quando se trata de reconhecer a indispensabilidade dos mercados, somos todos hayekianos agora.

28
John Rawls: o liberal

Como Maquiavel, John Rawls estava bem ciente do papel central que a sorte desempenha em nossas vidas, para o bem ou para o mal. Ele deu a sorte de ter nascido em uma família profissional que lhe proporcionou uma criação estável e confortável e uma educação de primeira classe. Mas pertencer à classe média abastada de Baltimore no entreguerras não poupou sua família da tragédia. Os dois irmãos de Rawls morreram de doenças que pegaram dele quando estava doente; ele sobreviveu, mas os irmãos não, algo que o deixou traumatizado. Na Segunda Guerra Mundial, ele lutou no Pacífico, sobrevivendo mais uma vez quando tantos ao seu redor foram mortos. Mais tarde, ele escreveu sobre a passagem pelas ruínas fumegantes de Hiroshima logo depois de ela ter sido destruída, tornando-o uma testemunha direta das horríveis consequências do bombardeio indiscriminado, que mais tarde ele condenou como um "grande erro". No final de sua vida, Rawls escreveu que essas experiências de guerra, pelas quais foi condecorado, haviam destruído sua fé na justiça divina. Ele havia começado a estudar para se tornar um ministro episcopal antes de ingressar no exército dos Estados Unidos, em 1943, mas três anos depois já estava cético. Rawls dedicou o resto de sua vida ao estudo da filosofia moral e política, e não da teologia, procurando uma teoria secular da justiça que neutralizasse o impacto da sorte bruta em nossas vidas. O produto dessa pesquisa foi *Uma teoria da justiça* (1971), uma das obras mais importantes e influentes da filosofia política do século XX.

Rawls afirma que nenhuma sociedade será justa se funcionar como uma loteria, onde nosso destino individual na vida é determinado pelos efeitos aleatórios do acaso. Ninguém pode afirmar possuir a sorte que o beneficia fortuitamente, como talentos naturais e riqueza herdada, assim como aqueles com deficiências físicas ou que sofrem infortúnios na vida não merecem as consequências negativas resultantes de tais acidentes. Esses efeitos aleatórios são "arbitrários do ponto de vista moral" e, portanto, não deveriam influenciar nossas perspectivas e oportunidades na vida, de acordo com Rawls. Eles simplesmente não são justos.

Em vez disso, as pessoas deveriam "concordar em compartilhar o destino umas das outras" como uma maneira de enfrentar o impacto arbitrário e desigual da sorte, para que todos tenham oportunidade de viver uma vida boa, de acordo com seus parâmetros pessoais. Bens e recursos devem ser distribuídos segundo princípios imparciais de justiça, não ao acaso.

Mas quais seriam esses princípios e como os encontraremos? Ao responder a essas perguntas, Rawls convida seus leitores a ponderarem sobre qual distribuição de riqueza e propriedade eles escolheriam se, sob um "véu de ignorância" imaginário, não soubessem nada sobre suas próprias circunstâncias na vida. Esse experimento mental pretende levar-nos a considerar tais princípios independentemente de nossas circunstâncias pessoais, que provavelmente distorcem nosso julgamento a favor de nossos próprios interesses egoístas. Essa ideia é semelhante a uma sala de audiências, onde os jurados não são informados de fatos irrelevantes sobre o réu para que seu julgamento no caso não seja tendencioso. É por isso que dizemos que a justiça é cega: ela não vê e não deve ver o que não é relevante. Se os jurados forem informados de algum fato irrelevante, mas incriminador, sobre um réu durante um julgamento, o juiz deve instruí-los a desconsiderá-lo. Isso não significa que eles literalmente o esqueçam, já que não é possível se forçar a esquecer algo. Mas eles colocam a informação de lado ao deliberar sobre o caso, para assegurar a justiça. Se não sabemos onde terminaremos na sociedade quando pensamos em justiça, até uma pessoa egoísta escolherá imparcialmente. Rawls chama isso de "justiça como equidade".

Por esse método, um indivíduo racionalmente egoísta escolheria a opção mais segura, para caso terminasse no fundo da pilha em uma sociedade desigual. Dessa forma, ele não estará em pior situação do que qualquer outra pessoa. Especificamente, de acordo com Rawls, pessoas razoáveis e imparciais sob um "véu de ignorância" imaginário em relação a sua posição na sociedade escolheriam dois princípios de justiça para governar a estrutura básica da sociedade e garantir uma distribuição justa de seus bens. Primeiro, condições iguais de liberdade para todos. Em segundo lugar, as desigualdades seriam permitidas apenas onde elas são de "grande vantagem para os membros menos favorecidos da sociedade" (o que ele chama de "princípio da diferença") e há oportunidades iguais para ocupar cargos e posições. As condições iguais de liberdade para Rawls incluem liberdades políticas e direitos básicos, como liberdade de expressão, reunião, votação e candidatura a cargos públicos. Esses são os bens que escolheríamos se não soubéssemos nada sobre nós mesmos, pois são coisas que "um homem racional quer, por mais que queira outras coisas". Não precisamos saber nada sobre nós ou nossa posição para desejar essas liberdades básicas, que, segundo Rawls, todas as pessoas razoáveis desejam. Controversamente, ele exclui o direito de possuir "certos tipos de propriedade (por exemplo, meios de produção) e a liberdade de contrato, conforme entendido pela doutrina de *laissez-faire*". Portanto, não há o direito de possuir empresas de grande escala e recursos importantes que são os componentes básicos de uma economia industrial moderna, como fábricas, bancos e serviços públicos, que, juntos, constituem os "meios de produção". Ao contrário de John Locke, ninguém tem o direito de possuir e dispor de propriedades que eles adquiriram legitimamente (segundo Locke) em uma sociedade justa sem limites. Portanto, herdar riqueza de seus pais ricos é injusto, pois isso é apenas uma questão de sorte, e a sorte é contrária à justiça. Rawls acreditava que uma sociedade justa deveria neutralizar os efeitos de eventos aleatórios nas perspectivas de vida das pessoas, na medida do possível. A justiça exige que a estrutura básica da sociedade seja ordenada de modo que vantagens e desvantagens casuais sejam tratadas como um ativo comum de toda a sociedade, e não de indivíduos isolados, o que é semelhante à ideia de comunismo de Marx ("de cada um, de acordo com suas habilidades, para cada um, de acordo com suas necessidades"). Por exemplo, alguém nascido com uma deficiência física não deve ter de arcar com os custos extras resultantes dessa condição, uma vez que a culpa não é sua. Da mesma forma, uma pessoa dotada de grande inteligência natural não deve se beneficiar dessa sua capacidade inata, que ela nada fez para merecer. É por isso que Rawls é visto como o principal exemplo do que agora é chamado de "igualitarismo da sorte".

Mas Rawls não é marxista. Em *Uma teoria da justiça*, ele afirma que pessoas razoavelmente imparciais sob o "véu da ignorância" concordariam com alguma desigualdade de riqueza se (e somente se) isso aumentar o bem-estar dos mais pobres na sociedade. Em algumas circunstâncias, permitir que alguns adquiram mais do que outros pode impulsionar a economia e, assim, melhorar as circunstâncias dos menos abastados, se parte dessa melhoria chegar também a eles. Assim, por exemplo, permitir que alguém particularmente talentoso ganhe muito mais do que outros é permitido apenas se o ganho extra também beneficiar os mais pobres da sociedade, talvez aumentando as receitas tributárias que podem ser redistribuídas aos pobres em uma economia em expansão. Ao contrário de Rousseau, Rawls é contra o nivelamento por baixo como meio de alcançar a igualdade, tornando todos mais pobres para tornar todos iguais. Rousseau concordou com Sócrates, que a riqueza corrompe a moral, defendendo, portanto, uma sociedade materialmente pobre (mas sem miséria) e igualitária, algo que Rawls considera perverso. A prudência de Rawls tem sido vista por muitos marxistas e socialistas como uma forma de se vender para o capitalismo. No entanto, mais tarde, ele afirmou que os princípios liberais de justiça são incompatíveis até com uma forma modificada de capitalismo.

Como Rawls se preocupava principalmente com a definição de justiça, ele falou relativamente pouco sobre como implementá-la. Ele nos diz que é necessário um Estado forte e ativo, em suas palavras, "preservar uma justiça aproximativa das partes a serem distribuídas por meio de taxação e ajustes necessários no direito de propriedade". Provavelmente, isso significa um imposto progressivo sobre a renda e restrições significativas à herança, já normais no mundo desenvolvido. Também implica leis para regular preços e impedir concentrações de "poder de mercado irracional", também universais (em maior ou menor grau) na maioria das economias ocidentais consolidadas, embora não na medida em que Rawls gostaria.

Não surpreende que muitos tenham concluído que *Uma teoria da justiça* é uma justificativa elaborada do capitalismo pós-guerra do Estado do bem-estar social como o sistema mais compatível com os princípios de justiça que defende. No entanto, Rawls negou isso mais tarde, questionando se as desigualdades que esse sistema produz realmente são compatíveis com esses princípios. Em seu livro *Justiça como equidade: uma reformulação*, publicado um ano antes de sua morte, ele sustenta que nenhuma forma de capitalismo, por mais modificada e regulamentada que seja, pode preservar seus dois princípios de justiça. Uma sociedade justa exige algo mais radical, o que ele chama vagamente de "democracia de proprietários", ou mesmo um Estado socialista em que grandes empresas de serviços públicos pertencem ao governo, e não a indivíduos. Em outras palavras, o liberalismo político pode exigir uma economia socialista (ou social-democrata).

Uma teoria da justiça provocou décadas de intenso debate entre os estudiosos, transformando-se numa verdadeira indústria e dominando a filosofia política acadêmica no mundo de língua inglesa por mais de uma geração. A filosofia política liberal tornou-se indistinguível da filosofia política acadêmica, em grande parte por causa de Rawls. Suas ideias são altamente estimulantes, enquanto estreitam o escopo da teorização sobre política. Durante aqueles anos, os Estados Unidos se tornaram muito mais diversificados, apresentando sérios desafios à teoria e prática liberais para acomodar uma gama cada vez mais ampla de sistemas de crenças, religiões e valores. Em sua grande obra seguinte, *O liberalismo político*, Rawls abordou esses desafios diretamente.

Ao contrário dos filósofos antigos, como Platão e Aristóteles, Rawls acha que é irracional e irrealista, em sociedades heterogêneas, esperar que todos concordem, em teoria ou na prática, com uma única forma de vida excepcionalmente boa. Indivíduos razoáveis discordarão sobre as finalidades da vida. Mas eles podem e devem concordar com princípios *políticos* limitados, que lhes permitirão cooperar pacificamente, apesar das diferenças metafísicas mais profundas que os dividem. Entre indivíduos e comunidades de crença que os aceitam, esses princípios são como as regras de um jogo acordadas entre equipes adversárias e aplicadas imparcialmente por um juiz ou árbitro, na forma do Estado. As alternativas a essa abordagem são obrigar todos a se submeterem a um conjunto de crenças abrangentes, ou uma guerra civil prolongada sem limites entre grupos e indivíduos concorrentes, como as guerras religiosas que devastaram a Europa no século XVII. Nenhuma dessas opções é compatível com uma sociedade duradoura, justa e estável, sem a qual (como Hobbes dizia) quase nenhum outro bem na vida é possível. O preço da paz social duradoura em uma sociedade dividida por diversos valores e crenças é abster-se de convencer os outros a aceitarem seus pontos de vista, uma atitude que Rawls chama de "razoabilidade". Isso não é relativismo, uma vez que a diversidade ainda é limitada por amplos princípios liberais de justiça política. Tampouco é monismo, crença em uma única forma universal de vida para todos, pois aceita uma diversidade de concepções legítimas de vida boa. Ao contrário, é um caminho intermediário entre o relativismo e o monismo, que equilibra diversidade e restrição. Esse liberalismo político combina a pluralidade de crenças privadas com princípios públicos comuns, algo que Rawls considera a melhor e mais justa maneira de administrar nossas diferenças.

Mas o que é razoável para um liberal como Rawls não é necessariamente razoável para todos. Por exemplo, uma pessoa que acredita em um texto sagrado cujos mandamentos vêm de Deus provavelmente consideraria irracional subordiná-lo a princípios seculares de justiça que priorizam "um esquema justo de cooperação". O mesmo se aplica a alguém que acredita em uma vida após a morte com a perspectiva de felicidade eterna ou condenação eterna. Qualquer pessoa que priorize os princípios políticos liberais em prol da coexistência pacífica sobre os comandos da fé provavelmente não precisará de muita persuasão por parte de Rawls. Quanto ao resto, chamá-los de "irracionais" não resolve muito, na teoria ou na prática, pois o que é considerado racional para um não é considerado racional para outro, gerando um profundo e permanente desacordo. Qualquer tentativa de definir o que é "razoável" terminará sempre em um círculo vicioso. Além disso, uma filosofia política que exige que os indivíduos separem suas crenças particulares dos princípios públicos levantará questões sobre sua suposta neutralidade. John Rawls recebeu o crédito de salvar uma filosofia política séria da recessão pós-guerra em que se encontrava. De maneira ambiciosa, ele abordou as questões mais básicas e fundamentais da política e da ética com raro rigor e profundidade que mudaram a questão e definiram os termos do debate sobre justiça política no mundo de língua inglesa na segunda metade do século XX. Rawls ofereceu a perspectiva de que o liberalismo pudesse se reconciliar conceitualmente com a igualdade política e econômica e com a profunda diversidade cultural e religiosa, ampliando o liberalismo de maneiras novas e dando vida a uma ideologia política que se tornara intelectualmente obsoleta e pouco inspiradora para muitos. Tudo isso está fora de discussão e é o fundamento da importância crítica de Rawls na história da filosofia política. Mas que a justiça como equidade e o liberalismo político sejam a palavra final para os crescentes desafios que as sociedades liberais enfrentam hoje em dia, não podemos afirmar.

29
Martha Nussbaum: a autodesenvolvedora

Como estudante da elitista Baldwin School em Bryn Mawr, Pensilvânia, Martha Nussbaum não apenas aprendeu francês, latim e grego, mas também desenvolveu uma paixão vitalícia por teatro. Lá, ela escreveu, montou e protagonizou uma peça baseada na vida do revolucionário francês Maximilien Robespierre. Já no ensino médio, encontramos muitas das qualidades que marcaram a carreira de Nussbaum como filósofa moral e política. Seu domínio das línguas clássicas a levou a escrever livros sobre a tragédia grega e sobre Aristóteles. Aliás, como veremos, Aristóteles continua sendo sua "pedra de toque". Sua paixão pelo drama a levou a desenvolver um rico diálogo entre a filosofia e a literatura: ela sempre leu filosofia à luz da literatura e literatura à luz da filosofia. Escrever uma peça sobre Robespierre foi o prenúncio de sua paixão vitalícia por justiça social e reforma política, sem incorporar o uso infame do terror político! Desde tenra idade, ela começou a desenvolver seus próprios talentos e, então, dedicou sua vida a defender que mais pessoas tivessem as oportunidades de autodesenvolvimento de que ela desfrutou na Baldwin School.

O pensamento moral e político de Nussbaum se baseia em toda a tradição ocidental, de Platão a John Rawls. Como Aristóteles, Nussbaum sempre afirmou que o objetivo básico da vida moral e política é a felicidade de todo ser humano. Novamente, como Aristóteles, ela define a felicidade não em termos de sentimentos felizes, mas em termos do desenvolvimento do próprio potencial, que ela chama de florescimento humano. Toda a sua vida acadêmica foi dedicada a explorar o significado do florescimento humano. O que constitui uma vida humana verdadeiramente feliz? Como medimos o desenvolvimento humano? A vida de Nussbaum como ativista política tem sido dedicada à defesa daqueles que há muito tempo não têm oportunidades de florescer, especialmente mulheres, pobres e deficientes. Ela também luta por maiores oportunidades para o florescimento de animais não humanos.

A felicidade humana ou florescimento são mais difíceis de definir do que os obstáculos a essa condição. A paixão precoce de Nussbaum pela tragédia grega antiga lhe apresentou alguns dos principais obstáculos à felicidade, como a morte, a ignorância, a traição, a calúnia, a guerra e a perseguição política. A essa lista antiga, nós, modernos, poderíamos adicionar o vício, o divórcio, a demência e a discriminação. De fato, existem tantos obstáculos em potencial para uma vida feliz e próspera que podemos nos ver tentados a concordar com Agostinho, que dizia que só poderemos ser felizes na próxima vida. Esta vida é uma época de provação e sofrimento.

Platão apresentou, pela primeira vez, uma estratégia para proteger nosso florescimento desses perigos: definir a felicidade puramente em termos de virtude moral. Lembre-se de que a virtude é uma disposição adquirida de escolher sempre fazer a coisa certa pelas razões certas. Segundo Platão, todo ser humano tem, em algum nível, a capacidade de alcançar o bem e de saber o que é necessário para isso. Obviamente, essa capacidade não se tornará uma virtude estável se não formos propriamente educados (uma questão de sorte) e não fizermos sempre boas escolhas. Uma vez adquiridas essas virtudes, identificamo-nos com elas, de modo que o que quer que aconteça com nosso corpo, nossa família, nossa propriedade ou nossa reputação não acontece conosco. Pela disciplina nessas virtudes morais, sou autossuficiente e invulnerável: nenhum mal pode alcançar a cidadela interior de minha boa vontade. Vimos que Sócrates vivia feliz mesmo sofrendo perseguição injusta, que culminou em sua execução: nenhum mal externo foi capaz de abalar seu compromisso inexorável de fazer o que é certo. O Sócrates de Platão costuma dizer "melhor sofrer injustiça do que cometer injustiça": sofrer injustiça não pode alcançar o verdadeiro eu, mas cometer injustiça é prejudicar a si mesmo, isto é, a vontade virtuosa.

Nussbaum se comove com o poder dessa visão platônica de autossuficiência moral invulnerável, mas, no fim, a rejeita. Seguindo Aristóteles, ela argumenta que ser humano é habitar um corpo e amar outras pessoas, especialmente amigos e familiares. O que isso significa é que não podemos nos retirar para uma cidadela espiritual interna onde estamos seguros. Ser humano significa estar sempre vulnerável à tragédia, porque nosso corpo é frágil e nossos relacionamentos com aqueles a quem amamos também são frágeis. É possível tentar nos desapegar de bens, da reputação, de outras pessoas e até de nosso próprio corpo – aliás, certo grau de desapego é sinal de sensatez –, mas, no final, encontramos felicidade e florescemos por meio desses apegos. A estratégia platônica de autossuficiência pode nos poupar de alguns tipos de sofrimento trágico, mas ao preço de perder grande parte de nossa humanidade: uma vitória pirrônica, na melhor das hipóteses.

Aristóteles segue Platão, insistindo na necessidade de apresentar virtudes morais e intelectuais para ter uma vida feliz e florescente. Afinal, a maioria dos sofrimentos humanos é autoinfligida: nossas crenças tolas e nossas más escolhas geralmente refletem uma falta de virtude, que é, pelo menos em parte, por culpa nossa. Nussbaum concorda com Aristóteles, que desenvolver a virtude moral e intelectual é a melhor maneira de florescer. Mas mesmo a virtude, embora necessária, não é suficiente para garantir a felicidade. Continuamos vulneráveis a muitos males. É preciso coragem para abraçar uma vida sempre refém do perigo de um sofrimento trágico, mas essa coragem é necessária para o verdadeiro florescimento humano entre familiares, amigos e concidadãos. O que chama atenção na abordagem de Nussbaum em relação a essas questões é sua capacidade de aproveitar as ideias encontradas no teatro grego antigo e nos romances modernos, bem como nas obras clássicas da filosofia.

As contribuições mais importantes de Nussbaum à filosofia política surgiram de seu trabalho com o economista Amartya Sen. Como estudante de desenvolvimento econômico, Sen afirmou que as medidas que temos desse desenvolvimento são profundamente imperfeitas. O progresso econômico vinha sendo medido em termos de crescimento da renda ou de relatos pessoais de bem-estar, mas, segundo Sen, o que realmente deveríamos estar tentando medir é o nosso potencial, isto é, nossa capacidade de realizar valiosas atividades humanas, como a capacidade de ler, escrever e contar, a capacidade de ser dono do próprio nariz, fazer amigos e se casar, a capacidade de brincar, apreciar a natureza e apreciar a beleza. Em outras palavras, o desenvolvimento econômico deve ser entendido em termos aristotélicos como a manifestação objetiva de valiosas capacidades humanas, não como a aquisição de dinheiro ou a mera crença subjetiva de que alguém é feliz. Uma sociedade desenvolvida é aquela em que todos os cidadãos colocam em prática capacidades humanas essenciais.

Nussbaum foi atraída pela abordagem aristotélica de Sen do desenvolvimento econômico. Ela generaliza suas ideias sobre uma teoria da justiça social, argumentando que uma sociedade justa seria aquela em que todas as pessoas têm acesso aos recursos e às oportunidades necessários para desenvolver capacidades humanas essenciais. Na maioria das sociedades, mulheres, pobres, minorias raciais e deficientes não têm esse acesso; como consequência, eles possuem menos recursos do que cidadãos mais privilegiados. Ela ressalta que o problema de simplesmente perguntar às pessoas se suas vidas estão indo bem é que as pessoas oprimidas geralmente têm baixas expectativas. Se alguém não espera ser alfabetizado, ter independência ou participar de política, não sente falta disso, não significando, é claro, que o indivíduo não preferiria uma vida com maiores capacidades, se fosse possível.

Se Nussbaum generaliza a abordagem de Sen para desenvolver uma teoria da justiça social, ela também especifica a abordagem de Sen listando as capacidades essenciais que ele se recusou explicitamente a fazer. Ser capaz é ter estes bens: vida, saúde, integridade física (liberdade de movimento e proteção contra possíveis ataques), sentidos, imaginação e pensamento (educação e criatividade), emoções (liberdade de amar e formar laços), razão prática (liberdade de autodireção), relações com outras pessoas, relações com outras espécies, jogo e controle sobre o meio ambiente (direitos de participação política e propriedade). Uma pessoa tem uma vida feliz e florescente na medida em que pode exercer essas capacidades, e uma sociedade justa é aquela em que todos têm a oportunidade de desenvolvê-las.

A lista de capacidades de Nussbaum combina as ideias de John Locke e Karl Marx. Locke e seus sucessores, como James Madison, enfatizam capacidades políticas, como o direito à liberdade de expressão, reunião e votação. Para eles, o essencial para uma sociedade justa é que todo cidadão tenha liberdades políticas básicas garantidas, liberdades que repousam, supunham eles, sobre o direito anterior à propriedade privada. Marx e seus sucessores, como Mao, insistiram que a justiça social se apoia em direitos econômicos básicos, como direito a alimentação, vestuário, moradia, saúde e emprego. Sem esses direitos econômicos, disse Marx, os direitos políticos liberais são uma farsa. De que adianta o direito à liberdade de expressão se eu estiver com fome, doente ou desempregado? Observe que a lista de Nussbaum inclui direitos políticos liberais e direitos econômicos marxistas.

A abordagem de Nussbaum sobre a justiça social também combina as visões de Aristóteles e John Rawls. De Aristóteles, é claro, ela aproveita a visão de que o florescimento e a felicidade humana decorrem do desenvolvimento de nossas valiosas habilidades humanas em virtudes morais e intelectuais (que ela chama de "capacidades"). De John Rawls, no entanto, Nussbaum adota a visão de que uma sociedade liberal não deve obrigar seus cidadãos a se tornarem capazes ou virtuosos. Lembre-se de que Rawls defendia um "liberalismo político" no qual uma sociedade justa toleraria uma ampla variedade de modos de vida éticos e religiosos, desde que os defensores desses diferentes modos de vida não tentassem coagir ninguém. Uma sociedade guiada pelos ideais do liberalismo político, então, permitirá, mas não exigirá, que seus cidadãos sigam a lista de capacidades de Nussbaum. Tudo o que é necessário para a justiça social é que todo cidadão tenha os recursos e a oportunidade de desenvolver as capacidades de Nussbaum, e não que ele realmente o faça. Segundo Aristóteles, por outro lado, uma sociedade politicamente organizada deve garantir não apenas que os cidadãos tenham a oportunidade de exercer essas capacidades, mas que realmente o façam. Como a felicidade humana, diz Aristóteles, depende do exercício da excelência humana, os líderes políticos têm a obrigação de assegurar que os cidadãos realmente exerçam essas capacidades e não desperdicem suas vidas em divertimentos banais.

A sociedade politicamente organizada de Aristóteles é, portanto, paternalista, exigindo que seus cidadãos desenvolvam virtudes morais e intelectuais, mesmo que esses cidadãos não o desejem. Nussbaum, seguindo Rawls, rejeita esse paternalismo aristotélico, exceto no caso de crianças. Ela concorda que as crianças podem ser compelidas a adquirir capacidades essenciais, como escolaridade obrigatória. Mas, como liberal rawlsiana, ela rejeita o direito do governo de obrigar os adultos a proteger sua própria saúde, desenvolver seu próprio intelecto ou buscar a virtude moral. Portanto, de acordo com Nussbaum, uma sociedade em que todos têm a oportunidade de desenvolver suas capacidades essenciais, mas ninguém o faz, pode ser perfeitamente justa.

Martha Nussbaum, em seus muitos livros e artigos, nos ensinou muito sobre o florescimento humano e suas armadilhas. Primeiro, ela fornece um relato abrangente desse florescimento que reflete os aspectos corporais, emocionais, sociais e racionais da vida humana. Segundo, ela nos alerta para a inevitável vulnerabilidade da vida humana: todas as nossas habilidades são acompanhadas pela inabilidade. A felicidade e a dignidade humanas são preciosas porque são muito frágeis.

Num mundo em que a riqueza é a medida do desenvolvimento humano, Nussbaum nos lembra que muitos cidadãos, mesmo em sociedades muito ricas, não podem exercer capacidades pessoais, sociais ou políticas básicas, devido à discriminação, pobreza, inabilidade ou negligência. Num mundo em que a busca por "padrões de vida" cada vez mais elevados pode ser ecologicamente insustentável, ela oferece um caminho para o desenvolvimento que se concentra menos na abundância material e mais no aprendizado, no amor e na cidadania, um caminho, diz ela, melhor para a felicidade humana e para o nosso planeta.

30
Arne Naess: o alpinista

Desde a infância até sua morte, Arne Naess passou verões e férias explorando as montanhas a leste de Bergen, na Noruega. No final da década de 1930, quando tinha vinte e poucos anos, Naess construiu uma cabana simples no alto de uma montanha remota chamada Tvergastein, tão remota que foram necessárias 62 viagens a cavalo para transportar as madeiras. A 1,5 mil metros de altura, era a cabana particular mais alta da Escandinávia, exigindo consideráveis caminhadas, inclusive sobre a neve ou com esqui, para chegar lá. Apesar de uma vida cosmopolita de ativismo global, pesquisa, escrita e ensino, Naess passou grande parte de sua existência adulta em seu refúgio nas montanhas, explorando a flora e fauna locais e lendo Platão, Aristóteles, Espinosa e Gandhi. Ele queria reduzir ao máximo sua pegada ecológica, não apenas em sua montanha amada, mas também no planeta Terra. Por isso, comia só vegetais, possuía apenas artigos de primeira necessidade e vivia em sua cabana sem eletricidade, sem instalações hidráulicas e com pouco aquecimento. Por que um distinto filósofo se retiraria do mundo moderno e até da sociedade humana? Naess havia se apaixonado por seu poleiro nas montanhas, e esse amor o levou a se identificar com todos os seres vivos, das pulgas aos seres humanos. Ele até considerou mudar seu próprio nome para Arne Tvergastein.

    Nunca sabemos o que realmente amamos até perdê-lo. Edmund Burke, como você deve se lembrar, foi pioneiro no pensamento político conservador após a Revolução Francesa.

Não havia "conservadores" até que todas as tradições morais, religiosas, sociais e políticas foram atacadas pelos revolucionários de 1789. Da mesma forma, não havia ambientalistas, ecologistas ou conservacionistas até a Revolução Industrial ameaçar destruir o deserto restante e até paisagens rurais familiares. Assim como os conservadores políticos veem mudanças políticas em termos do que está sendo perdido, muitos conservacionistas veem mudanças econômicas em termos de perda de habitats naturais. Ninguém foi mais eloquente ou influente em lamentar o que perdemos para o comércio, a indústria e a tecnologia da modernidade do que Naess, que uma vez se acorrentou a uma cachoeira para que ela não fosse represada.

Naess é mais conhecido por seu conceito de "ecologia profunda". Segundo ele, a maioria dos ambientalistas visa a promover valores meramente humanos, reduzindo a poluição para proteger a própria saúde, conservando recursos para proteger o consumo futuro e preservando um pouco do deserto para recreação. Toda essa "ecologia superficial", disse Naess, ignora o valor inerente da natureza, além de seus efeitos no bem-estar humano. A ecologia profunda sustenta que não apenas os seres humanos, mas todas as criaturas vivas têm o direito de viver e florescer. Naess ficou horrorizado com o que via como a arrogância de seres humanos que tratam o mundo inteiro como nada além de uma pilha de lenha a ser usada, destruída ou desperdiçada para nossa própria conveniência.

Na Bíblia, Deus dá a Adão "domínio" sobre a natureza. Naess rejeitou esse ideal de dominação humana ou mesmo liderança sobre o mundo natural. Como se os humanos soubessem o suficiente para "gerenciar" a infinita complexidade da natureza! Segundo Naess, toda tentativa humana significativa de administrar a natureza saiu pela culatra, revelando nossa arrogância e ignorância. Muitas barragens grandes, por exemplo, agora estão sendo modificadas ou desmontadas por causa dos desastres ecológicos imprevistos que criaram. A agricultura industrial criou desertos e tempestades de poeira por onde passou. Naess queria que os seres humanos fossem bons cidadãos da Terra, não seus senhores.

Como bons cidadãos do planeta Terra, disse Naess, devemos nos preocupar não apenas com nossos próprios interesses humanos paroquiais, mas também com o bem comum de toda a natureza. O que é esse bem comum? Naess seguiu o filósofo do século XVII, Baruch de Spinoza, afirmando que a natureza é apenas mais uma palavra para Deus. Em vez de localizar realidades espirituais ou divinas separadas ou acima da natureza, Naess acreditava que a divindade é somente outro aspecto da natureza. Segundo Spinoza, o bem humano mais elevado é o amor intelectual de Deus, o que significa, disse Naess, a apreciação amorosa da infinita diversidade da vida. Toda criatura, disse Spinoza, incluindo os seres humanos, se esforça para preservar a si mesma e realizar todo o seu potencial. Naess insistiu que o bem comum da natureza é a autorrealização de todo organismo vivo. A autorrealização humana culmina exclusivamente na capacidade de contemplar e amar a totalidade da natureza, da qual somos apenas uma pequena parte. O que isso significa, disse Naess, é que os seres humanos se aproximam de Deus não se afastando da natureza, mas encontrando nosso verdadeiro lar dentro dela. Embora os seres humanos sempre tenham tentado deixar suas casas naturais em viagens para novos continentes e agora até para novos planetas, Naess afirmou que ninguém pode ser verdadeiramente feliz exceto numa relação íntima com um ambiente natural em particular. Assim, Naess rejeitou os ideais modernos de globalização, cosmopolitismo e turismo, sem falar nas viagens espaciais. Até lutou para manter a Noruega fora da União Europeia. Ele queria implicitamente que todos seguissem seu exemplo de uma relação íntima e permanente com um determinado lugar natural.

A teoria da ecologia profunda de Naess e sua adoração à natureza não humana levaram outros ecologistas a chamá-lo de místico, misantropo, fascista e até de nazista, apesar de seu serviço heroico de resistência à ocupação alemã da Noruega. Como os seres humanos representam uma ameaça única à natureza intocada e talvez até ao futuro da vida na Terra, alguns "ecologistas profundos" são, de fato, extremamente misantrópicos. Eles dizem que precisamos de mais doenças, guerras e pobreza para reduzir o número de pessoas se quisermos que o mundo natural sobreviva. O próprio Naess concordou que o respeito ao bem comum da natureza requer uma redução maciça da população humana a um nível de cerca de cem milhões de habitantes. Mas antes de Naess se tornar ecologista, ele era um discípulo da filosofia de não violência de Gandhi. Gandhi, que tolerava cobras, aranhas e escorpiões venenosos em sua própria casa, estendeu os princípios da não violência a toda a natureza. Naess, da mesma forma, rejeitou qualquer uso de força ou coerção para proteger a natureza. Sua ideia de reduzir o número de pessoas na população era por meio de planejamento familiar voluntário. Apesar das implicações radicais ou mesmo violentas de sua ecologia profunda, além da retórica maliciosa que a acompanhava, Naess foi o mais pacífico dos ativistas. Ele nunca recorreu a polêmicas verbais ou abuso, buscando sempre um envolvimento respeitoso e um denominador comum com seus adversários. Todos os que o conheceram concordaram que ele incorporava a paz e a boa vontade que procurava trazer ao mundo.

Na juventude, Naess ficou traumatizado com a experiência de ver, num microscópio, uma pulga saltar num banho de ácido. Observando com horror a luta, o sofrimento e a agonia da morte dessa pulga, Naess tornou-se vegetariano pelo resto da vida. Sua identificação empática com o sofrimento da pulga se tornou uma pedra angular de sua ecologia profunda. Em vez de pedir que os seres humanos sacrifiquem seus interesses em nome de outras criaturas, Naess nos pediu que nos identificássemos com as outras criaturas e expandíssemos nosso próprio "eu" de modo a incluir toda a natureza. Através dessa ampliação do eu, a proteção da natureza se torna um tipo de interesse próprio elevado, em vez de um autossacrifício altruísta.

Embora ocasionalmente usasse a linguagem de direitos e deveres, Naess preferia recorrer à beleza e à alegria. Ele às vezes se referia ao "direito à vida" de todas as criaturas, implicando nosso "dever" de não matá-las. E ele estendeu o famoso imperativo de Immanuel Kant "nunca tratar uma pessoa como um simples meio, mas também como fim" para o tratamento de todos os organismos vivos. No entanto, de um modo geral, Naess não estava interessado em qualquer tipo de ética, que ele considerava uma agressão moralista. Ele acreditava que os seres humanos são motivados menos por deveres éticos do que por sua compreensão do mundo. Se passássemos a nos ver como apenas uma pequena parte de uma imensa rede de vidas, se passássemos a nos ver na natureza e não acima dela, se aprendêssemos a apreciar a complexidade e a beleza dos ecossistemas primitivos, então protegeríamos a natureza com um sentimento de alegria, não pelo senso de dever. Como pacifista gandhiano, Naess relutava em impor deveres morais, muito menos legais, a outros seres humanos. Ele preferia predicar por seu próprio exemplo de afeição a todas as criaturas, grandes e pequenas. Portanto, suas regras em relação a matar sempre incluem exceções: "Nunca mate outro ser vivo, a menos que seja fundamental para sobreviver". Ele condena a caça como esporte, mas não para comer. Embora rejeite qualquer classificação explícita de organismos, privilegia implicitamente a vida humana.

Naess é frequentemente descrito, às vezes em tom pejorativo, como um "místico". Ele não achava que a linguagem, muito menos o argumento filosófico, pudesse captar nossa "admiração" primordial em relação à natureza. Em essência, ele era um pensador espiritual que afirmava que o deslumbramento humano diante da natureza deve ser cultivado antes da elaboração de qualquer ética ecológica. O próprio Naess se baseou no panteísmo de Spinoza, no budismo e no hinduísmo gandhiano para formar sua própria espiritualidade da natureza, mas ele dizia que uma resposta espiritual adequada à natureza também poderia ser encontrada em muitas outras tradições religiosas.

A palavra "natureza" evoca imagens muito diferentes em mentes diferentes, assim como a palavra "Deus". Natureza pode indicar uma mãe nutridora, o ciclo de vida e relações de interdependência, ou a luta pela sobrevivência, predadores e presas e ciclos de extinção. A natureza de Naess era, em última análise, um reino pacífico de coexistência e harmonia mútuas, onde, na visão bíblica, "o leão se deita com o cordeiro". Só os seres humanos não são naturais, disse ele. Nossa arrogância, nossa fertilidade descontrolada e nossa inteligência destrutiva representam uma ameaça única à harmonia da natureza. A natureza era um jardim paradisíaco até que o homem chegou e subverteu a ordem divina. A natureza continuará sendo destruída enquanto os seres humanos não retornarem ao seu devido lugar de mera criatura entre infinitas outras criaturas.

Contudo, de outro ponto de vista mais darwiniano, a natureza não é um lugar de paz ou harmonia: toda criatura está presa à luta pela sobrevivência; toda criatura tem filhos demais; toda criatura mata ou é morta. A história natural está repleta de fome, morte por exposição, predação implacável e extinção. Por algum acidente de mutação genética aleatória, os seres humanos desenvolveram uma combinação excepcionalmente poderosa de inteligência e destreza, permitindo que nos tornássemos o principal predador. Nessa visão, a cultura humana, a tecnologia e a urbanização são adaptações naturais ao nosso nicho ecológico, permitindo que dominemos e subjuguemos todos os outros organismos.

Os seres humanos alguma vez já viveram em harmonia com a natureza? Naess e outros ecologistas afirmaram que os caçadores-coletores pré-históricos e contemporâneos foram capazes de coexistir com a natureza, mas o registro fóssil sugere o contrário. Assim que esses caçadores-coletores migraram para os Estados Unidos, por exemplo, levaram à extinção pela caça todos os grandes mamíferos da Era do Gelo. A "destrutividade" humana (se é isso que se chama predação) sempre foi limitada apenas pelo conhecimento e pelas habilidades humanas.

De acordo com Karl Marx, os seres humanos, por natureza, transformam o mundo natural em algo reconhecidamente humano, ou seja, num lar humano. De acordo com Arne Naess, os seres humanos devem parar de transformar a natureza e começar a se adaptar a ela. Somos por natureza os donos e possuidores da terra ou somos por natureza meros concidadãos entre outras criaturas? Essas são questões religiosas e filosóficas fundamentais que provavelmente não serão resolvidas tão cedo.

Como devemos interpretar a distinção de Naess entre ecologia profunda e superficial? Embora ele rejeitasse uma perspectiva "antropocêntrica" da natureza (que ele chama de "ecologia superficial"), sua própria celebração das alegrias resultantes da comunhão com a natureza, da diversidade ecológica, do florescimento de todas as espécies e da harmonia das ecologias locais, tudo isso reflete valores distintamente humanos. Em outras palavras, tanto a ecologia profunda quanto a ecologia superficial entendem e avaliam a natureza em relação ao florescimento humano. A ecologia superficial valoriza a natureza apenas na medida em que serve a desejos humanos materiais ou transitórios. A ecologia profunda valoriza a natureza na medida em que serve aos desejos humanos espirituais e permanentes de contemplação do belo e do sublime, de deslumbramento diante da complexidade intelectual da ordem natural e de humildade na presença de um dom misterioso não criado por nós.

Conclusão: o infeliz casamento da política com a filosofia

Ao considerar a longa história do pensamento político, é natural se perguntar se as ideias fazem alguma diferença no mundo real. Karl Marx, por exemplo, achava que não, e sua opinião tem alguma plausibilidade. Já havia atividade política muito antes de alguém filosofar a respeito. Os seres humanos geralmente agem antes de pensar em agir. Aliás, teorizamos principalmente devido à necessidade de superar obstáculos a nossos objetivos práticos. Só pensamos no funcionamento das fechaduras quando não conseguimos abri-las com a nossa chave. Talvez a filosofia nos ajude a ver com mais clareza o alvo que já estávamos tentando atingir, para usar a imagem do arco e flecha de Aristóteles. Ao pensar em conceitos vagos como liberdade, igualdade e justiça, os filósofos podem nos ajudar a perseguir esses ideais com mais foco. Infelizmente, como vimos, os filósofos sustentam visões incompatíveis desses ideais. Como podemos melhorar nossa pontaria quando nossos mestres de arco e flecha querem que acertemos diferentes alvos? Estaremos melhor sem nenhum professor.

    Pior, diz Nietzsche: o próprio ato de pensar pode comprometer a eficácia da política. Liderança ousada e ação decisiva, afinal, exigem certeza e confiança, e a filosofia nos leva a dúvida, reflexão e hesitação. Hamlet, de Shakespeare, por exemplo, estudou filosofia, o que pode explicar sua famosa incapacidade de agir; ele pensa tanto no que deveria fazer que acha muito difícil fazer alguma coisa. Se a filosofia criasse uma política melhor, seria de se esperar que os filósofos fossem bons governantes. Mas, fora Platão, a maioria das pessoas acha que os filósofos dariam governantes patéticos e indecisos, ou pior (às vezes, muito pior). Em vez disso, poderíamos pensar em nossos filósofos políticos como visionários ou profetas do futuro político, preocupados menos com onde estamos agora do que com onde devemos ir. Nesse sentido, eles são como outros grandes inovadores: Leonardo da Vinci, por exemplo, imaginou aviões e submarinos muito antes de eles serem viáveis na prática. Talvez nossos grandes pensadores políticos sejam visionários que imaginam novos tipos de política que só serão postas em prática muito mais tarde, se isso realmente acontecer. Confúcio, por exemplo, propôs que os reis ouvissem os literatos antes de fazer políticas públicas. Eis que, alguns séculos depois, a China instituiu um sistema de exames no serviço público destinado a povoar a burocracia imperial de literatos. Platão imaginou um comunismo que inspirou Marx, Lênin e Mao; sua proposta de eliminar a família nuclear inspirou os kibutzim israelenses e continua a inspirar algumas feministas radicais até hoje. Al-Farabi imaginou imãs que também eram filósofos, assim como Maimônides imaginou filósofos que também eram rabinos.

Algumas ideias políticas foram realmente proféticas. Numa época em que a Itália estava dividida em dezenas de reinos e repúblicas separadas, Maquiavel defendia a ideia de uma Itália unida em 1513. Trezentos e cinquenta anos depois, a Itália finalmente alcançou a unificação. Numa época em que a Europa era dominada por centenas de monarquias hereditárias constantemente em guerra entre si, Kant previu um continente de repúblicas constitucionais que nunca entrariam em guerra, 150 anos antes do estabelecimento da União Europeia. Rousseau previu a chegada da "era das revoluções" na Europa, 25 anos antes da derrubada violenta do Antigo Regime na França, que mudou

Conclusão

o curso da história europeia. Burke previu um reinado de terror e uma ditadura militar anos antes da chegada de Robespierre ou Napoleão. Numa época em que o mundo era dominado pela Grã-Bretanha e pela França, Tocqueville previu que um dia o mundo inteiro seria dividido entre os Estados Unidos e a Rússia, como durante a Guerra Fria.

Algumas ideias políticas foram menos proféticas. Marx previu o colapso "inevitável" do capitalismo. Poucos hoje descreveriam a Constituição dos Estados Unidos que Madison ajudou a escrever no século XVIII como a estrutura ideal para uma sociedade industrial e pós-industrial tão complexa. A era de "paz perpétua" de Kant não está em evidência em lugar algum. A ideia de Paine, de que as monarquias sempre tendem à tirania, é contrariada pelas monarquias constitucionais pacíficas e democráticas de Canadá, Austrália, Nova Zelândia e norte da Europa, todas sociedades mais igualitárias do que os Estados Unidos, que ele via como o farol do progresso para a humanidade.

Algumas das visões de nossos filósofos políticos são tão sombrias que só o que podemos fazer é rezar para que elas não sejam proféticas. Rousseau, Tocqueville, Nietzsche e Arendt estavam todos preocupados com um futuro em que os cidadãos das democracias industriais avançadas estariam tão seguros e confortáveis que abririam mão, com prazer, de sua liberdade política, conquistada com tanto afinco, pelos prazeres fugazes do entretenimento e do consumismo. Talvez a própria política se torne obsoleta em um mundo globalizado de consumo privado administrado por elites interligadas e governado por ninguém. Ou, no pesadelo de Naess, tendo destruído o planeta pela exploração gananciosa e violenta da natureza, os seres humanos serão forçados a viver no exílio, colonizando o espaço sideral.

Embora exista alguma evidência para a visão de que a filosofia política tem esse papel profético de prever novos cenários políticos (positivos e negativos), o passado tem tanta importância quanto o futuro aqui. Mesmo aqueles aspectos que parecem mais inovadores geralmente se baseiam na história. Ao propor que os eruditos aconselhassem os reis, Confúcio afirmou estar olhando para a era dos grandes "reis-sábios". A visão radical de Platão do comunismo parece inspirada na antiga hierarquia de castas egípcia de sacerdotes, guerreiros e trabalhadores. Agostinho, Al-Farabi e Maimônides consultaram as Escrituras antigas em busca de modelos de governo, e Tomás de Aquino se inspirou em Moisés e Aristóteles. Arendt disse que os cidadãos modernos deveriam agir no foro público com a coragem dos antigos atenienses, e o sonho de Maquiavel de uma Itália unificada também incluía a restauração da grandeza da Roma antiga.

Alguns de nossos filósofos políticos tentaram escapar de qualquer influência do passado, embora, muitas vezes, possamos ver claramente as fontes históricas de seus ideais. Hobbes, Locke, Rousseau, Kant e Rawls divisaram experimentos mentais nos quais seres humanos pré-políticos chegariam a um acordo sobre um conjunto de direitos puramente racionais. Eles não estavam interessados em quais direitos as pessoas realmente tinham, mas em que direitos as pessoas deveriam ter em uma sociedade puramente racional e justa. No entanto, os direitos que a "razão" supostamente exige acompanham a história das liberdades de direito consuetudinário inglês contra a Coroa, adquirido aos poucos ao longo do tempo, remetendo à Magna Carta de 1215. Os esquemas abstratos de direitos puramente "racionais" idealizados por nossos filósofos políticos muitas vezes refinam e tornam mais universais os direitos que os ingleses herdaram do passado. A esse respeito, a Revolução Americana parece menos uma ruptura com o passado do que uma insistência em que a Inglaterra respeite as liberdades inglesas tradicionais em suas

Conclusão

colônias americanas. Os filósofos que julgam usar a razão para escapar da história geralmente acabam repetindo a história.

Sempre haverá conflito entre a política e a filosofia, pois seus objetivos são diferentes e, às vezes, incompatíveis. É por isso que tantos filósofos foram perseguidos por suas crenças políticas. Esse problema já existia bem no início da civilização ocidental, quando os cidadãos da antiga Atenas sentenciaram seu maior filósofo, Sócrates, à morte por corromper a juventude da cidade com suas ideias radicais. Maquiavel, Paine, Gandhi e Qutb foram presos; e Confúcio, Aristóteles, Maimônides, Hobbes, Locke, Rousseau, Marx e Arendt foram exilados. Só há pouco tempo na história do Ocidente é que passou a ser seguro falar e escrever abertamente sobre política. Essa liberdade é uma conquista moderna obtida com dificuldade, continua precária e ainda tem muitos inimigos.

As ideias desses pensadores às vezes também são perigosas para a política. Os antigos atenienses condenaram Sócrates por uma razão: acreditavam que ele estava enfraquecendo imprudentemente a cidade e subordinando seus interesses a sua busca pessoal pela verdade. As ideias podem levar a consequências perversas que, na prática, podem ser destrutivas. Normalmente, é muito difícil, talvez impossível, prever como se desenvolverão quando entrarem no mundo real e ganharem vida própria. Por exemplo, as teorias de Rousseau sobre virtude política inspiraram jacobinos radicais, que as usaram para justificar um reino de terror contra os inimigos da Revolução Francesa, como eles os viam. Tanto Lênin na Rússia quanto Mao na China alegaram estar agindo de acordo com as ideias de Marx quando recorreram à violência e coerção generalizada para manter os regimes que estabeleceram. E vimos como os nazistas tentaram se apropriar das ideias de Nietzsche para respaldar suas políticas desumanas. Platão, Marx e Rousseau foram todos, em algum momento, acusados de totalitarismo.

A difícil relação entre filosofia e política lembra a parábola dos porcos-espinhos, que se reúnem no frio para aquecer-se mutuamente, mas se afastam um do outro quando espetados por seus espinhos afiados. Eles precisam um do outro, mas não conseguem ficar juntos. Eles proporcionam conforto mútuo, mas apenas causando dor mútua. Como porcos-espinhos, a política e a filosofia são mutuamente benéficas e mutuamente ameaçadoras. No final, os porcos-espinhos chegam à conclusão de que é melhor permanecer relativamente perto, mas mantendo uma pequena distância um do outro. Um pouco menos de calor significa um pouco menos de dor. Nenhuma dor significa o risco de morrer congelado.

A política e a filosofia são inseparáveis e, de um modo geral, isso é bom, apesar dos riscos que cada uma representa para a outra. Não existe um sistema político totalmente desprovido de ideias, e a reflexão filosófica sobre política é tão inevitável quanto o próprio pensamento. Por seu lado, a filosofia não existe em um reino sobrenatural, distante do mundo real. Floresce apenas dentro de sistemas políticos que proporcionam um mínimo de paz e estabilidade propícias à reflexão. Como escreveu Hobbes: "O ócio é o pai da filosofia, e o Estado, o pai da paz e do ócio. Quando pela primeira vez surgiram grandes e florescentes cidades, aí surgiu pela primeira vez o estudo da filosofia". Se Hobbes está certo ao afirmar que a política é uma precondição da filosofia, então a filosofia deve estudar política para se preservar. Talvez seja por isso que Sócrates se recusou a escapar da prisão onde estava detido antes de sua execução; quando seu rico amigo Críton se ofereceu para ajudá-lo a fugir, Sócrates negou em respeito à lei, mesmo estando prestes a ser morto em seu nome. E no julgamento que levou a sua morte, Sócrates defendeu a filosofia como necessária para o bem do Estado. A filosofia questiona as premissas básicas da política não apenas para entendê-las melhor, mas também para melhorá-las, muitas vezes propondo novos ideais políticos, sistemas, princípios de justiça e formas de vida. Sem isso, a política realmente não passaria de um pântano.

Sugestão de leitura

Listamos abaixo as obras políticas mais importantes de cada pensador. Para os antigos e medievais, recomendamos excelentes edições. Para os modernos e contemporâneos, colocamos a primeira data de publicação de cada obra entre parênteses, em vez de detalhes de edições específicas, uma vez que existem muitas delas disponíveis. Também listamos uma biografia para cada pensador, quando existe.

Antigos

Confúcio
The Analects, Trad. D. C. Lau. Londres: Penguin Classics, 1979. [Ed. bras.: *Os analectos*. Trad. Caroline Chang. Porto Alegre: L&PM, 2009.]
Mencius, Trad. D. C. Lau. Londres: Penguin Classics, 2005.

Platão
The Trial and Death of Socrates, Trad. G. M. A. Grube. Indianapolis: Hackett, 2000.
Republic, Trad. C. D. C. Reeve. Indianapolis: Hackett, 2004. [Ed. bras.: *A república*. Trad. Ingrid Cruz de Souza Neves. Brasília: Editora Kiron, 2012.]
Statesman, Trad. Eva Brann et al. Focus Philosophical Library, 2012.
The Laws, Trad. Trevor Saunders. Penguin Classics, 2004. [Ed. bras.: *As leis*. Trad. Edson Bini. São Paulo: Edipro, 2010.]

Aristóteles

Nicomachean Ethics, Trad. Terrence Irwin. Indianapolis: Hackett, 1999. [Ed. bras.: *Ética a Nicômaco*. Trad. Edson Bini. São Paulo: Edipro, 2014.]

Politics, Trad. C. D. C. Reeve. Indianapolis: Hackett, 2017. [Ed. bras.: *Política*. Trad. Maria Aparecida de Oliveira Silva. São Paulo: Edipro, 2019.]

Agostinho

Political Writings, Trad. Michael Tkacz e Douglas Kries. Indianapolis: Hackett, 1994.

City of God, organizado e resumido por Vernon Bourke. Image Books, 1958. [Ed. bras.: *A Cidade de Deus*. Trad. Oscar Paes Leme. Rio de Janeiro: Editora Vozes, 2014.]

MEDIEVAIS

Al-Farabi

Medieval Political Philosophy: A Sourcebook, organizado por Joshua Parens e Joseph Macfarland. Ithaca: Cornell University Press, 2011.

The Philosophy of Plato and Aristotle, Trad. Muhsin Mahdi. Ithaca: Cornell University Press, 2001.

Maimônides

Medieval Political Philosophy: A Sourcebook, organizado por Joshua Parens e Joseph Macfarland. Ithaca: Cornell University Press, 2011.

The Guide of the Perplexed, organizado e resumido por Julius Guttmann. Indianapolis: Hackett, 1995. [Ed. bras.: *Guia dos perplexos*. Trad. Yosef Flavio Horwitz. São Paulo: Editora e Livraria Sêfer, 2018.]

Sugestão de leitura

Tomás de Aquino
On Law, Morality, and Politics, Trad. Richard Regan. Indianapolis: Hackett, 2002.
St. *Thomas Aquinas on Politics and Ethics*, Trad. Paul Sigmund. Nova York: Norton, 1988.

Modernos

Nicolau Maquiavel
Comentários sobre a primeira década de Tito Lívio (1531)
O príncipe (1532)
Maurizio Viroli, *O sorriso de Nicolau: História de Maquiavel* (2000)

Thomas Hobbes
Do cidadão (1642)
Os elementos da lei natural e política (1650)
Leviatã (1651)
Behemoth (1679)
A. P. Martinich, *Hobbes: A Biography* (1999)

John Locke
Segundo Tratado Sobre o Governo Civil (1689)
Carta sobre a tolerância (1689)
Maurice Cranston, *John Locke: A Biography* (1957)

David Hume
Tratado da natureza humana (1738-40)
Ensaios morais, políticos e literários (1741)
Uma investigação sobre os princípios da moral (1751)
História da Inglaterra (1754-61)
Diálogos sobre a religião natural (1779)
Roderick Graham, *The Great Infidel: A Life of David Hume* (2004)

Sugestão de leitura

Jean-Jacques Rousseau
Discurso sobre a origem e os fundamentos da desigualdade entre os homens (1755)
Do contrato social (1762)
Leo Damrosch, *Jean-Jacques Rousseau: Restless Genius* (2005)

Edmund Burke
Reflexões sobre a revolução na França (1790)
As ideias conservadoras (1791)
Letters on a Regicide Peace (1795-1797)
Conor Cruise O'Brien, *The Great Melody: A Thematic Biography of Edmund Burke* (1992)

Mary Wollstonecraft
A Vindication of the Rights of Men (1790)
Reivindicação dos direitos da mulher (1792)
Janet Todd, *Mary Wollstonecraft: A Revolutionary Life* (2000)

Immanuel Kant
An Answer to the Question: "What is Enlightenment"? (1784)
Fundamentação da metafísica dos costumes (1785)
À paz perpétua (1795)
Metafísica dos costumes (1797)
Manfred Kuehn, *Kant: A Biography* (2001)

Thomas Paine
Senso comum (1776)
Direitos do homem (1791-1792)
A era da razão (1794-1796)
Justiça agrária (1797)
John Keane, *Tom Paine: A Political Life* (1995)

Sugestão de leitura

G. W. F. Hegel
Philosophy of Mind (1817)
Princípios da filosofia do direito (1820)
Terry Pinkard, Hegel: A Biography (2001)

James Madison
The Federalist Papers, especialmente os números 10 e 51 (1788)
Memorial and Remonstrance against Religious Assessments (1785)
Noah Feldman, The Three Lives of James Madison: Genius, Partisan, and President (2017)

Alexis de Tocqueville
Da democracia na América (1840)
O antigo regime e a revolução (1856)
André Jardin, Alexis de Tocqueville: A Biography (1984)

John Stuart Mill
Sobre a liberdade (1859)
Considerações sobre o governo representativo (1861)
Utilitarismo (1863)
A sujeição das mulheres (1869)
Richard Reeves, John Stuart Mill: Victorian Firebrand (2007)

Karl Marx
Manifesto do Partido Comunista (1848)
O 18 de Brumário de Luís Bonaparte (1852)
A guerra civil na França (1871)
Crítica do programa de Gotha (1875)
O capital, 3 volumes (1867-1894)
A ideologia alemã (1932)
Francis Wheen, Karl Marx (1999)

Sugestão de leitura

Friedrich Nietzsche
Assim falou Zaratustra (1883)
Sobre a genealogia da moral (1887)
A vontade de poder (1901)
Julian Young, *Friedrich Nietzsche: Uma biografia filosófica* (2010)

Contemporâneos
Mohandas Gandhi
Non-Violent Resistance (Satyagraha) (1951)
Autobiografia (1927)
Ved Mehta, *Mahatma Gandhi and His Apostles* (1976)

Sayyid Qutb
The Sayyid Qutb Reader, organizado por Albert Bergesen (2008)
Social Justice in Islam (1949)
Milestones (1964)
James Toth, *Sayyid Qutb: The Life and Legacy of a Radical Islamic Intellectual* (2013)

Hannah Arendt
Origens do totalitarismo (1951)
A condição humana (1958)
Eichmann em Jerusalém (1963)
Anne Conover Heller, *Hannah Arendt: A Life in Dark Times* (2015)

Mao Tsé-Tung
Sobre a contradição (1937)
O pequeno livro vermelho (1964)
Philip Short, *Mao: A Life* (1999)

Sugestão de leitura

Friedrich Hayek
O caminho da servidão (1944)
Law, Legislation, and Liberty (1973)
Os erros fatais do socialismo (1988)
Alan Ebenstein, Friedrich Hayek: A Biography (2001)

John Rawls
Uma teoria da justiça (1971)
O liberalismo político (1993)
Justiça como equidade: uma reformulação (2001)
Thomas Pogge, John Rawls (2007), capítulo 1

Martha Nussbaum
A fragilidade da bondade (1986)
Creating Capabilities: The Human Development Approach (2011)

Arne Naess
Ecology of Wisdom: Writings of Arne Naess (2008)
Life's Philosophy: Reason and Feeling in a Deeper World (2002)

Agradecimentos

Ao escrever este livro, incorremos em muitas dívidas que temos o prazer de reconhecer aqui.

Graeme Garrard
Sou grato à Universidade de Cardiff por me conceder licença de estudo para trabalhar neste livro, e à Clare Hall, Cambridge, onde ele foi concebido e iniciado enquanto eu era pesquisador visitante.

Os rascunhos de vários dos capítulos que escrevi foram lidos e melhorados por comentários construtivos de Ronald Beiner, Tobias Pantlin, David Rezvani, Peter Sedgwick, Cherrie Summers e Howard Williams. Aprecio muito o tempo e o cuidado que todos dedicaram a isso.

Tive a sorte de ter ótimos amigos e colegas que enriqueceram minha vida profissional com seu apoio e incentivo, entre eles Matteo Bonotti, David Boucher, Andrew Dowling, David Hanley, Sean Loughlin, Nick Parsons, Lewis Paul Buley, Carole Pateman e Craig Patterson.

Meu primeiro estudo sério de ideias políticas começou como aluno de graduação na Universidade de Toronto, com Ronald Beiner. Ele inspirou meu interesse pelo assunto na época e, desde então, tem sido meu modelo de como um estudioso deve ser.

Por fim, e acima de tudo, eu não poderia ter pedido um coautor, crítico e amigo melhor do que James Bernard Murphy.

Agradecimentos

James Bernard Murphy
Descobri a filosofia política em 1976 no Programa de Estudos Dirigidos da Universidade de Yale, onde também recebi meu doutorado em 1990.

Estou igualmente em dívida com a Dartmouth College, onde tive o privilégio de ensinar ideias políticas a muitos estudantes brilhantes que me desafiaram, me mantiveram honesto quanto aos limites do meu conhecimento e me inspiraram com sua paixão juvenil. Em particular, gostaria de agradecer aos meus alunos que revisaram o manuscrito deste livro: Natalia McLaren, Katarina Nesic, Josie Pearce e Joseph Torsella.

Ninguém me ensinou mais sobre filosofia política ou amizade do que meu coautor, Graeme Garrard.

Tenho uma enorme dívida de gratidão com minha esposa, Kirsten Giebutowski, que generosamente leu meus capítulos. Quaisquer que sejam os méritos literários desses escritos, eles se devem a sua cuidadosa edição.

Dividimos os pensadores estudados aqui igualmente entre nós: James Murphy escreveu sobre todos os autores antigos e medievais (de Confúcio a Tomás de Aquino) e alguns dos modernos e contemporâneos (Hegel, Madison, Tocqueville, Gandhi, Qutb, Hayek, Nussbaum e Naess). Graeme Garrard escreveu sobre os autores restantes.

Nós dois somos muito gratos ao nosso agente, Jaime Marshall, e ao nosso editor da Bloomsbury, Jamie Birkett, por seus grandes conselhos, incentivo e sagacidade.

Índice remissivo

aborto 156
absolutismo 98
ação 207, 219-220
acordo 25-26, 42, 83-84, 244, 255
Acton, Lord 16, 160
Adams, John 144, 146
"A emancipação das mulheres" (Taylor) 176
África do Sul 201-204
Agostinho
 virtudes 48
Agostinho de Hipona, Santo 16, 45-51, 65, 81, 112, 160, 187, 250, 268
ahimsa 205
Alcorão 56-57, 63, 209, 211, 214-215
Alexandre, o Grande 17, 39, 47, 195
Al-Farabi 13, 17-18, 55-62, 65, 68, 72, 215, 266, 268
Al-Ghazali 55
Alighieri, Dante 39, 75
ambientalistas 258
amizade 28, 41, 107, 131, 202, 206, 210, 282
analectos, Os (Confúcio) 24-25
anarquia 120, 239
anarquistas 171
anticlericalismo 104
anticristo, O (Nietzsche) 193
Antígona (Sófocles) 154
antissemitismo 193, 197

apaziguamento 207
Apologia de Sócrates (Platão) 32
Aquino, Tomás de 16, 62, 65, 71-76, 268, 282
árabe, idioma 57, 61, 70, 212
Arendt, Hannah 13, 17, 217-224, 267-269
aristocracia 43, 146, 168, 173, 194
Aristóteles 15, 17, 25, 27-28, 33, 39-44, 55, 57-58, 60-61, 65-68, 72, 74, 81, 87, 89, 93, 96, 98, 106-107, 122, 130, 139, 171, 219-220, 246, 249, 251, 254, 257, 265, 268-269
benevolência bela 25
democracia 43-44, 171
escravidão 44, 96
felicidade 41, 89, 139, 251, 254-255
governo 98
justiça 15, 43
Maimônides e 65-68
naturalismo ético 106
Nussbaum e 249-251, 254
sábios 27
sociedades politicamente organizadas 43, 61, 254, 255
Tomás de Aquino e 72
vida humana 89, 220
virtudes 67, 122
arte 196, 197

ÍNDICE REMISSIVO

ascetismo 55, 205-206
Associação Internacional dos Trabalhadores 186
astronomia 40, 58
ateísmo 30, 88, 103, 148
Atenas/atenienses 31-33, 39-40, 44, 65, 72, 76, 92, 104, 136, 140, 222, 224, 268, 269
Autobiografia (Mill) 176, 180
autocracia 152-153
autoritarismo 91
A Vindication of the Rights of Men [*Reivindicação dos direitos dos homens*] (Wollstonecraft) 129, 144
barbárie/bárbaros 45, 175, 179
beleza 25, 105, 173, 196, 252, 261
benevolência 24-25, 27, 107, 110
benevolência bela 25
bens
 bens da vida humana 89
 hierarquiade bens 41
Bíblia 56, 63, 66-67, 72-76, 106, 258
 parábola do trigo e das ervas daninhas 49
bíblica, fé 65-68, 73
bíblica, lei 66, 70, 74, 215
boicotes 201, 207
Bórgia, César 82, 195
Boswell, James 103
burguesia 184-185

Burke, Edmund 17, 108, 114, 119-126, 129, 144, 147, 156, 180, 236, 257, 267
califas 212-213
Calvinismo 214
caminho da servidão, O (Hayek) 235
canônica, lei 75
capacidades 252-255
capitalismo 101, 168, 184-190, 204, 215, 227-228, 230, 240, 245, 267
 China 226-227, 232
 Gandhi 204-205
 Mao 227-228, 230
 Marx 184-185, 187-188, 190, 267
 Rawls 245-246
capital, O (Marx) 189
caráter 17, 24-25, 101, 105, 127, 138, 166-167, 173, 189, 206, 223
Carlos II, rei da Inglaterra 88
Carta da prisão de Birmingham (King) 75
Carta sobre a tolerância (Locke) 100
catolicismo romano 100, 119, 171-172, 214-215
cavalheiros 30
censura 112, 165, 178
centralização 168, 174, 234
César, Júlio 195
ceticismo 103-110
Chesterton, G. K. 170
China 190
comunismo 29, 226-228

ÍNDICE REMISSIVO

feudalismo 226-227
Grande Salto Adiante 227-228
Quatro Novos 229
Quatro Velhos 229
Revolução Cultural 29, 228-229
ver também Confúcio
Cícero, Marco Túlio 46, 48, 84
cidadania 44, 131, 133, 171, 217, 255
cidadãos 11-13, 15-18, 33-34, 40-42, 46, 50, 60-61, 85, 116, 127, 130, 137-140, 149, 152, 155-156, 161, 163, 167-168, 174, 188, 219-224, 233, 239-240, 252-255, 259, 267-269
Agostinho 46, 50
Arendt 220-224, 267
Aristóteles 41-44, 61, 254
Hayek 234, 240
Hegel 155-156
Kant 138-141
Madison 161-163
Nussbaum 252-254
Platão 35, 60
Tocqueville 167-168, 267
Wollstonecraft 131, 133
Cidade de Deus, A (Agostinho) 45-46, 49-50
Cidade de Deus/Cidade do Homem 45-46, 49-50
cidades-Estados (*polis*) 154, 162, 220
cinismo 16, 174
civil, desobediência 75
civil, igualdade 133
civil, religião 116

civis, direitos 140
civis, guerras 83, 87, 90, 92-93, 163, 225, 228, 247
americanas 171
chinesas 225, 228
inglesas 87, 90-91, 93
civis, liberdades 207-208
coerção 50, 207, 214, 239, 260, 269
Comentários sobre a primeira década de Tito Lívio (Maquiavel) 82
comércio 148-149
compaixão 83, 195, 222
Companhia Britânica das Índias Orientais 175
comunismo 153, 168, 188-189, 222, 226-228, 230-231, 240, 244, 266, 268
China 30, 226-228
e violência 230-231
Platão 266, 268
condição humana, A (Arendt) 219
Condorcet, Marquês de 124
Confissões (Agostinho) 112
Confúcio 13, 17-18, 23-30, 33, 225, 229, 231-232, 266, 268-269, 282
consciências 74-75, 124, 154-155, 165, 195-196, 204, 207-208, 227-228
consequencialismo 83
conservacionistas 258
conservadores 156, 258
ver também Burke, Edmund
constitucionais, monarquias 267
constitucional, governo 96

ÍNDICE REMISSIVO

constitucionalismo 120, 170
constitucional, plano 163
constituições 42, 238
  Hegel 153-154
  Hume 109-110
  Kant 137, 140, 161
  Madison 159-160, 164-166
consumismo 168, 174, 267
contradição 222, 226, 230-231
  Mao 226, 230-231
contrarrevolução 152
contrato social, O (Rousseau) 113-116, 227
convenções (normas) 88-89, 113, 128
convenções (reuniões) 164
coragem 73, 84, 88, 173, 205, 223, 252, 268
corporações 91, 156
corrupção 17, 32, 35, 46-47, 85, 113, 117, 145, 154, 166, 171-172, 210, 214
  Agostinho 46-47
  Aristóteles 43-44
  do islã 211, 214
  Madison 163, 166
  Platão 35-37, 47
  Rousseau 112, 117
cosmopolitismo 259
cosmos 26, 58
crianças 35, 42, 112-113, 178-179, 213, 255
  Platão 34-35, 37
  Rousseau 112-113
Crick, Bernard 12
crime 16, 46, 91, 204, 206
criminal, justiça 97
cristianismo 40, 45, 59, 64, 72, 84-85, 104, 112, 116, 147, 162, 171, 193-194, 198, 212, 214
crítica literária 40
Cromwell, Oliver 87-88
crueldade 29, 81, 83-84, 110

D'Alembert, Jean 124
Darwin, Charles 76
da Vinci, Leonardo 266
deficiência 67, 244
deísmo 148
democracia 33, 36, 43-44, 109, 140, 145-146, 153, 161-162, 167-173, 180-181, 221, 233, 239, 246
  Aristóteles 43-44, 171
  democracia representativa 141, 146, 162, 180
  Kant 140-141
  Madison 161-162
  Mill 180-181
  Tocqueville 167-174
democracia na América, A (Tocqueville) 167
democracia participativa 140
De officiis (*Dos deveres*, Cícero) 84
desacordo 248
desigualdade 58, 171, 190, 222-223, 232, 244
desigualdade de renda 232
despotismo 61, 139-140, 168, 175-176, 235
devaneios do caminhante solitário, Os (Rousseau) 117
dever 28, 46, 50, 75, 94, 116, 136-138, 141, 157, 261
dever cívico 136
dever moral 141

ÍNDICE REMISSIVO

dialética 154
Diálogos sobre a religião natural (Hume) 104, 148
Dickens, Charles 183-184
Diderot, Denis 124
dignidade 75, 127, 137, 139, 141, 219, 255
direito comum 239
direitos do homem 121
Direitos do homem (Paine) 143
direitos, teoria dos 157
diversidade 100, 163, 223, 247-248, 259, 263
divina comédia, A (Dante) 75
divina, justiça 151, 241
divina, lei 74, 154
divina, mente 59, 151
divina, providência 84, 152
divina, punição 84
divina, revelação 60, 68
divina, soberania 211
doença mental: Nietzsche 191-192
dominação 15, 211, 258
dúvida 46, 50, 117, 153, 265

ecologia
   de mercados 238-239
   ecologia profunda 258, 260-261, 263-264
   ecologia superficial 258
ecologia profunda 258, 260-261, 263-264
ecologia superficial 258, 263
economia 221
   desenvolvimento econômico 252, 253
   direitos econômicos 254
   igualdade econômica 235, 248

economistas 36, 125, 166, 190, 235, 237
   ver também Hayek, Friedrich
educação 30, 149, 160
   americana 173-174
   China 29-30
   de mulheres 129, 131-133
   na Grécia antiga 35, 61
   Rousseau 112
Eichmann, Adolf 218
Eichmann em Jerusalém (Arendt) 217
elites 118, 267
emissários 125, 180
empatia 106
Encyclopédie 112
Engels, Friedrich 183-184, 186, 188, 222
era da razão, A (Paine) 148
Escola de Atenas (Rafael) 40
escravidão 44, 47, 119, 152, 165, 171-172, 187, 197
esferas pública/privada 130-132, 220-223
estado de natureza 96-97, 114-115
Estado do bem-estar social 184, 233, 245
Estados Unidos da América (EUA)
   Carta dos Direitos 165
   Comissão Federal de Comércio 36
   Constituição 100, 162, 164-165, 170, 267
   Convenção Constitucional 159, 164
   Declaração de Independência 147

ÍNDICE REMISSIVO

educação 173-174
índios americanos 173
Revolução Americana 115, 144-145, 159, 268
sistema político 96, 99
utilitarismo 177
estética 26
Ética a Nicômaco (Aristóteles) 41
ética confucionista 24-28
ético, consequencialismo 83
ético, naturalismo 107
Europa Oriental 208, 240
evolução 29, 76, 121, 189
excepcionalismo 145
exploração 141, 185, 187, 203, 267
falácia é/deve 106
falácia naturalista 106
famílias 34
fascismo 153
Faulkner, William 18
felicidade (florescimento humano) 250
Aristóteles 42, 89, 251, 254
Kant 139, 140
Nussbaum 250-255
Platão 250-251
Qutb 210-211
feminismo 177
feudalismo 169, 227
financeira, crise (2008) 190, 237
fins e meios 206
física 40
Förster-Nietzsche, Elizabeth 197
fortuna 84
freios e contrapesos 115, 146

Freud, Sigmund 192
fundamentalismo 56, 62, 65, 72

gaia ciência, A (Nietzsche) 192
Gandhi, Mohandas 201-208, 210, 257, 260, 269, 282
não violência 202, 206-207, 260
gênio 178
ver também super-homens
genocídio 218
Godwin, Mary 128
Goethe, Johann Wolfgang von 195
governo 14-15, 19, 23, 28-29, 36, 43-44, 48, 50-51, 61, 64, 69, 80, 90, 93, 95-101, 107, 115, 120, 122-123, 135-136, 140, 143, 145-148, 153, 159-167, 169-170, 175, 184, 187, 195, 201, 203, 207, 211-212, 217, 221-223, 233-235, 238-239, 246, 255, 268
Agostinho 49-51
Aristóteles 93
Burke 121-124
Confúcio 23, 28-29
e economia 233-235
EUA 69, 115, 146-147, 159-165, 167
Hayek 234, 238-240
Hobbes 93
Kant 136, 138-141
Locke 96-101
Madison 160-166
Paine 146-149
Platão 36-37
Tocqueville 170-171

ÍNDICE REMISSIVO

Grã-Bretanha 90, 96, 108, 119, 122, 123, 125, 127, 145, 175-176, 183-184, 202, 206, 226, 235, 267
britânica, constituição 123
e colônias americanas 119, 144-145
e França 127, 144
e Índia 202
Índia 175
sufrágio 124, 176
Guarda Vermelha da China 229
Guerra Civil Inglesa 87, 95
Guerra Fria 267
habilidades 244, 254-255, 263
Hayek, Friedrich August von 17, 233-240, 282
Hegel, Georg Friedrich Wilhelm 17, 105, 151-157, 282
heresia, perseguição de 50
História da Inglaterra (Hume) 104-105
Hitler, Adolf 153, 197, 207, 235
Hitler que ninguém conhece, O (Hoffmann) 197
Hobbes, Thomas 16, 48, 87-96, 98-100, 104, 106, 113-115, 130, 136, 146, 155, 187, 220, 247, 268-270
Hoffmann, Heinrich 197
humana, vida 220
humanismo 57, 62, 72-73, 75, 76
humano, florescimento
ver felicidade
humanos, direitos 100
Hume, David 17, 103-110, 113-114, 141, 148-149, 163

Igreja de Teofilantropia, França 148
igualdade 37, 45, 69, 121, 127, 131, 133, 145, 149, 152-153, 155, 168, 171, 176, 178, 211, 223, 235, 245, 248, 265
americana 145-146
Arendt 222-223
igualdade econômica 222, 235
igualdade legal 152, 168
Tocqueville 168, 171
Wollstonecraft 127, 131, 133
ver também igualdade de gênero; desigualdade
igualdade de gênero 127
igualdade de oportunidades 37
igualdade legal 152, 168
igualitarismo 198, 244
Iluminismo 103, 109, 112, 124, 130, 136, 198
escocês 103
francês 130-131, 198
Iluminismo escocês 103
impérios 49, 60-61, 81, 152
império romano 45-46, 49, 204
Índia 120-121, 175-176, 190, 202-203, 206-207, 215
Índice de Livros Proibidos do Vaticano 113
individualismo 172
injustiça 251
ver também justiça
internacionalismo 230
islã
islã medieval 62
islã militante 209-210, 214

ÍNDICE REMISSIVO

Itália 23, 28, 82, 197, 266, 268

Jefferson, Thomas 44, 51, 100, 108, 115, 120, 159-160, 162, 165, 177
jihad 213-214
Johnson, Samuel 103, 109, 165
judaísmo 40, 61, 63-65, 67, 72, 212
judeus 193, 221
  ver também judaísmo
Jung, Carl 192
justiça 15-17, 121, 152
  Aristóteles 15, 43
  como equidade 243, 246
  e sorte 241-242, 244
  Hume 107-108
  justiça social 204-205, 208, 213, 222, 249, 252-254
  Platão 35-36
  Rawls 241-246
Justiça como equidade: uma reformulação (Rawls) 245
Justiniano, códigos de 69, 74

Kant, Immanuel 16-17, 135-142, 155-156, 161, 178-179, 192, 261, 266-268
Keynes, John Maynard 233, 235-236
Khmer Vermelho do Camboja 228
King Jr., Martin Luther 75

labor 219-222
legitimidade 15
leis 67, 69, 74-75, 215
  direito comum 239, 268
Lênin, Vladimir 226, 228, 230, 266, 269

liberalismo 91, 101, 177, 181, 198, 214, 246-248, 254
  Mill 177, 178, 179, 180
liberalismo político, O (Rawls) 246
liberdade 55, 91, 94, 96-97, 99-100, 109, 115, 121, 123, 128-129, 133, 135-136, 139, 140, 145, 147, 151-153, 155-156, 161-163, 165, 167-168, 171, 174, 177-181, 211-212, 214, 220, 223, 235-237, 239, 243, 253-254, 265, 267, 269
  Hayek 235-236
  Hegel 152-153, 156-157
  liberdade de expressão 155, 181, 243, 253-254
  liberdade econômica 235, 239
  liberdade religiosa 100, 162-163, 214
  Mill 176-180
  Rawls 243-244
liberdade de expressão 155, 181, 243, 253-254
Liceu, Atenas 39
Liga Comunista 186
Lincoln, Abraham 69
livres mercados 237
Locke, John 16, 44, 95-101, 112-115, 122-123, 137, 146, 177, 220, 222, 244, 253, 268-269
lógica 40
Luther, Martin 208

ÍNDICE REMISSIVO

Macedônia 39
Madison, James 17, 51, 115, 146, 159-166, 253, 267, 282
Magno, Alberto 72
Maimônides, Moisés 18, 62-70, 72, 113, 266, 268-269
mal 15, 23, 26, 47-48, 50-51, 66, 74, 76, 82-83, 85, 94, 113, 118, 121, 147, 152, 160, 165, 170, 181, 185, 191, 193-195, 204, 207-208, 219, 241, 251
mandamentos 60, 247
Manifesto comunista (Marx e Engels) 186, 230
maoismo 226, 228, 232
Maquiavel, Nicolau 16-17, 28, 43, 69, 79-85, 92, 108, 114, 116, 138-139, 142, 230, 241, 266, 268-269
e mentira 81
marxismo 153, 215, 226, 229-230
Marx, Karl 23, 114, 126, 176, 183-190, 215, 222, 226-230, 234, 244, 253-254, 263, 265-267, 269
e capitalismo 185-188, 190, 267
proletariado 188, 227
medo 87-88
mentira
Kant 137-139, 141-142
Maquiavel 81, 139
mercados 238-239
livres mercados 237
Mill, John Stuart 16-17, 133, 140, 175-181, 183

Mishnê Torá 69
misticismo 214
Moisés 59, 62-64, 68-70, 74, 116, 268
Molière (Jean-Baptiste Poquelin) 112
monarquia 43, 88, 96, 129, 143, 145-146, 153, 169, 171
monismo 247
morais, sentimentos 106, 198
moral, absolutismo 135-142
moralidade 28, 73-75, 82, 84, 104, 107, 112, 130, 137-138, 147, 153, 178, 192, 194-195, 198
moral, idealismo 141
moral, igualdade 168
moral, niilismo 198
morte 89-90, 94, 157, 210, 269
mulheres
educação de 128, 131-133
e igualdade 93, 127, 131, 133, 176, 178
feminismo 127-133
Myrdal, Gunnar 233

nacionalismo 111, 197, 218, 221, 230, 234
nacional, unidade 60
Naess, Arne 13, 18, 257-263, 267, 282
não violência 202, 206-207, 260
ver também violência
Napoleão 69, 151-153, 169, 195, 202, 267
napoleônico, código 69
Nasser, Gamal 209
naturalismo 107
natural, justiça 121

natureza, seres humanos e 262
nazismo 197
negros 172-173
neoplatonismo 57, 65
Nielsen, Kai 83
Nietzsche, Friedrich 16-17, 59, 171, 189, 191-198, 265, 267, 269
niilismo 192, 198
Nixon, Richard 233
Nussbaum, Martha 16, 139, 249-255, 282

oligarquia 43
O príncipe (Il principe, Maquiavel) 79-86
ordem 237-239
ordem dominicana 71
ordem espontânea 237-238
Origens do totalitarismo (Arendt) 217
Orwell, George 235

pacifismo 207
paganismo 213
Paine, Thomas 16, 18, 121, 127-128, 130, 143-150, 178, 219, 267, 269
e Revolução Francesa 128, 143-144
paternalismo 139, 178-179, 255
Paulo, São 48
Pensamentos sobre a educação de filhas (Wollstonecraft) 132
perfeição 68
perfeição criativa 68
perfeição intelectual 68
piedae 106

plano 136, 163, 165-166
constitucional 159-166
Platão 13, 16-17, 25, 28, 31-37, 39-40, 42, 46-47, 57-60, 72, 81, 89, 105, 122, 132, 171, 192, 218-219, 221-222, 246, 249-251, 257, 266, 268-269
benevolência bela 25
comunismo 266, 268
e democracia 171
felicidade 250
sabedoria 58
poder 14-17
polis (cidades-Estados) 42
Política (Aristóteles) 41, 43, 57, 61, 81
política de laissez-faire 178, 243
política, economia 222
político, liberalismo 246
político, O (Platão) 35-36
político, radicalismo 108
Praça da Paz Celestial, China 225-226
prática, razão 41
prática, sabedoria 58
Price, Richard 123
princípio da diferença 243
problema das mãos sujas 82
profetas 59-60
Al-Farabi 68
Maimônides 68
profetas armados de Maquiavel 230
proletariado 185, 188, 227
propriedade
democracia de propriedade 246

ÍNDICE REMISSIVO

Locke 97-98, 100
  propriedade privada 148, 188
  propriedade privada 96-98, 107, 148, 188, 253
  prudência 122
  psicologia 192
  puritanismo 95-101

Qing, Jiang 229
Qutb, Sayyid 209-215, 269, 282

racial, igualdade 69
racial, segregação 208, 223
radicalismo 108
radicalismo filosófico 108
Rafael (Raffaello Sanzio da Urbino) 40
Rand, Ayn 234
Rawls, John 13, 16-17, 141, 241-249, 254-255, 268
razão 41, 89, 236
  astúcia da razão 152
  Hume 104-105
  Kant 137-138
razoabilidade 247
realismo 47-48, 160
rebelião 99, 108, 136, 144
recrutas 92
Reflexões sobre a revolução na França (Burke) 119
Reivindicação dos direitos da mulher (Wollstonecraft) 128, 131
relativismo 247
religião 50, 56, 213
  Gandhi 203-204
  separação de Estado e igreja 100, 172

Tocqueville 171-172
ver também cristianismo; judaísmo; catolicismo romano
religiões abraâmicas 56, 211
ver também cristianismo; judaísmo
religiosa, diversidade 100
religiosa, liberdade 100, 162, 214
religiosa, violência 210
religioso, ceticismo 103-104
religioso, desacordo 100
religioso, fundamentalismo 62
religioso, humanismo 62
representativa, democracia 140, 167, 180
República, A (Platão) 33-35, 46
republicanismo 145, 149
ver também Maquiavel; Rousseau
Revolução Cultural, China 29, 228-229, 231
Revolução Francesa 222
  Burke 120-125, 129
  Hegel 152, 155
  Kant 135-136
  Paine 128, 143-144
  Tocqueville 169-170
  Wollstonecraft 127-128, 131
riqueza 98, 244-245
Robespierre, Maximilien 112, 249, 267
Roma, derrota de 45
romano, catolicismo 100, 119, 171-172, 214-215
romano, direito 74
Roosevelt, Theodore 148
Rosebery, lorde 11
roubo 98

291

Rousseau, Jean-Jacques 16, 106, 108-109, 111-118, 124-125, 130, 132-133, 137, 140-141, 144, 146, 149, 183, 189, 192, 212, 227-228, 245, 266-269
Rússia 189
ver também União Soviética

sabedoria 57
sábios 27, 34
Saint-Just, Louis Antoine Léon de 112
satyagraha 205
secular, humanismo 62, 72
secularismo 210
Sen, Amartya 252
Sendero Luminoso do Peru 228
senso comum 40, 173
Senso comum (Paine) 144-145
servidão 212
Shaftesbury, conde de 95
Smith, Adam 103, 186, 234
Smuts, Jan 201-202, 207
soberana, autoridade 90, 163
  ver também monarquia
soberania 36, 65, 115, 118, 146, 163-165, 170, 211-212
  ver também monarquia
Sobre a liberdade (Mill) 177, 179
Sobre o livre-arbítrio (Agostinho) 48
Sociedade dos Irmãos Muçulmanos 209
sociedades politicamente organizadas 42-43, 60, 114, 254
Sócrates 24, 31-34, 39, 46, 56, 90, 92, 104, 117, 136, 154, 161, 179, 204, 245, 251, 269-270
Rousseau e 117
Sófocles 154
sorte
  e justiça 241-244
  igualitarismo da sorte 244
Spinoza, Baruch de 259
Stalin, Joseph 153, 230, 235
submissão 211
sufrágio 176
sujeição das mulheres, A (Mill) 176
Summa Theologiae (Aquino) 71
super-homens 194-195, 197

Talmud 68
Taylor, Harriett 176
teocracia 212
teoria da justiça, Uma (Rawls) 141, 241, 244-246
teórica, razão 40
teórica, sabedoria 41
tirania 36, 43, 108, 116, 145, 161, 165, 170, 177, 179, 221, 267
tiranos-artistas 195
Tocqueville, Alexis de 17, 140, 167-174, 177, 180, 267, 282
tolerância 96, 100
Tolstói, Fazenda 203
totalitarismo 111, 217, 221, 234-235, 239, 269
trabalho 219-220, 222
Tratado da natureza humana (Hume) 104
tribal, nacionalismo 221

Índice remissivo

Trotsky, Leon 12
Tsé-Tung, Mao 29, 225-226
União Soviética 188-189, 240
ver também Rússia
universal concreto 156
Universidade de Bolonha 74
Vaticano: Índice de Livros Proibidos 113
véu de ignorância 242-243
violência 210, 230-231
ver também não violência
Virgílio (Publius Vergilius Maro) 75
Virgínia, Plano da 164
virtudes
Agostinho 49
Aristóteles 67-68, 122
Confúcio 24-28
Maquiavel 83-84
virtudes artificiais 107
virtudes naturais/sobrenaturais 73, 107
virtudes cívicas 61, 166, 171-172, 174
visão histórica e moral da origem e do progresso da Revolução Francesa, Uma (Wollstonecraft) 128
Voltaire (François-Marie Arouet) 105, 111, 113, 115, 124
vontade de poder 192, 194-196

Walpole, Horace 105
Williams, Bernard 93
Witherspoon, John 160
Wollstonecraft, Mary 17, 126-133, 143-144, 146

Sobre os autores

Graeme Garrard ensina pensamento político na Universidade de Cardiff, Reino Unido, desde 1995 e na Harvard Summer School, EUA, desde 2006. Ele leciona em faculdades e universidades do Canadá, dos Estados Unidos, da Grã-Bretanha e da França há 25 anos. Ele é autor de dois livros: *Rousseau's Counter-Enlightenment* (2000) e *Counter-Enlightenments: From the Eighteenth Century to the Present* (2006).

James Bernard Murphy é professor de governo na Dartmouth College, Hanover, New Hampshire, Estados Unidos, onde ensina desde 1990. Seu livro mais recente é intitulado *Your Whole Life: Childhood and Adulthood in Dialogue* (University of Pennsylvania Press, 2020).

lepmeditores
www.lpm.com.br
o site que conta tudo

IMPRESSÃO:

PALLOTTI
GRÁFICA

Santa Maria - RS | Fone: (55) 3220.4500
www.graficapallotti.com.br